中國學術思想 研究輯刊

二八編
林慶彰 主編

第11冊

耿定向與李贄論爭研究

周素麗 著

花木蘭文化事業有限公司

國家圖書館出版品預行編目資料

耿定向與李贄論爭研究／周素麗 著 — 初版 — 新北市：花木
蘭文化事業有限公司，2018〔民 107〕

目 2+236 面：19×26 公分

（中國學術思想研究輯刊 二八編；第 11 冊）

ISBN 978-986-485-485-1（精裝）

1.（明）耿定向 2.（明）李贄 3. 明代哲學 4. 比較研究

030.8 107011437

ISBN-978-986-485-485-1

中國學術思想研究輯刊

二八編 第十一冊 ISBN：978-986-485-485-1

耿定向與李贄論爭研究

作 者 周素麗
主 編 林慶彰
總 編 輯 杜潔祥
副總編輯 楊嘉樂
編 輯 許郁翎、王 筑 美術編輯 陳逸婷
出 版 花木蘭文化事業有限公司
發 行 人 高小娟
聯絡地址 235 新北市中和區中安街七二號十三樓
電話：02-2923-1455／傳真：02-2923-1452
網 址 http://www.huamulan.tw 信箱 hml810518@gmail.com
印 刷 普羅文化出版廣告事業
封面設計 劉開工作室
初 版 2018 年 9 月
全書字數 172950 字
定 價 二八編 12 冊（精裝）新台幣 22,000 元

耿定向與李贄論爭研究

周素麗 著

作者簡介

周素麗，1985 年生於河北平山縣。2013 年考入中國政法大學人文學院哲學系，2017 年經推薦免試進入北京大學哲學系，2013 年獲哲學博士學位。畢業後進入人民日報社人民論壇雜誌社工作。主要研究方向爲中國哲學與中國文化、儒家哲學、陽明心學；同時，對中醫藥、當代中國社會思潮有一定研究。曾發表論文《李贄與耿定向學術人格的對比──耿李論戰的原因分析》、《〈黃帝內經〉中各流派分析──從與黃帝問對諸臣之名切入》、《2010 ～ 2014 社會思潮動向調查分析報告》等。

提　要

　　耿定向和李贄的論爭，是明代中後期思想界的一段著名公案。二人論爭自萬曆十二年（1584），至萬曆二十三年（1595），持續時間長達十二年。

　　耿定向和李贄的論爭，始於互相規勸與各自辯解，但由於各持己見，皆不願讓步，也都不能說服對方，漸漸地互相不滿，論爭升級爲比較尖銳的批評，甚至人身攻擊。二人論爭書信、文章在友人、弟子間傳播，矛盾日益公開化。在與耿定向的論爭中，李贄的思想、言行日益激進狂放，影響日眾，最終受到統治者的敵視與迫害。

　　耿李論爭涉及到的問題有名教與眞機、道德與情慾、出世與入世、正統與異端等，皆是中國哲學內部值得爭論的問題。拋開歷史的成見，站在客觀的立場，心平氣和地對他們的論爭進行專門、細緻的研究，將有助於我們對耿定向、李贄的思想有更爲公允的理解，對明代中後期思想史進程有更好的把握，對中國傳統哲學中個人與社會、自由與秩序、眞與善等不同價值之間的矛盾與張力也會有更深的認識。

　　本文第一章對耿定向和李贄的生平和思想作簡要介紹，以便讀者瞭解二人論爭的背景。第二章對耿李論爭作歷時性的考察，將耿定向和李贄論爭的相關書信、文章進行梳理，結合前人的考證成果，儘量還原二人論爭的全過程，將耿李論爭的來龍去脈再現於世人面前。第三章側重從「明代中後期道德與性命之學的分化」、「關於情慾問題的論爭」「泰州學派的狂俠精神」三個方面，詳細分析耿李論爭中涉及的名教與眞機、情慾與性命、正統與異端等問題，藉以考察明代中後期士人的思想動向，以及中國傳統思想中不同價值之間的矛盾和張力。

目
次

緒　論

一、選題意義

　　耿定向（1524～1597），字在倫，號楚侗，明湖廣黃安（今湖北紅安）人，嘉靖三十五年進士。初授行人，繼而任御史。曾不畏威權，彈劾吏部尚書吳鵬、向首輔嚴嵩叫板；後巡按甘肅，舉劾無所私，贏得了時人的讚譽。嘉靖四十一年（1562）至隆慶元年（1567）任南京督學，與王畿（龍溪）、羅汝芳（近溪）、鄒善（穎泉）等學者廣泛接觸論學，並設崇正書院，講學授徒。隆慶年間，因與首輔高拱不和，被貶爲橫州判官、衡州推官等。萬曆年間，累歷官右副都御史，刑部左、右侍郎，擢南京右都御史，萬曆十七年（1589）以戶部尚書，督倉場致仕。退休家居期間，專心整理、研究學問，講學授徒。因黃安有名勝天台山，學者稱之爲天台先生。著有《耿天台先生文集》二十卷，以及《碩輔寶鑒》、《先進遺風》等書。

　　李贄（1527～1602），福建泉州人，初姓林，名載贄，後改姓李，又爲避隆慶皇帝朱載垕諱，逐稱李贄，字宏甫，號卓吾，別號溫陵居士、百泉居士等。嘉靖三十一年舉人。歷任河南輝縣教諭、南京國子監博士、禮部司務、南京刑部員外郎、雲南姚安知府等職。萬曆八年棄官，寄寓湖北黃安、麻城友人處，讀書講學。晚年輾轉往來南北兩京等地，於萬曆三十年（1602）被逮下獄，自刎而死。

　　李贄於隆慶六年（1572）與耿定向之弟耿定理（1534～1584，字子庸，號楚倥）相識。耿定理由於體弱多病，不事科舉而專心求道，且悟性極高，很早便憑藉其才學受到了當時學者的賞識。嘉靖三十七年，羅汝芳（號近溪）

曾對耿定向說：「阿仲天啓，非吾儕可方，子毋挾長與貴而易之。」〔註1〕耿定向也說「余學實自仲弟子庸發之」。〔註2〕李贄此次與耿定理相見，對他欽佩不已，贊其「雖學道，人亦不見其有學道之處，故終日口不論道，然目擊而道斯存也。所謂雖不濕衣，時時有潤者也」，並說「余自是而後，思念楚倥不置，又以未得見天台爲恨」。〔註3〕

萬曆八年（1580），李贄在雲南姚安知府任滿辭官，沒有回鄉養老〔註4〕，而是遵照三年前的約定〔註5〕，到黃安投靠好友耿定理。其時耿定向、定力皆在家服父喪。耿氏兄弟對李贄很友善，李贄得以每日讀書、著述、與朋友論學證道，過了兩年平靜愉快的日子。但是，萬曆十二年（1584）耿定理病逝後，耿定向和李贄之間的矛盾日益明顯，二人的論爭逐步展開。

耿定向和李贄的論爭，根源於二人學術人格的不同。耿定向性格溫和、保守，其爲學宗旨在於維護儒家倫理綱常，安頓社會人心；而李贄性格直率、激進，其爲學宗旨在於「窮究自己生死根因，探討自家性命下落」〔註6〕，即追求自我心靈的安頓與解脫。正如二人好友周柳塘所說：「天台重名教，卓吾識眞機」。天台重名教，認爲孔孟的學術是天下萬世規矩準繩：「（五經）孔子從而贊之、修之、刪定之，便垂爲萬世成憲，吾人遵之則得，違之則失。天下國家由之則治，戾之則亂。若食飲之於饑渴，若規矩準繩之於方圓平直，末之能違者。」〔註7〕站在正統儒家的立場，耿定向對佛道二教的批判不遺

<hr />

〔註1〕 耿定向《觀生紀》嘉靖三十七年條，見陳來、于浩選輯：《宋明理學家年譜續編（5）》，北京圖書館出版社2006年版，297頁。本文所引《觀生紀》，其頁碼皆出自該書。

〔註2〕 見焦竑《澹園集》卷四十七《崇正堂答問》，中華書局1999年版，第712頁。

〔註3〕 李贄《耿楚倥先生傳》，見《焚書》卷四，第132頁。《李贄文集》第一卷，社會科學文獻出版社2000年版。本文所引李贄著作，如無特別說明，皆以《李贄文集》爲準。

〔註4〕 李贄辭官後不願回鄉的原因主要有二：一是求道求友心切，二是「不愛屬人管」。《豫約·感慨平生》：「其訪友朋求知己之心雖切，然已亮天下無有知我者，只以不願屬人管一節，既棄官，又不肯回家，乃其本心實意。」見《焚書》卷四，第173頁。

〔註5〕 李贄《耿楚倥先生傳》說道：「丁丑入滇，道經團風，遂捨舟登岸，直抵黃安見楚倥，並睹天台，便有棄官留住之意。楚倥見余蕭然，勸余復入，余乃留吾女並吾婿莊純夫於黃安，而因與之約曰：『待吾三年滿，收拾得正四品祿俸歸來爲居食計，即與先生同登斯岸矣。』」見《焚書》卷四，第132頁。

〔註6〕 李贄《答馬歷山》，見《續焚書》卷一，第1頁。

〔註7〕 耿定向《與周柳塘》第九書，見《耿天台先生文集》卷三，《儒藏》精華編第二六二冊，北京大學出版社2010年版（簡稱《儒藏》本），第90頁。如無特

餘力，認爲其「離倫厭事、蔑棄禮教」，〔註8〕危害不小。而李贄重視性命眞機，認爲天下萬物、社會眾人性各不同，不能強求一致：「天下之民物眾矣，若必欲其皆如吾之條理，則天地亦且不能。」〔註9〕故思想學術也不能強求一律，當各從所好，不必盡同，「願作聖者師聖，願爲佛者宗佛。不問在家出家，人知與否，隨其資性，一任進道，故得相與共爲學耳」。〔註10〕

　　二人論爭，始於互相規勸與各自辯解，但由於各持己見，皆不願讓步，也都不能說服對方，漸漸地互相不滿，論爭升級爲比較尖銳的批評，甚至人身攻擊。二人論爭書信、文章在友人、弟子間傳播，矛盾日益公開化。正如沈鈇所說：「兩家門徒，標榜角立，而耿、李分敵國。此曰：『吾師聖人也。』彼亦曰：『吾師聖人也。』」〔註11〕在與耿定向的論爭中，李贄的思想、言行日益激進、狂放，影響日眾，最終受到統治者的敵視與迫害。

　　耿定向和李贄的論爭，是明代中後期思想界的一段著名公案。二人論爭自萬曆十二年（1584），至萬曆二十三年（1595），持續時間長達十二年。對於二人的論爭，歷代學者多有談及，但過去的研究多站在李贄的立場，認爲李贄爲個人解放的先驅，耿定向爲假道學的代表，這是不符合歷史事實的。本文認爲，二人皆是眞誠的學者，論爭的原因是他們面對明代中後期出現的學術和社會問題，各自有不同的思考。耿李論爭涉及到的問題有名教與眞機、道德與情慾、出世與入世、正統與異端等，皆是中國哲學內部值得爭論的問題。拋開歷史的成見，站在客觀的立場，心平氣和地對他們的論爭進行專門、細緻的研究，將有助於我們對耿定向、李贄的思想有更爲公允的理解，對明代中後期思想史進程有更好的把握，對中國傳統哲學中個人與社會、自由與秩序、眞與善等不同價值之間的矛盾與張力也會有更深的認識。

二、學術界研究綜述

　　耿定向和李贄生前都是當時學界有名的人物，關於二人的論爭，時人多有談及。當道者對李贄的異端之見、狂禪之行也多有指謫，最終其被逮入獄

殊說明，本文所引耿定向作品所附頁碼，皆爲《儒藏》本之頁碼。

〔註8〕 耿定向《與焦弱侯》第七書，見《耿天台先生文集》卷三，第82頁。

〔註9〕 李贄《答耿中丞》，見《焚書》卷一，第16頁。

〔註10〕 李贄《答鄧石陽》，見《焚書》卷一，第10頁。

〔註11〕 （明）沈鈇《李卓吾傳》，載何喬遠《閩書》卷一五二。見廈門大學歷史系編《李贄研究參考資料》（第一輯），福建人民出版社，1975年版，第21頁。

的罪名便是「敢倡亂道，惑世誣民」。〔註12〕在對李贄的諸多傳記、評論中，以袁中道《李溫陵傳》三千言所述最為詳細公允，其中提到：「夫《六經》洙泗之書，梁肉也。世之食梁肉太多者，亦能留滯而成痞，故治者以大黃蜀豆瀉其積穢，然後脾胃復而無病。九賓之筵，雞豚羊魚相繼而進。至於海錯，若江瑤柱之屬，弊吻裂舌，而人思一快朵頤。則謂公之書為消積導滯之書可；謂世間一種珍奇，不可無一不可有二之書亦可。特其出之也太早，故觀者之成心不化，而指摘生焉。」〔註13〕將耿定向等道學家的主張比作每天吃的「梁肉」，將李贄思想比作「大黃蜀豆」等助消化的瀉藥，或調節口味的新奇之物，肯定二者各有其價值，其見解相當精闢。

由於李贄的批評攻擊，耿定向的學術人格也受到後人質疑。黃宗羲《明儒學案‧恭簡耿天台先生定向》曰：「以中行為學，稍一不徹骨髓，其下場不及狂狷多矣。先生因李卓吾鼓倡狂禪，學者靡然從風，故每每以實地為主，苦口匡救。然又拖泥帶水，於佛學半信半不信，終無以壓服卓吾。乃卓吾之所以恨先生者，何心隱之獄，唯先生與江陵厚善，且主殺心隱之李義河，又先生之講學友也，斯時救之固不難，先生不敢沾手，恐以此犯江陵不說學之忌。」〔註14〕黃宗羲點出了耿李論爭的起因，但將耿李交惡的原因歸於何心隱之獄，稍顯片面（關於何心隱之獄與耿李論爭，本文第三章會有詳細論述）。

「五四」時期，國內思想界要求打破封建勢力的束縛，呼喚社會改革，於是吳虞在1916年率先發表了《明李卓吾別傳》〔註15〕一文，長達一萬一千多字，以生動的筆觸，夾敘夾議的手法記述了李贄的生平事跡，闡述了他的思想以及同道學家的鬥爭，並借評介李贄，對實行思想專制的儒教進行了猛烈的抨擊：「夫儒者於吾國之聖人，既集古今之大成，絕對無諍而不可非矣，又昧於宗教之流派性質，凡不同於我者，概目之為異端；不本於我者，概指之為邪說。『息邪說，辟異端』之謬見深中人心，岸然自封，深閉固拒，

〔註12〕《明神宗實錄》卷三六九，臺灣「中央研究院」歷史語言研究所 1966 年校印本。

〔註13〕（明）袁中道《李溫陵傳》。見廈門大學歷史系編《李贄研究參考資料》（第一輯），福建人民出版社，1975 年版，第 14 頁。

〔註14〕（清）黃宗羲著，沈芝盈點校：《明儒學案》（修訂本）卷三十五《泰州學案四》，中華書局 2008 年第 2 版，第 814～815 頁。

〔註15〕吳虞《明李卓吾別傳》，原載《進步》雜誌 1916 年 9 卷 34 期。

坐成錮蔽，方自詡爲正學、爲眞儒，而不悟其乖僻迂妄，誤國殃民，爲禍之烈，百倍於洪水猛獸也。」〔註 16〕吳虞這篇論文，文筆生動，材料豐富，觀點獨到，是一篇研究李贄及其與道學家鬥爭的寶貴材料。

　　經過吳虞的評介，反封建、反專制、倡導思想解放的李贄受到了國內外思想界的重視。日本學者鈴木虎雄 1934 年編寫《李卓吾年譜》，著名文學翻譯家朱維之教授及時將其翻譯成中文，並收編在他自己撰寫的專著《李卓吾論》〔註 17〕中。之後，容肇祖先生撰寫了專著《李卓吾評傳》，〔註 18〕吳澤先生撰寫專著《儒教叛徒李卓吾》〔註 19〕。建國後李贄研究一直比較興盛，1957年出版了我國國內第一部《李贄年譜》〔註 20〕。文革期間，李贄曾一度被視爲「評法批儒」的典型人物受到重視。目前李贄研究的成果有張建業《李贄評傳》〔註 21〕、林海權《李贄年譜考略》〔註 22〕、許建平《李卓吾傳》〔註 23〕等專著數十種，論文及章節性論述則不計其數。由於與耿定向的論爭對李贄思想形成、命運轉變意義重大，李贄思想中許多重要觀點都是在論爭過程中提出，所以對李贄的研究基本上也都會涉及耿定向。

　　雖然李贄研究中對耿李論爭的分析大多站在李贄的立場，其結論未免讚揚李贄而貶低耿定向，但是李贄研究過程中學者整理出了比較豐富的關於耿李論爭的資料。如 1975 年廈門大學歷史系編輯，福建人民出版社出版了《李贄研究參考資料》第一、二、三輯，其中第二輯還專門收集了關於耿李論爭的書信以及明清人物評論等，具有很高的學術參考價值。林海權編寫的《李贄年譜考略》並不是孤立研究李贄，而是廣泛聯繫耿定向、焦竑、周思久、周思敬等有關人物的生平、著作，取材豐富，考證翔實，爲後人研究提供了很多方便之處。2000 年由張建業、劉幼生主編的《李贄文集》七卷本出版，2010 年張建業主編的二十六卷本《李贄全集注》〔註 24〕更是將李贄研究的相

〔註 16〕見廈門大學歷史系編《李贄研究參考資料》（第一輯），第 49 頁。

〔註 17〕朱維之《李卓吾論》，協和大學書店 1935 年 4 月出版。

〔註 18〕容肇祖《李卓吾評傳》，商務印書館 1937 年 1 月出版。

〔註 19〕吳澤《儒教叛徒李卓吾》，載中華論壇，1946 年 9 月。

〔註 20〕容肇祖《李贄年譜》，生活・讀書・新知三聯書店，1957 年出版。

〔註 21〕張建業《李贄評傳》，福建人民出版社 1981 年 6 月出版，1992 年 11 月再版。

〔註 22〕林海權《李贄年譜考略》，福建人民出版社 1992 年 11 月第一版，2005 年 1月第二版。

〔註 23〕許建平《李卓吾傳》，東方出版社，2004 年出版。

〔註 24〕張建業主編《李贄全集注》，社會科學文獻出版社，2010 年 5 月出版。

關資料整理工作推到了極致，其第 26 冊《附錄》包括《李贄研究資料彙編》、《近百年李贄研究論文、著作目錄索引》、《李贄年譜簡編》、《集外集》四部分，基本上將李贄研究所需資料一網打盡，為耿李論爭的研究也提供了極大方便。

相對於李贄研究的火熱，學術界對於耿定向的研究就顯得極為冷清，上世紀學者多是在研究李贄等人時順便提到耿定向，並將其放在李贄的對立面進行研究。當代學者最早同情耿定向的當是黃仁宇，他的《萬曆十五年》（中華書局 1982 年）中有一章名為《自相衝突的哲學家》，談李贄也涉及耿定向，說：「在思想史上，長兄耿定向最易為歷史學家所誤解。他的朋友和論敵李贄，把他說成一個偽君子；而黃宗羲的《明儒學案》，也指出他思想上前後不符。然則很少有人能看到，這位哲學家同樣是在竭力地探求一種既有形而上的根據，又能融合於日常生活的真理。」

上世紀 90 年代左右，一些學者開始正面研究耿定向，如何建明《論耿定向對陽明心學的「拯救」》〔註25〕，如池勝昌：《耿定向與泰州學派》（臺灣師範大學歷史研究所 1990 年碩士論文），對耿定向的生平、思想以及與泰州學派的關係做了開創性的研究。之後，張學智《明代哲學史》第十八章《耿定向的「不容已」之學》〔註26〕對耿定向的思想進行了比較詳細的研究，吳震《陽明後學研究》〔註27〕第八章《耿天台論》對耿定向與王龍溪、羅近溪、李卓吾等人的思想聯繫也作了詳細介紹與分析。而陳時龍《耿定向思想研究》〔註28〕則是研究耿定向思想的第一篇專論，該文對耿定向在晚明思想中史的地位、耿定向的為學次第、為學立場、哲學思想、道德意識進行了比較深入、全面的研究。

關於耿定向的研究資料方面，萬曆二十六年耿定向弟子劉元卿刻《耿天台先生文集》二十卷，其影印本收入《四庫存目叢書》集部第 131 冊（齊魯書社 1991 年），為目前學界耿定向研究最常用的資料。民國十四年武昌正信印書館出版十六卷本《耿天台先生全書》，其中卷八為耿定向自編年譜《觀生紀》。《耿天台先生全書》今已難覓，幸《觀生紀》影印版收入陳來、于浩選

〔註25〕 何建明《論耿定向對陽明心學的「拯救」》，《中州學刊》，1992 年第 1 期。
〔註26〕 張學智《明代哲學史》，北京大學出版社，2000 年。
〔註27〕 吳震《陽明後學研究》，上海古籍出版社，2000 年。
〔註28〕 載中國社會科學院歷史研究所明史研究室編《明史研究論叢第 7 輯》，紫禁城出版社，2007 年，第 178～192 頁。

輯：《宋明理學家年譜續編（5）》（北京圖書館出版社 2006 年版），爲研究耿
定向生平的重要資料。更爲可喜的是，北京大學《儒藏》編纂中心整理校點
本《耿定向先生文集》（收入《儒藏》精華編第二六二冊）於 2010 年由北京
大學出版社出版，雖然其中有些許點校錯誤之處，但有目錄、有標點的現代
排印，還是爲研究者提供了很大方便。

　　關於耿定向和李贄的論爭，最早抱著同情的態度進行研究的是左東嶺，
其論文《耿、李之爭與李贄晚年的人格心態巨變》〔註29〕、專著《李贄與晚
明文學思想》（天津人民出版社，1997 年）、《王學與中晚明士人心態》（人民
文學出版社，2000）都對耿定向和李贄的論爭進行了比較平情論述，揭示了
耿李論爭對李贄性格、心態的變化的影響。而臺灣學者袁光儀的接連發表《僞
道學或眞聖賢──明儒耿定向的人格學術之再評價》〔註30〕，《名教與眞機
──耿定向、李卓吾學術論爭之本質及其意義》〔註31〕等論文，爲之前被誤
解的耿定向平反。而鄔國平則發表《也談〈焚書〉原本的問題》〔註32〕《李
贄〈答耿司寇〉是一封「集束型」書信》〔註33〕《〈復焦弱侯〉異文與李贄、
焦竑、耿定向關係》〔註34〕等考證性文章，澄清李贄與耿定向交往、論爭中
的一些事實，讓學界對耿李論爭的過程有了更準確的把握。

　　總體而言，隨著社會的發展，學術的自由開放，人們對於耿定向和李贄
的思想以及二人論爭的認識越來越客觀，態度也越來越平和。但目前學術界
對於耿定向的研究還是比較少，對耿定向與李贄論爭的研究也多有偏頗之
處。本文希望在前人研究的基礎上，對耿李論爭進行全面深入的研究，以塡
補學術界的空白。

〔註29〕左東嶺《耿、李之爭與李贄晚年的人格心態巨變》，載《北方論叢》1994 年第
　　　　5 期（總第 127 期），76～82 頁。
〔註30〕袁光儀《僞道學或眞聖賢──明儒耿定向的人格學術之再評價》，《臺大中文
　　　　學報》，2007，（第 22 期）。
〔註31〕袁光儀《名教與眞機──耿定向、李卓吾學術論爭之本質及其意義》，《中國
　　　　學術年刊》，2009，（第 1 期）。
〔註32〕鄔國平《也談〈焚書〉原本的問題》，《清華大學學報（哲學社會科學版）》，
　　　　2004，（第 2 期）。
〔註33〕鄔國平《李贄〈答耿司寇〉是一封「集束型」書信》，《中華文史論叢》，2006，
　　　　（第 2 期）。
〔註34〕鄔國平《〈復焦弱侯〉異文與李贄、焦竑、耿定向關係》，《中華文史論叢》，
　　　　2010，（第 4 期）。

三、本文的研究方法與思路

研究李贄的文章，一般都會提到與耿定向的論爭，然而之前的研究，多站在李贄的立場，耿定向都處在一種「非直接在場」的狀態，多作為李贄思想的對立面或者被批判的對象而存在。本文則儘量將二人的論爭做一平等、客觀的考察。進而，將耿李論爭置於整個時代環境中，與明代思想文化的發展演變相關聯。一方面考察耿定向、李贄思想的形成和演變，揭示耿李論爭的原因、過程以及對二人思想和命運的影響，另一方面，通過考察他們與同時代人物的交往，對當時社會問題的不同觀點，研究耿定向和李贄與時代思潮的互動，藉以透視晚明思想學術的分化、演變，以及相關士人的生存境遇。

本文第一章，對李贄和耿定向的生平與思想作簡要介紹，這是耿李論爭的背景。

第一節《學者與官僚耿定向》介紹耿定向的生平與學履，展示耿定向溫和妥協的性格及其成因，其居官講學期間整飭學風、扶世衛道的努力，通過其與張居正、與言官的是非糾葛，觀察明代政治現實與士大夫的現實處境。

第二節《追求性命之道的李贄》介紹李贄萬曆八年以前的成長經歷和仕宦生涯。本章認為其孤僻、任性、不愛屬人管的性格特徵與其幼年喪母的遭遇有莫大的關係，而居官的不自由，以及喪失親人的經歷，讓他深感人生的艱辛和痛苦，也讓他求道之心日益迫切。而「五十以後，大衰欲死，因得友朋勸誨，翻閱貝經，幸於生死之原窺見斑點」的經歷，讓他心向佛學，繼續求友求道的渴望讓他棄官棄家，到黃安投靠耿定理，進而與耿定向發生交往。

第二章，對耿李論爭做一番歷時性的考察，將耿定向和李贄論爭的相關書信、文章進行梳理，結合前人的考證成果，儘量還原二人論爭的全過程，將耿李論爭的來龍去脈再現於世人面前。耿定向是一個非常典型的儒家學者兼官員，他關心世道人心，有強烈的社會責任感和文化責任感，所以對李贄的「異端」傾向苦口匡救；而他被批判的虛偽、假道學的一面，也有其深厚的文化根源。李贄雖然狂放、激進，有很多驚世駭俗的言論和行為，但終究還是無法脫離現實，故在論爭後期行為逐漸收斂，並積極尋求與耿定向和解。

第三章，詳細分析耿李論爭中涉及的名教與真機、情慾與性命、出世與入世、正統與異端等問題，藉以考察明代中後期士人的思想動向，以及中國傳統思想中不同價值之間的矛盾和張力。本章將從三個方面對耿李論爭展開分析：

第一節：從耿李論爭看明代中後期道德與性命之學的分離

中國傳統儒家道德之學與性命之學原本是合一的，但是明代政治的黑暗、倫理綱常的崩壞、士人不安的處境、陽明心學的發展，卻導致了二者的分離。耿定向繼承了陽明心學注重道德實踐的方面，而李贄繼承了其注重個人性命、高揚主體性的方面。他們針鋒相對的觀點，代表了中國傳統士人對社會秩序與個人安身立命之道的不同思考；耿定向代表了傳統儒家士大夫為糾正學弊、維護倫理綱常所做的努力，而李贄則代表了那個時代求道自適、追求自我的思想動向。

第二節：真與善的衝突——李贄和耿定向關於情慾的論爭

明代經濟的繁榮刺激著人們的欲望，學者對於好色、好貨等情慾問題也有了新的思考。

「百姓日用即道」的命題在明中葉以後被人們反覆議論，對於百姓日用的關注成為陽明學的重要特點，雖然很多思想家都提到了對物質生活的關注，但到了李贄才大膽、直白、詳細地論述人的「治生產業」即人類對物質生活的需求和感性需要，並在哲學意義上賦予其合理性。李贄認為追求物質利益是人的本性，所以對「富貴利達」的追求也是自然的、合理的，統治者應當順應並合理利用人的欲望，使得「各從所好，各騁所長」。

與泰州學派很多學者對自然情慾的承認不同，耿定向更強調天命之性對自然人情的規範作用。李贄認為好貨、好色是「真邇言」，要人於此百姓日用之邇言反求人真實本性，即「識得本來面目」；而耿定向強調「隱惡而揚善」，故認為「父子有親，君臣有義」「夫婦有別，長幼有序」才是更重要的。

第三節：何心隱之獄與耿李論爭——兼論泰州學派的狂俠精神

黃宗羲在《明儒學案》中說：「乃卓吾之所以恨先生（指耿定向）者，何心隱之獄，唯先生與江陵厚善，且主殺心隱之李義河，又先生之講學友也，斯時救之固不難，先生不敢沾手，恐以此犯江陵不說學之忌。」（卷三十五）。而李贄論何心隱的文字，也時時流露出對耿定向等「假道學」的不滿。那麼何心隱之獄，耿定向究竟是否見死不救呢？耿定向和李贄分別是如何看待何心隱的？何心隱之獄與耿李論爭有什麼關係？本節介紹耿定向與何心隱之獄的關係，通過耿定向、李贄對何心隱以及泰州後學不同的態度，對泰州學派的「狂俠」精神及其歷史意義作反思。

　　最後，筆者整理了耿定向和李贄的生平簡表，以及關於耿李論爭的部分關鍵資料，作爲附錄列於文後，以便讀者參考，也爲以後的研究者提供方便。

第一章 耿定向與李贄生平簡介

　　耿定向比李贄大三歲，二人皆出生於沒有功名的詩書之家，且由於家境貧困，青少年時期都曾為家事而奔波，吃過不少苦。二人皆於嘉靖三十一年（1552）中舉，並於次年參加會試，皆不第。三年後（嘉靖三十五年，1556）再次參加會試，耿定向中得進士，而李贄則再次落榜。此後，二人的命運走上了不同的軌跡，耿定向官運亨通，地位日漸顯赫，而李贄則長期在下層官員中默默無聞。

　　隆慶六年壬申（1572），耿定向之弟耿定理遊南京，與李贄論學相契，成為耿定向和李贄相交的機緣。萬曆五年丁丑（1577）李贄赴任雲南姚安知府，途徑黃安，拜訪耿定理，並首次與耿定向見面。萬曆八年庚辰（1580），李贄從四品知府卸任，矢志不回鄉而是到黃安投靠耿定理，從此，耿定向和李贄的命運聯繫在一起。

　　不幸的是，萬曆十二年甲申（1584），耿定理英年早逝。此後，耿定向和李贄的學術分歧日漸暴露，矛盾愈演愈烈，導致二人之間產生了一場曠日持久的論爭。

　　本章對耿定向和李贄的生平與思想作簡要介紹，這是耿李論爭的背景。〔註1〕

第一節　學者與官僚耿定向

　　關於耿定向的生平資料比較豐富，明人文集中所收錄的行狀、祭文、傳

〔註1〕關於二人生平對照，可參看本文末所附《耿定向與李贄生平、著述簡表》。

記等資料達十餘篇。〔註2〕更爲難得的是，耿定向本人在晚年曾撰寫自己年譜《觀生紀》，〔註3〕詳細敘述自己的生平經歷、著作和思想變化，爲後人的研究提供了極大方便。

耿定向的祖先原居江汝一帶，元朝末年戰亂，族內有一位叫耿國寶的，和次子耿必安追隨朱元璋（1326～1398）打天下，耿必安以軍功被授予濟陽衛千戶。而耿國寶的長子必順，奉母親周氏，自光山（今屬河南）遷到麻城縣之太平里安家。

耿必順傳五世爲鳴甫公耿大振，生靜庵公耿金，耿金娶秦氏，而生耿定向、定理、定力、定裕（後不見於記載，當爲幼年夭折）。耿金以上幾代都沒有科舉功名的記錄，然耿大振、耿金均事耕讀，且注重修身和教子，焦竑《耿天台行狀》載：「鳴甫公謜身教家，內行甚備，而靜庵公棲跡衡門，舉一切浮豔之好，無以入其襟際。褒誠秉醇，意泊如也。」〔註4〕其品行被鄉里稱讚，被譽爲「隱君子」。〔註5〕

一、青少年生活與教育

耿定向生於嘉靖三年甲申（1524）十月初十，從小在充滿親情的家庭中長大。據《觀生紀》載，他三歲時因蛔蟲而腹痛，服藥後半夜裏上吐下瀉，但母親卻一直躺在他吐瀉的穢物和無數蛔蟲中，不敢打開被子擦拭，擔心兒子受風而病情加重。他幼年多病愛哭，父母養育甚爲艱辛，故他對「子生三年，然後免於父母之懷」的名句深有感觸。耿定向從小就懂得孝順，兩歲時，祖父被人刺傷，血流不止，耿定向守在祖父床前不忍離去，還時時攢眉作呵護狀。七歲時，祖母李淑人去世，他哭之甚哀，既葬，經常帶著兄弟們到墓前祭拜。〔註6〕

〔註2〕臺灣國立中央圖書館編輯：《明人傳記資料索引》，國立中央圖書館，1965 年版，第 418～419 頁。

〔註3〕收入陳來、于浩選輯：《宋明理學家年譜續編（5）》，北京圖書館出版社 2006 年版，279～323 頁。原載民國十四年武昌正信印書館《耿天台先生全書》卷八。

〔註4〕焦竑《資德大夫正治上卿總督倉場戶部尚書贈太子少保謚恭簡天台耿先生行狀》（簡稱《耿天台行狀》），見《澹園集》卷三十三，中華書局 1999 年版，第 524 頁。

〔註5〕（明）李維楨《耿恭簡家傳》，見《大泌山房集》卷六十三。《四庫存目叢書》集部第 152 冊，第 73 頁。

〔註6〕見耿定向《觀生紀》嘉靖四年、五年、九年條。

據說，耿定向幼年便志向不凡。李維楨《耿恭簡家傳》記載：

> 先生生而聰慧，甫脫襁褓，即朝夕王父側不離。王父時置之膝
> 上，一日問曰：「人何者為貴？」遞數之，極公卿而止。更問其上，
> 曰「惟聖人耳。」先生拱而對曰：「兒他日當為聖人。」王父大驚：
> 「此兒定非凡流。」〔註7〕

然而，除了這則「名人軼事」，耿定向的早年生活並沒有特別之處。除了科舉幾乎沒有其他目標。耿定向七歲開始接受啟蒙教育，父親耿金手書《大學》相授，並令其隨伯父學習句讀。十一歲入私塾，次年開始學習八股文。後多次變更學習地點和老師，《觀生紀》所載有名有姓的塾師近十人。

耿定向的家境比較貧困，《觀生紀》中多處記載了缺錢少糧的窘狀。例如十六歲時就學的家塾條件及其艱苦：「鑿壁為牖，拾楮代膏，即筆簞不具，與同業從昆共寢稿桔中，解裳為席，聯衣為衾而已。」〔註8〕二十歲時，督學使者蒞臨黃州，耿定向攜友熊子徵應試，因家貧，連盤纏和口糧都沒有，只能到別人處蹭飯。耿定向自述「相知者徵召，我則懷羹遺子徵，以療其饑。」〔註9〕家人為準備給考官的見面禮，要到處借錢，母親還把唯一的女奴賣掉幫忙湊錢。〔註10〕

單是經濟上的貧窮，倒能忍受，最讓耿定向痛心的是家族地位卑賤、被人欺凌。據《觀生紀》載，他十九歲那年從諸父服勞役。沿途大雪，夜無宿處；渡過冰冷的河水，被凍得「膚赭如血」；後至邑城，又被市井無賴所辱。二十八歲時，率族人服徭役，也被人欺凌。凡此情景，令耿定向極為心痛，他說「丈夫志康濟天下，一弱族且不能庇，非夫矣。」〔註11〕遂立志博取功名，為家族免除勞役之苦。

可以說，耿定向的早年經歷，是貧寒士子通過讀書、科舉來改變命運的典型實例。嘉靖三十一年壬子（1552），29 歲的耿定向鄉試中舉，經濟生活漸漸好轉。嘉靖三十五年丙辰（1556），33 歲的耿定向終於考中進士，開始了其作為學者和官僚的生涯。

〔註7〕 （明）李維楨《耿恭簡家傳》，見《大泌山房集》卷六十三。
〔註8〕 耿定向《觀生紀》嘉靖十八年條。
〔註9〕 耿定向《觀生紀》嘉靖二十二年條。
〔註10〕 同上，原文：「遍貸姻家，無應者。已，貸於勢家僕，得十金。時先淑人側止一女奴，命鬻之佐贄費，無重負貸勢族者。」
〔註11〕 耿定向《觀生紀》嘉靖三十年條。

二、接觸良知之學

耿定向自稱「二十七歲始志學」，當時經常與好友彭公甫在家裏的「慎獨樓」讀書論學。彭公甫讀程朱語錄，認爲程朱「主敬」工夫應當是言行循規蹈矩。而耿定向則說：「道惟明倫盡倫，所學聖也，惡用此拘拘檢柙？」不過，受公甫規勉影響，也漸漸注重倫理規範。〔註12〕

耿定向家鄉黃州，學術氣氛並不濃厚。一直到他進士及第之前，他對當日流行天下的陽明心學幾乎毫無接觸。嘉靖三十三年（1554），泰州學派重要成員趙貞吉（1508～1576，號大洲，諡文肅）貶官，途徑黃岡，縣令楊氏同爲蜀人，卻未加招待，趙怒而詬罵。耿定向心中疑問，向學政林維請教，林答曰：「趙公之學，禪學也。衷怒輒發，禪學故如是。」〔註13〕趙貞吉雖不諱禪學，但林維以禪學概括趙之學術，並以「衷怒輒發」爲禪學的表現，可見時人對王學、禪學的誤解，以及耿定向對王學也缺乏瞭解。

萬曆三十五年，耿定向進士及第後，得以與京城士子廣泛接觸，讓他眼界大開。當日風行的講學會，也對他的心靈產生衝擊，使得他的爲學思想短時間內發生了巨大變化。

據他自述，剛中進士時，「都下有講學會，同志或要之赴，余執前見，以盡倫實踐聆諸談說，無當也。」〔註14〕耿定向之前爲學主張「盡倫實踐」，和當時講會的主題良知之學、心性之學有很大隔膜，所以一開始並不能契合。但是很快他便意識到自己的孤陋寡聞，著《盲喻》以自勉：

> 昔有孺子自襁褓盲者，隨人嬉曝於春園中，聞人言天有日，亟歸，周諸父兄曰：「日何形？」其父兄曰：「圓也。」又問曰：「圓何似？」父兄無以應，第取鏡示之。孺子執而旋探焉，乃解。復問曰：「日何色？」父兄謂之曰：「赤也。」又周曰：「赤何似？」父兄無以應。孺子顧問不已，其父兄展轉念慮，百計求所以譬曉之而不得也。孺子竟惘然。

> 夫餘學凡主修行云云者，猶辨日之形也。雖心無所見，而古先聖哲遺有成規，猶得模擬而冥行爾矣。若所謂道，猶辨日之色也，斯心之盲也久矣。即有道者披裂腸腹、多方曉告，顧安能頓開錮迷，

〔註12〕見《觀生紀》嘉靖二十九年條。
〔註13〕見《觀生紀》嘉靖三十三年條。
〔註14〕見《觀生紀》嘉靖三十六年條。

而令即睹天日也？余自束髮，與朋友矢志以盡倫修行爲學；既壯，
遊四方，聞先生長者言「學貴聞道」，始爽然自失矣。乃作《盲喻》
以自省云。〔註15〕

耿定向少年時以盡倫修行爲學，與當日陽明心學以性命天道爲主題的學
問宗旨相比，略顯淺陋。如何修行，有古聖先賢格式可以模倣；但如何明道，
「道」是什麼，則難以言傳、只能靠內心體悟才能明白。對此，耿定向還處
在茫然之中。

嘉靖三十六年丁巳（1557）四月，耿定向奉命到湖廣宣詔，順便歸里。
時其仲弟耿定理適從遠方參訪歸，兄弟論學，定理對他的啓發很大：

　　嘉靖丁巳，仲子有聞矣，余猶未之識也。一日友問仲子曰：「子
學從何入？」仲子曰：「吾學從無極太極入，不落陰陽五行。」余
聞而艴然，怒訶之曰：「小子誦習孔孟書，不反身體會，乃勤此玄
談，可訝也。」仲子素嚴事余，乃抗對曰：「吾亦重訝世人讀孔孟
書，第藉以梯榮肥，更無一及身體會者。」余又訶曰：「疇不體會
哉？吾儕事親從兄，與世酬物，乃實體會處也。」仲子曰：「固也，
學有原本。」余曰：「何云原本？」仲子曰：「肇道統者，僉稱堯舜
相傳宗旨，只是一中。子思子，孔氏之神孫也，特爲之注曰：喜怒
哀樂未發之謂中。今讀孔氏書者，孰從未發前覰一目哉？」余聆已，
俯而思，徐駁之曰：「中庸首章雖有如此微言，顧篇中所云庸言庸
行、達道達德、九經三重，孰非實理？奈何獨舉此妙論哉？」仲子
曰：「固也，不觀篇終結語耶？」余乃有味其言也。因日與討究，
幸有所啓。〔註16〕

此時的耿定向讀聖賢書，重視反躬實踐，不喜玄談，思想局限在類似陰
陽五行這樣的世間規則中；而耿定理則思考性命之本原，亦即類似無極太極
這樣宇宙人生的根本問題。耿定向驚異其弟學問大進的同時，也對自己的爲
學路向有所反思，「因反觀有契，自是學以存爲主。」〔註17〕所謂「學以存爲
主」，即是存養、默識之類內心體悟工夫。後來耿定向曾對焦竑說：「余學實
自仲弟子庸發之。予以行人還里中，仲弟適自遠方參訪歸，意充然如有得

〔註15〕見《耿天台先生文集》卷十九，《儒藏》本593頁。
〔註16〕耿定向《繹中庸》，見《天台集》卷十，《儒藏》本301～302頁。
〔註17〕耿定向《觀生紀》嘉靖三十六年條。

也。……余豁然有省。」〔註18〕

嘉靖三十七年戊午（1558），耿定向攜耿定理到京，在京與羅汝芳（號近溪）〔註19〕、胡直（號廬山）〔註20〕、鄒善（字繼甫，號穎泉，鄒東廓之子）〔註21〕等相識結交。在朝夕切劘中，耿定向對王陽明的良知說也漸漸領悟。這其中耿定理的功勞也不小。耿定向自述：「余時學爲存之功實勤綿密，顧於應感處自覺支己（離）。一日與仲共飯，偶契文成良知之指，以常知爲功。」〔註22〕第二年，在家「偶舉箆（扇）有省，語仲曰：『嘻，渾身皆知體也，奈何耿耿於膺耶？』頗自鬯。仲曰：『通天徹地皆知體也。』益有省，大鬯焉。」〔註23〕

關於「知體」、「常知」，耿定向在《雙塔晤言》中有比較詳細的闡述：「嘉靖己未（1559）冬，與諸廷撰南明晤語京邸，論及陽明先生良知之學。……余曰：先正有言，知是本體，常知是工夫云。」並說「知體神通變化，潛天而天，潛地而地。所謂常知云者，常明常覺，不致昏迷放逸云耳，非固把捉，膠滯於胸膺間也。」〔註24〕耿定向認爲「常知」是實踐良知的工夫，要求主體時時保持良知的警醒狀態，但同時又不失內心輕鬆活潑。然而，耿定向此時理解的「知體」，類似「知覺」之義，與陽明所說「良知本體」尚有差別。他說：「知體之神通變化，是人人之所同也。顧用之有善不善，辨於志矣。偷兒志壹於竊財，其知體之神通變化見之偷生；漢帝志壹於決勝，其知體之

〔註18〕 焦竑《崇正堂答問》，《澹園集》卷四十七，第712頁。

〔註19〕 羅汝芳（1515～1588），字惟德，號近溪，江西建昌府南城縣人。嘉靖三十二年（1553）進士，歷官太湖知縣，刑部主事、寧國知府、雲南副使、雲南參政等。泰州學派的代表人物。

〔註20〕 胡直（1517～1585），字正甫，號廬山，明吉安泰和（今江西泰和縣）人。嘉靖三十五年（1556）進士，歷官刑部主事、湖廣僉事、領湖北道、四川參議、湖廣督學、廣西參政、廣東按察使、福建按察使等。少嗜詞章之學，二十六歲始從王陽明弟子歐陽德問學，後又拜羅洪先（念庵）爲師。

〔註21〕 耿定向說：「余慕穎泉公家學，於同年中心獨嚮往，時時偕羅惟德、胡正甫輩，相與切劘。而穎泉公準古易子誼，令伯子受學於予。」（《明河南按察司僉事鄒伯子墓誌銘》，見《天台集》卷十二，第376頁。）在陽明弟子中，耿定向對鄒東廓最爲推崇。鄒善又令其二子鄒德涵、鄒德溥受學於耿定向，故兩家來往密切。

〔註22〕 耿定向《觀生紀》嘉靖三十七年條。

〔註23〕 耿定向《觀生紀》嘉靖三十八年條。

〔註24〕 耿定向《雙塔晤言》，見《耿天台先生文集》（後文簡稱《天台集》）卷八，《儒藏》本第246頁。

神通變化見之應敵；聖人之志壹於欲明明德於天下，故其知體之神通變化見於範圍曲成、裁成輔相。蓋知體之神通變化恆隨於其欲，而人之欲也千緒萬端，歸於志之所在。欲有所歸則精，精則一，一則神。吾人稽古人之所欲，而識大學之道之所在，始可與言良知之學矣。」〔註25〕

嘉靖三十九年庚申（1560）三月，耿定向被授雲南道監察御史。不久，他上疏彈劾禮部尚書吳鵬（1500～1579），列舉其六大罪狀，如科場營私、鉗制言官、貪污受賄、獎抑失則等。〔註26〕耿定向自述「時銓政濁亂，余上疏彈太宰吳鵬及以賄進者，語侵要人。」〔註27〕此「要人」便是嚴嵩。當時官員的選撥任用，雖名義上為吏部職責，而實權則掌握在首輔嚴嵩手裏。《明史·嚴嵩傳》說：「士大夫輻輳附嵩，時稱文選郎中萬寀、職方郎中方祥等為嵩文武管家。尚書吳鵬、歐陽必進、高燿、許論輩，皆惴惴事嵩。」〔註28〕

彈劾吳鵬、向嚴嵩叫板，為耿定向贏得了聲望，但也引起了當權者對他的忌憚和報復。嘉靖四十年夏初，耿定向被派巡按甘肅。雖說巡按御史號稱代天子出巡，事權頗重，但甘肅地處偏遠，到那裡去無疑是個苦差事。

耿定向一開始不願前往，但一旦決定擔當此任，便會盡心盡力完成「為天子布風」的職責。他拒絕地方官員的賄賂和饋贈，公正地行使監察職權。在事務方面，「慮罪重辟多所平反，頗有獲心者」〔註29〕；人員方面「舉劾無所私」〔註30〕；除此之外，耿定向還修好了與嚴嵩的關係。

甘肅之行，對年輕的耿定向來說，是一次重要的歷練。在艱苦的自然條件與險惡的官場中思索安身立命之道，讓他對良知之學有了更深的體悟。

耿定向兩三年後（時任南京督學）在給友人的信中提到，「向歲甘肅之差，遠抵張掖、酒泉等處，乃昔人所云天盡頭者。而南即蕃，北即虜，烽火之警，一夕幾至。又入無習使之童，出無商心之友，隻影單形。」而南京督學之職，「去家鄉雖稍近，而苦心百倍，讒構叢生」。面對做官種種辛苦之處，「使若不是有些丹頭，如此境界亦好難挨也。」所謂「丹頭」，指的是人處在險惡的環境中能夠安身立命的東西，「得丹者入火不焚，入水不溺，豈獨

〔註25〕耿定向《雙塔晤言》，見《耿天台先生文集》（後文簡稱《天台集》）卷八，《儒藏》本第 246 頁。
〔註26〕耿定向《劾吏部尚書吳鵬疏》，見《天台集》卷一，《儒藏》本 22～24 頁。
〔註27〕《觀生紀》嘉靖三十九年條。
〔註28〕《明史》卷三○八，列傳第一百九十六《姦臣·嚴嵩傳》。
〔註29〕《觀生紀》嘉靖四十一年條，302 頁。
〔註30〕《明史》卷三二八《耿定向傳》。

能奈羈旅遠鄉之況已耶？」。耿定向當時以陽明言行自勉，且認為最可靠的靈丹，便是人的良知。「昔陽明先生乃大宰子，又自少登科第，擅才名，及謫居貴州龍場、官驛丞時，權奸又謀刺之，夷人又謀蠱之，土官又凌辱之，去時浮海遇颶風，一日萬里。……而此老良知兩字，卻從此處得來，只此一丹，且能照耀萬古矣。」在生死關頭，極端艱辛的生命體驗中，一切外在的功名利祿、富貴榮華都是夢緣幻境，只有內心的良知才是真正可以倚靠的東西。「看陽明那豪傑，往時自負有文章有氣節，可以名世矣，到了龍場便才曉得都沒用了，只此能視、能聽、能言，這些子良知，便是一生倚靠的靈丹耳。」耿定向勉勵朋友，同時也是勉勵自己「萬緣拋下，一心思量何者是我生身立命的東西，一生只有何事切己。如此得一醒悟，即三公九卿，何足掛齒；乘桴浮海，亦自快樂。更何入不自得哉？」〔註31〕

後來（嘉靖四十三年，1564）耿定向曾對王龍溪述及自己對良知學的領悟過程說：「僕於陽明之學，初間不惟不信，反加訾議，所以興起信心，全在楚倥舍弟。舍弟資性拙鈍，既不能讀，又不會理家，苦苦在山中靜坐，求個出頭，致成血疾。一旦忽然開悟，胸中了然無滯礙，凡四書六經未嘗經目之言，與之語，當下曉了，多世儒所不道語。家君平時守些繩墨，行些好事，舍弟皆以為小廉曲謹，未免陪奉人情，與自己性分無有干涉，深信陽明先生之學為千聖的傳，人無知者。僕因將遺言體貼，在身份上細細理會，簡易明白，愈尋究愈覺無窮，益信舍弟之言不我誣也。故信之獨深。」〔註32〕

此時的耿定向，已然超越了形而下的「盡倫實踐」，對良知學、形而上的性命之道有了自己的體會，不再如盲童對「日之色」那樣茫然了。

三、督學南京，挽士習，正人心

耿定向於嘉靖四十一年（1562）三月被任命為南京督學。南京歷來為學術重地，耿定向擔任督學，肩負著徐階等王學當權派重振王學的期望，〔註33〕耿

〔註31〕耿定向《與陶左山》，《天台集》卷五，《儒藏》本第144～145頁。

〔註32〕見《王畿集》卷四《東遊會語》，鳳凰出版社2007年版，第84頁。

〔註33〕王陽明於嘉靖七年病卒於歸鄉途中，第二年王學就被宣佈為「偽學」，此後朝中的王門弟子逐漸被斥逐殆盡，王學的發展勢頭暫時受阻。雖然在民間有些地區，特別是陽明弟子眾多的江右、浙中地區，王學依然得到迅速發展，民間講學依然活躍，但是官員講學特別是兩京中曾盛行的講學活動漸趨冷落。早在耿定向被派巡按甘肅時，徐階就有意讓耿暫緩赴任，等待南京督學之缺，但由於嚴黨的阻撓而未果。見耿定向《觀生紀》嘉靖三十九年條。

定向本人也深感責任重大。據《觀生紀》記載，耿定向每年都到南直隸下屬各府州縣巡校，指點士子向學，幾乎馬不停蹄。焦竑《行狀》曰：

> 留都巨公名儒往往稅駕其間，英多特達之士、綴學耆修者蓋不乏人，顧渙焉而未有其統。先生至，毅然以斯文為任，舉簡書所云「崇正學、迪正道」者稟為功令，直挈仁體以示人。案吏則先風化而抑培擊，校士則獎名檢而黜浮華，桑陰未移，而下自化。自屬吏諸生，日為汲引，隨機立教，不強所未至。由其內者，先生為之推離還源，相與踴躍，如寐得覺；由其外者，先生為之易鬭就衷，相與浣濯，如病獲差。致尊中衢過者斟酌之，多少不同，而各得其宜。以故從遊之徒，或彈冠登朝，為世羽儀；或重席談經，為士杓的。綿屬蔓引，於今不絕，作人之盛，近世未有也。〔註34〕

這期間耿定向輾轉各地學校，與諸生講論孔孟之學，也作了多篇論說文字，闡釋儒學義理。例如嘉靖四十二年癸亥（1563）夏，作《出世經世說》，認為「吾儒家亦必須出世而後能經世。」冬，校士吳門，與諸生研習《中庸》，有《吳門寱語》，又著《明哲保身說》。還有專門獎掖後進之作，如《大人說》勉勵潘絲，作《立本說》贈詹一麟等。〔註35〕作《示應試生》為諸生提挈為學宗旨：

> 余嘗臆自古賢聖提掇宗旨，標示承學，似亦大造化循環，有莫知然而然者。惟昔三代以降學術分裂，異端喧豗……乃夫子出而單提為仁之宗。夫仁者人也，欲人反求而得其所以為人者，學無餘蘊矣。逮至戰國，功利之習薰煽寰宇，權謀術數以智舛馳，益未知所以求仁矣。孟子出而又提一義。要之義即仁，特自仁之毅然裁制者言也。下逮晉魏六朝時，懲東漢之以名節受禍，或清虛任放，或靡麗蔑質，德益下衰矣，宋儒出而提掇主敬之旨。主敬禮也，即所以集義而存仁也。後承傳者又失其宗，日束於格式形跡，析文辨句於訓詁之餘，而真機梏矣。乃文成出而提掇良知之旨。良知智也，欲人識其真心耳。人識其真心，則即此為仁、為義、為禮矣。夫由仁而義而禮而智，聖賢提掇宗旨，若時循環各舉其重，然實是體之，

〔註34〕焦竑《耿天台行狀》，《澹園集》卷三十三，527頁。

〔註35〕事見《觀生紀》嘉靖四十二至四十五年條，308頁。相關論說皆見《天台集》卷七。

舉一即該其全。此本天命造化使然，立教者亦未知其所以然而然也。
乃今致知之旨，學者又多以意識見解承之，以此崇虛軂無，論說亦
玄亦黟，而實德亦病矣。實是志學者，須黜見省議，神明默成，以
身體之，以行與事證之，此則所謂信，今日所當爲宗者也。蓋信之
於四德，尤土之於五行，惟信則實有諸己，而仁義禮智皆本諸身而
誠，徵諸民而安，達諸事而理矣。不則悉虛也。〔註36〕

耿定向以「識仁」爲宗，將儒家學統貫穿統一，並令諸生反身體認，並
證諸事行，力求實有諸己。在耿定向的引導下，一大批東南士子確立了學問
的方向。焦竑後來回憶道：「向來論學，都無頭腦。吾師耿先生至金陵，首倡
識仁之宗，其時參求討論，皆於仁上用力。久之，領會者漸多。吾輩至今稍
知向方者，皆吾師之功也。」〔註37〕

在此期間，耿定向與王龍溪、羅近溪等王學健將多次相會論學，但與龍
溪、近溪等王門諸子在爲學方向上已經有所不同。他反對玄遠高妙，而主張
切實修行；他不單講求良知、性命等學術問題，更關心世道人心，極力著重
於糾正學風和士風。

嘉靖四十三年甲子（1564）春，耿定向與王龍溪會於宜興，偕遊張公洞，
聯榻晤語再宿，談論良知之學，並言及羅念庵和胡清虛。

羅念庵和王龍溪是當時學界領袖，羅念庵的《冬遊記》〔註38〕和二《夏
遊記》〔註39〕記載了二人相與論學之語。《冬遊記》中，龍溪認爲眞爲自己性
命者，當脫落知見，自信良知，不計他人毀譽：

龍溪謂念庵曰：「汝學不脫知見，未逼眞，若逼眞來輪刀上陣，
措手不迭，眞心眞意，人人皆得皆知，那得有許多遮瞞計較來。」
問：「如何是眞爲性命？」龍溪曰：「棄得性命，是爲性命。」又問，
龍溪曰：「爲性命不眞，總是棄世界不下。如今說著爲善不是眞善，
卻是要好心腸隨人口吻，毀譽得失之關不破。若是眞打破，人被惡
名埋沒一世，更無出頭，亦無分毫掛帶，此便是眞爲性命。眞爲性
命，時時刻刻只有這裡著到，何暇陪奉他人，如此方是造化把柄在
我，橫斜曲直、好醜高低，無往不可。如今只是依阿世界，非是自

〔註36〕耿定向《示應試生》，見《天台集》卷五，第152頁。
〔註37〕焦竑《崇正堂答問》，《澹園集》卷四十七，第711頁。
〔註38〕事在嘉靖十八年己亥（1539）。
〔註39〕一爲嘉靖二十七年戊申（1548），一爲嘉靖三十三年甲寅（1554）。

由自在。」〔註40〕

戊申《夏遊記》，念庵對龍溪的現成良知、「當下具足」說多有批評：

> 今曰「若信得良知過時，意即是良知之流行，見即是良知之照
> 察」云云，夫利欲之盤固，過之猶恐弗止，而欲從其知之所發，以
> 爲心體；以血氣之浮揚，斂之猶恐弗定，而欲任其意之所行，以爲
> 工夫。畏難苟安者，取便於易從；見小欲速者，堅主於自信。夫注
> 念反觀，孰無少覺？因言發慮，理亦昭然。不息之眞既未盡亡，先
> 入之言又有可據，日滋日甚，日移日遠，將無有以存心爲拘迫，以
> 改過爲黏綴，以取善爲比擬，以盡倫爲矯飾者乎？而其滅裂恣肆者，
> 又從而譸張簧鼓之，使天下之人遂至於蕩然而無歸，則其陷溺之淺
> 深，吾不知於俗學何如也！〔註41〕

耿定向曾讀羅念庵的《冬遊記》和《夏遊記》，對念庵讚賞有加，對龍溪
卻多有不滿之處。他說：

> 按《冬遊記》中載先生與王龍溪相質辨語。於時先生抑抑兢兢，
> 肫肫懇懇，其愿以下人意思，眞若無若虛，宛然一顏子，今人浮淺
> 氣自消。當時龍溪答語，亦語語玲瓏，想時亦爲先生精誠逼感，神
> 情歸一，比後來泛泛不同也。再玩《夏遊記》中述龍溪諸語，似無
> 可駁異者，乃先生駁之甚費詞說。想先生時聞龍溪事行，或不得於
> 心，故借其言而箴之如此。……余竊逆其意指，卻不糊塗。何者？
> 龍溪但解衍說良知，未見一反省自己事行，可證得良知否？〔註42〕

究竟龍溪哪些事行與良知不符，已難詳考。《明史》本傳曰：「畿自謂學
當致知，見性而已，即應事有小過，不足爲累，以故在官弗免干請。」〔註43〕
此或可供參考。

耿定向與龍溪相會，對他寄予厚望，說：「海內如公與念庵，雖身處山

〔註40〕 見《明儒學案》卷十八，第 411 頁。
〔註41〕 見《明儒學案》卷十八，第 413～414 頁。
〔註42〕 耿定向《讀念庵先生冬夏二遊記》，見《天台集》卷十九，第 564～565 頁。
〔註43〕 見《明史》卷二七四。另《龍溪全集》四庫提要曰：「史又載，畿嘗言學當致
知，見性而已，應事有小過，不足累。故在官不免干請，以不謹斥。蓋王學
末流之恣肆，實自畿始。《明史》雖收入《儒林傳》，而稱士之浮誕不逞者，
率自名龍溪弟子云云。深著其弊，蓋有由也。」《四庫全書總目提要》卷一七
七集部三十·別集類存目四，（清）永瑢，紀昀主編；周仁等整理，四庫全書
總目提要，海口市：海南出版社，1999 年第 953 頁。

林，頂天立地，關係世教不小。」故將自己對龍溪某些事行的不滿直言相告：「或是公之精神放鬆些子，時有不中的所在」。對此，龍溪也誠懇接受，承認自己「不肖修行無力，放鬆之病生於託大，初若以爲無傷，不知漸成墮落，誠爲辜負相知。」〔註44〕

同時，耿定向對王龍溪與道士結交，「拜胡清虛，別求住世法」也提出不滿，認爲吾儒義理具足，「實信良知者，自能如是，何須持缽向彼門乞耶？」〔註45〕顯示出耿定向嚴闢佛老的思想傾向。

此次會面，耿定向向龍溪問了很多問題，但對其回答卻不甚滿意，後來在給胡直的信中說：「前在宜興，得與龍溪會，相與再宿。細叩其所得，本未大徹，其不能光顯此學，無怪也。然細觀渠受用處，亦從微處窺些止的光景，故時覺有一種輕脫，此亦足取益者，何如，何如？」〔註46〕

嘉靖四十四年乙丑（1565），王龍溪在留都舉行講會，耿定向也參與其中，並論及當下本體與當下工夫的問題，說：「吾人講學，雖所見不同，約而言之，不出二端：論本體者有二，論工夫者有二。有云學須當下認識本體，有云百倍尋求研究始能認識本體。工夫亦然：有當下工夫直達、不犯纖毫力者，有百倍工夫研究始能達者。」龍溪總結爲「頓與漸而已」，茲不具引。天台又追問龍溪：「先生當下亦有未認處否？」龍溪答曰：「當下亦難識，非上根不能。」〔註47〕接下來，耿定向對當時流行的良知之學提出了自己的看法：

> 楚侗子曰：「今日所謂良知之學，是個真正藥方，但少一個引子，所謂欲明明德於天下是也。有這個引子，致知工夫方不落小家相。」

> 先生曰：「這一個引子是良知藥物中原有的，不從外得。良知是性之靈，原是以萬物爲一體。明明德於天下，原是一體不容已之生機，非以虛意見承當得來。古之欲明明德於天下，不是使天下之人各誠意正心以修身、各親親長長以齊家之謂也，是將此靈性發揮昭揭於天下，欲使物物皆在我光明普照之中，無些子昏昧間隔，即仁覆天下之謂也。是舉全體一句道盡，才有一毫昏昧間隔，便是痿

〔註44〕《東遊會語》，見《王畿集》卷四，第88頁。
〔註45〕耿定向《觀生紀》嘉靖四十三年條。
〔註46〕耿定向《與胡廬山》（十一），見《耿天台先生文集》卷三，第74頁。
〔註47〕見《王畿集》卷四《留都會記》，第89頁。

痺，便是吾仁有未盡處，一體故也。」〔註48〕

耿定向注意到，王陽明的良知之學雖然能解決「心」與「理」，即內心感受與倫理道德合一的問題，但個人良知具有主觀性，個人自信其良知將導致道德規範的相對性，所以提出以「欲明明德於天下」作爲藥引子，試圖弱化良知的主觀性，增強其客觀性和普遍性。而王龍溪的回答，還是將良知的作用放大，將天下萬物都納入主體良知的普照之下。

此處略可看出耿定向與王龍溪講學旨趣的不同。龍溪的立足點是主體之性靈、萬物一體之仁，而耿定向則關注的是如何將主體之良知推廣，與普適性的道德規範相融合。二人的分歧日後還將擴大，本文第三章將有詳述。

耿定向在南京講學初期，曾一度對陽明心學以及時下流行的「當下本體」說很感興趣，指點士人，也時常提起「當下論」，如「爾諸生當識當下本體」〔註49〕。嘉靖四十四年耿定向與龍溪留都論學，臨別之際，天台「更求一言之要爲別」，龍溪指出：「子常教人須識當下本體，更無要於此者。」〔註50〕

然而，耿定向對「當下本體」之論可能導致「當下即是」的弊端有所擔心。他指出「羅近溪常謂當下承當便是了，細細勘來，覺他還有疏脫時在。」〔註51〕

耿定向與羅近溪相識結交於嘉靖三十七年戊午（1558），及至出任南畿督學，又恰與近溪出任寧國知府的時期相合，兩者的思想交流很密切。耿定向一方面讚賞羅近溪對諸生指點「當下本體」的教學方式，一方面又保持一定的警惕。據記載，近溪曾偕同志數人遊南京，在一橋上目睹熙熙攘攘的來往行人，指示同志曰：「試觀此千百萬人者，同此步趨，同此來往，細細觀之，人人一步一趨，無少差失，個個分分明明，未見確撞。性體如此廣大，又如此精微。可默識矣。」講的是良知當下具足的道理。耿定向一方面認爲近溪此說即是「滿街皆聖人」之意，並作了充分肯定。另一方面又嚴肅指出，「亡者東走，追者亦東走，而所以走則異也」，雖然腳步無少差失，但各人心中各有自己的動機和目的：

> 即茲來往橋上者，或訪友親師，或貿遷交易，或傍花隨柳，或
> 至淫蕩邪僻者，亦謾謂一切皆是，混然無別，此則默識之未眞也。

〔註48〕《留都會記》，見《王畿集》卷四，第89～90頁。
〔註49〕《跋徐相君定性識仁答問語》，見《天台集》卷十九，第562頁。
〔註50〕見《王畿集》卷四《留都會記》，第90頁。
〔註51〕同上。

學先辨乎此矣。辨此，而後可與論孔孟血脈、孔孟路徑也。〔註52〕

顯然這是對近溪的「當下論」或「現成說」的一個糾正，一方面人人皆有良知，須從當下識取，一方面又要避免「混然無別」，要明白「當下即是」與「一切皆是」的區別，甚至可以說，爲學的首要任務就在於「先辨乎此」，然後才可進入「孔孟路徑」。

耿定向還提到，一日近溪指點當下生機以開示同志，有一僧人無念，從旁大聲說：「奈何以此毒藥害人！」聲氣粗猛似咆哮，而近溪怡然受之，神色自如。耿定向一方面讚賞近溪修養，「余謂近溪當境眞是虛無，無念不免憑剿知見，動意氣矣。」一方面指出近溪「指點當下」的教學方法也不無問題，無念的咆哮也是有原因的：「藉令無念遇東廓諸老，亦敢如此咆哮否？其咆哮亦有以也。」〔註53〕

總體來講，耿定向對龍溪批評較多，而對近溪卻迴護有加。這不僅有交情因素，更重要的是，耿定向提倡庸言庸行、實證實修，言行一致，故近溪比龍溪更能獲得耿定向認同。此外，羅近溪身上的擔當精神也是他所欣賞的。

耿定向是一個極富社會責任感的人。據說少年時，一次好友彭臺因鄉里民風鄙陋而勸他擇里而居，耿定向慨然道：「天生吾儕以化民成俗，夫何陋之有？」〔註54〕二十七歲確立聖賢之志，其著重的也是「康濟天下」〔註55〕、「化民成俗」的一面。後來奉命巡按甘肅，「念天下風俗靡靡矣，今御天子命省一方，當亟挽而振之者」，〔註56〕在南京任上，耿定向「毅然以斯文爲任，獎名檢，黜浮華，隨機立教，賢愚僉受其益。」〔註57〕《盱壇直詮》記載了嘉靖四十三年耿定向與羅近溪在明道書院舉行講會的情景：

> 耿師延羅師於明道書院爲會。……耿師舉酒，屬坐上諸公曰：「僕昨遊天界寺，問寺僧行有實修者否，住持以無對。僕時回顧此寺若空。前按陝時，至一縣，縣官皆不法，僕時看此縣亦若空。今茫茫宇宙，若無一人焉擔當，則天下後世必有秦無人焉之歎。僕今日請諸公對天發一大誓願，將天地萬物擔當一擔當，待至捐館時，

〔註52〕《與同志》（四），見《天台集》卷六，第198頁。

〔註53〕《與同志》（五），見《天台集》卷六，第198～199頁。

〔註54〕前揭《天台耿先生行狀》，頁533。

〔註55〕參見《觀生紀》嘉靖三十年辛亥條。

〔註56〕《觀生紀》嘉靖四十年辛酉條。

〔註57〕李維楨《耿恭簡家傳》，《大泌山房集》卷六十三。

滿得此願，方才是一個人。」

諸公皆曰：「然，然。」

羅師曰：「孟子當時急務，只是要正人心。僕今日只要諸公講學。」

諸公又曰：「然，然。」

……

羅師曰：「只是講學，只是聚朋友便了。予今覬回，不見於（案，指吳禮卿）家座上，常有二三十客，便是予學不長進矣。」〔註58〕

從這段文字可以看出耿定向和羅近溪的不同。近溪讓人通過講學來聚朋友，注重個人性命的安頓，而耿定向則具有強烈的憂世和衛道情懷，他要諸生不僅要講學，還要實修，還要守法，樹立擔當意識，將天地萬物與自己息息相關。

隆慶元年丁卯（1567）七月，耿定向升任大理寺右丞，結束了六年的督學職務。對耿定向的督學生涯，其弟子焦竑贊道：

當是時，文貞以理學名卿首揆席，設簾待賢，下及管庫，視先生不啻天符人瑞。先生踞師儒之任，六年於茲，摩蕩鼓舞，陳言邪說，披剝解散，新意芽甲，性靈挺出。士蘇醒起立，歎未曾有，皆轉相號召，雷動從之。雖縻他師者，亦藉名耿氏，海內士習幾為之一變。〔註59〕

在南京督學期間，是耿定向學術的成型期。耿定向與王畿（龍溪）、羅汝芳（近溪）、鄒善（穎泉）等學者廣泛接觸論學，並巡行各府，親自主持講會，與諸生講學。耿定向的弟子大多都是這時期及門的。《明儒學案》載：「天台倡道東南，海內雲附景從，其最知名者，則新安潘去華、蕪陰王德孺與先生（指祝世祿）也」〔註60〕。其他有名的，還有焦竑、吳自新、李逢暘、楊希淳、李登、王克堯、管志道（管東溟）等人。

耿定向居官講學，整飭學風，提拔後進，為晚明王學的傳播作出了貢獻，對南京當時的學風、士風也產生了積極的影響。耿定向也因此得到了學術界的推重。

〔註58〕《盱壇直詮》，見方祖猷等整理：《羅汝芳集》，鳳凰出版社 2007 年版，第 393～394 頁。

〔註59〕焦竑《耿天台行狀》，《澹園集》卷三十三，528 頁。

〔註60〕黃宗羲《明儒學案》卷三十五《給事祝無功先生世祿》，第 848 頁。

四、仕途沉浮，爲學不輟

明代政治鬥爭激烈，大臣之間往往分爲若干派系，互相排擠。耿定向對徐階一直以門生自稱，故他的仕途命運也與徐階的政治地位相關。

嘉靖四十一年（1562），徐階在與嚴嵩的鬥爭中勝利，耿定向便由巡按甘肅調任督學南京。而在世宗駕崩、穆宗即位前後，耿定向又捲入徐階與高拱的鬥爭之中。

高拱（1513～1578），字肅卿，號中玄，河南新鄭人，出身官宦世家，生而相貌魁偉，自幼穎敏好學。嘉靖二十年（1541），登進士第，選庶吉士。三十一年（1552），裕王出閣讀書，任其首席講讀官。高拱在裕王府邸度侍講九年，深得裕王的賞識和倚重。四十五年（1566），以徐階薦，拜文淵閣大學士，入閣參政。同年十二月，世宗崩，裕王即位，是爲穆宗，改年號隆慶。

高拱爲人豪爽有才略，又頗自許。進入內閣後，他依仗著是太子的舊臣，對首輔時有不恭，引起徐階不滿。後來史科給事中胡應嘉上奏彈劾高拱。而胡應嘉又是徐階的同鄉，因此高拱懷疑胡應嘉是受徐階的指使，對徐階也心懷不滿，兩人矛盾逐步加深。嘉靖四十五年（1566）十二月，世宗嘉靖帝駕崩，徐階與自己的門生、剛充當裕王府講官的張居正，沒有和內閣同僚商議就密定遺詔。高拱、郭樸等人十分不滿，因而與徐階矛盾更深。穆宗即位後，徐階以碩德元老仍居首輔位，後來又推薦張居正進入內閣，高拱心不能平，在議論朝政時常常跟徐階抗爭，兩人矛盾日趨尖銳。

隆慶元年（1567 年）正月，胡應嘉被貶官，朝臣認爲是高拱公報私仇，於是群起而攻之，紛紛上疏彈劾他。高拱被迫求退，穆宗不允。徐階屈於皇帝的意思，也擬旨慰留，但並沒有譴責攻擊高拱的言官。高拱越發生氣，於是他以徐階弟子和家人在鄉里橫行不法等事攻擊徐階，並授意門生齊康彈劾徐階。徐階疏辯乞休。當時徐階正因遺詔復起世宗時被謫諸官而受到部院大臣、科道言官的感恩擁戴，故言路交章請留徐階，並極論齊康、高拱罪狀，甚至群集闕下，吐唾辱罵齊康、高拱。一時「朝議閧然」。〔註61〕

耿定向當時還在督學南京任上，也參與了彈劾高拱的行動。他上疏曰：

> 顧階之忠陛下所鑒，天下人所共知，實社稷之臣也，而乃詆之
> 曰奸、曰憸、曰貪穢，是何頓昧是非之眞、蔑羞惡之良，而敢干天
> 下公議如此也！臣據道路流傳，士紳族語，皆曰康之爲此，必輔臣

〔註61〕焦竑《耿天台行狀》，《澹園集》卷三十三，527 頁。

高拱喙之矣。夫病國莫大於妨賢，而凶德惟甚於圮族。使此實拱之所使，則只此一事，拱益不容於清議矣，它尚何論哉！即使非拱所爲，拱也於此亦當自省。

……階惟一念孜孜體國之誠，殷殷好善之篤，素爲正人君子所諒耳。而拱顧任權術，逞忿怨，躁迫褊愎，其何以厭償眾心乎？……自古言亂人國者惟貪與戾，而戾之害爲尤。所謂戾者，惟是學術無本，心乖和平之謂也。跡拱近狀，所謂戾者非耶？夫古者命相，卜諸人情；天下是非，定於公論。拱之不厭輿情若此，陛下將焉用之？此係邪正消長之漸，天下理亂安危之機，不可不察也。〔註62〕

從這封奏疏，我們可耿定向鮮明的政治立場，〔註63〕對當日政治鬥爭的火藥味也可有所感受。三月之內論劾高拱的奏疏竟多達三十餘份，高拱不自安，只好連疏十二，稱病乞休。穆宗挽留不能，遂准以少傅兼太子太傅、尚書、大學士之銜回鄉養疾，遣行人護送。齊康則坐黜外調，郭樸不久也乞歸回裏。

隆慶元年（1567）七月，耿定向升大理寺右寺丞。十一月，升本寺左寺丞。

隆慶二年（1568）七月，徐階致仕。隆慶三年（1569），張居正奏請復起高拱。十二月，穆宗召高拱還閣。冷落了一年多的高拱接旨後，不顧臘月嚴寒，日夜兼程，直奔京城，以大學士兼吏部尚書，重新登臺。高拱自負雄才大略，到任不久即在吏部建立了嚴格的官員考察制度：「授諸司以籍，使署賢否，志爵里姓氏，月要而歲會之」，雖然目的是「欲遍識人才，」但因爲高拱器量狹小，所以行事「盡反階所爲，凡先朝得罪諸臣以遺詔錄用贈恤者，一切報罷。」〔註64〕實際上，「拱之再出，專與階修郤」，高拱借考察官員的機

〔註62〕《申公論辨忠邪以定國是以永治安疏》，見《天台集》卷二，《儒藏》本38～39頁。
〔註63〕徐階對耿定向有知遇之恩，耿定向心懷感激，故在政治上一直都堅定地支持徐階。耿定向事徐階，有時不免諂媚之嫌。明人沈德符記曰：「嘉靖末，楚中耿天台（定向）爲南直提學御史，初蒞任未臨事，即遣牌往松江云欲觀海，時徐文貞爲首相，耿其講學至交，實藉此往拜其先祠也。雲間士子爲之語曰：『名雖觀海，實則望湖，耿學使初無定向。』以文貞舊號少湖也。」（《萬曆野獲編》卷二十六《松江謔語》）
〔註64〕《明史》卷二百一十三，列傳一百一《高拱傳》。

會，報復徐階，排除異己，鞏固自己的勢力。

隆慶四年（1570），高拱主導了一次臨時京察，耿定向因之前與高拱有隙，在官員考察中以「浮躁」被謫。十一月，被貶為廣西南寧府橫州判官。隆慶五年（1571）九月，耿定向上疏引疾乞休。

隆慶六年（1572）五月，穆宗駕崩。六月，高拱被黜，張居正出任內閣首輔。耿定向以御史馬明謨等奏薦，起升浙江衢州府推官。未任。

萬曆元年（1573）二月，升工部屯田司主事。未任。九月，升尚寶司司丞。冬抵任。

實際上，從隆慶元年（1567）九月回家後，一直到萬曆元年（1573）九月，耿定向不論官職升降，一直未曾出仕，而是在家休養，間或出遊，與耿定理、李渭（1513～1588，字湜之，貴州安化人）、史桂芳（字景實，號惺堂，鄱陽人）、周思久（字子徵，號柳塘）、焦竑、胡直（號廬山）、李逢陽（字維明，號翰峰，南京人）、李登（字士龍）等人相會論學。

耿定向到北京後，與曾同亨（號見臺）〔註65〕等人恢復京師同志大會，與鄒德涵（字汝海，號聚所，鄒善之子，鄒守益之孫）、周思敬（字子禮，號友山）、耿定力等人聚會講學。王畿《與耿楚侗》：「聞京師已復同志大會，乃吾丈與一二同志倡之，浣慰可知。曾見臺時相會否，此可與性命相許之友。」〔註66〕《與曾見臺》：「聞京師已復同志之會，吾丈與楚侗二三兄實倡之。此會實係世道之盛衰，人心向背、學術邪正之機皆在於此。」〔註67〕劉元卿撰《鄒聚所先生言行錄》：「甲戌，授刑部主事。……時天台先生在京，則時時詣公門考德，汲汲招引四方豪傑，納於師門。及先生出京，則與友山周子、叔臺耿子倡率為會。」〔註68〕

北京的講會活動在徐階下臺後一度沈寂，萬曆初年，在耿定向等人的倡導下恢復，但聲勢並不能與嘉靖末年徐階執政時相比，持續時間也不長，很快就因張居正禁止講學而趨於冷落了。

〔註65〕 曾同亨（1533～1607），字於野，號見臺，江西吉水人。嘉靖三十八年進士，時任大理寺少卿。歷順天府尹，以右副都御史巡撫貴州。官至南京吏部尚書。卒贈少保，諡恭端。事蹟見《明史》卷二二○。
〔註66〕 《王畿集》卷十《與耿楚侗》第一書，第240頁。該書中，王畿請耿定向為《中鑒錄》作序，刊布以傳。
〔註67〕 同上書卷十二《與曾見臺》。
〔註68〕 見《鄒聚所先生外集》，《四庫全書存目叢書》集部第157冊，第437頁。

　　萬曆二年（1574）春，耿定向奉命冊封魯府，焦竑和王襞迎之於眞州（今江蘇儀徵市），論學數日。焦竑送耿定向至和州（今安徽和縣）。《觀生紀》云：

> 二年庚戌，我生五十一歲。……還過維揚，焦弱侯偕王東崖逆之眞州。東崖爲余述其父曰「童僕之往來及（按，當爲「即」）中」云。余詰之曰：「聞尊君少時偕呂商販山東，因謁孔陵而奮發學孔之志。想當時商販，於山東諸侶之往來道上皆此中也，惟尊君發念謁孔陵；即今士紳之謁孔陵者亦眾矣，往來道上亦此中也，惟尊君發願學孔子，何也？」與商切逾數宿而別。

　　「童僕之往來即中」，與王艮一貫主張的「百姓日用即道」同義。

> 或問中，先生曰：「此童僕之往來者，中也。」曰：「然則百姓之日用即中乎？」曰：「孔子云：『百姓日用而不知』，使非中，安得謂之道？特無先覺者覺之，故不知耳，若智者見之謂之智，仁者見之謂之仁，有所見便是妄，妄則不得謂之中矣。」〔註69〕

　　王艮認爲，「中」是沒有虛妄、不假安排、不設人爲的天然之理。童僕侍奉主人，不思不慮，卻自然無差錯，這就是良知本體的當下呈現。羅近溪也有「捧茶童子卻是道」之說。〔註70〕可以說，這是泰州學的一個核心思想，良知在人心，是當下具足的。然而，曾對「當下論」不無認同的耿定向卻對此表示了疑慮，「想當時商販於山東諸侶之往來道上，皆此中也」，但是爲什麼惟有王艮會想到拜謁孔廟？而今士紳拜謁孔廟者「亦眾矣」，爲什麼惟有王艮會發願要「學孔子」？如果說「童子之往來」以及「往來道上」之眾人的行爲本身便是「中」（按，即《中庸》所謂的「中節」，意謂合乎道德規範）的體現，那麼這只是一種抽象的大道理，重要的是必須注意和省視在「來來往往」之類的日常行爲中各自抱有怎樣的動機和目的。這與他在南京時所說「即茲來往橋上者，或訪友親師，或貿遷交易，或傍花隨柳，或至淫蕩邪僻者，亦謾謂一切皆是，混然無別，此則默識之未眞也。學先辨乎此矣」（見上節）意思是一樣的。

　　在此順便談一下耿定向和泰州學派的關係。黃宗羲《明儒學案》將耿定

〔註69〕　《明儒王心齋先生遺集》卷一《語錄》，見《王心齋全集》，江蘇教育出版社2001年版，第5頁。

〔註70〕　見黃宗羲《明儒學案》卷三十四《參政羅近溪先生汝芳》，中華書局2008年修訂本，第773頁。

向列入泰州學案，但實際上耿定向與泰州學派並無明確師承關係。耿定向因
與羅近溪結交而接觸泰州之學，督學南京期間也一直對泰州學派的思想抱有
好感。耿定向晚年曾作《王心齋先生傳》（見耿天台文集卷十四），對王艮及其
平民弟子樵夫朱恕、陶匠韓貞進行表彰，文中有言「仲子璧，尤能述其學，余
徒白下李士龍、楊道南、焦弱侯、吳伯恆俱與莫逆，余亦因之私淑先生云。」
〔註71〕袁承業（1966～1928）整理的《王心齋弟子師承表》載：「先生（按，
指耿定向）之學，得之東厓（按，即王襞）者多矣。」然據吳震先生考證，
耿定向與王襞的關係並不像後人所說的那樣密切，兩人在南京只有兩次會
晤，且未有證據證明二者思想上有何承繼關係。〔註72〕其實，除了吳震先
生文章所述在南京的兩次會晤外，耿定向巡校泰州時，還曾拜謁王艮祠，並
與王襞等人會見論學。大體而言，耿定向推崇王艮之學，對王襞則介於友人
和徒弟之間，有表揚也有勸勉。

從上舉萬曆二年與王襞的會談看，耿定向對泰州學派思想的態度，經歷
了從讚賞到有所保留的轉變，這與他「崇正學、迪正道」的督學職責，以及
個人「扶世立教」的學問追求有關。據他後來回憶，「余往在留都，間舉心齋
王先生語，以開示學人，冀有悟入。公（指劉應峰）聞之，寓書規余，大略
謂：『世之學者，多喜高簡疏曠，其流將猖狂而不知檢。願公（指天台）爲流
弊豫防云。』余深頷之。」〔註73〕而若干年後，耿定向對泰州顏山農、何心
隱等泰州末流則進行了嚴厲的批評，對此本文第三章將有詳細論述，在此從
略。

萬曆三年（1575）三月，耿定向升太僕寺少卿，尋升都察院右僉都御史，
協理院事。五月，聞母秦淑人訃，奔喪歸里。

丁憂在里期間，不斷有學子來訪問學。例如，萬曆四年〔註74〕，劉元卿

〔註71〕耿定向《王心齋先生傳》，見《天台集》卷十四，第 428 頁。

〔註72〕參見吳震《泰州學派研究》緒論《泰州學案的重新釐定》，中國人民大學出版
社 2009 年版，第 20～24 頁。其實，除了吳震先生文章所述在南京的兩次會
晤外，耿定向巡校泰州時，與王襞還有會見論學，見《王心齋先生傳》所附
韓貞傳部分，《天台集》卷十四，第 430 頁。

〔註73〕耿定向《明提督雲南學校按察司副使劉公墓誌銘》，《天台集》卷十二，第 381
頁。

〔註74〕關於劉元卿來訪的時間，耿定向有萬曆四年、五年兩種記述。《天台集》卷十
一《劉調甫述言序》曰「萬曆丙子（四年）歲，調甫劉聘君偕二三友，訪余
天窩山中。」《觀生紀》萬曆五年條曰：「春初，安成劉孝廉調甫元卿來訪，

（1544～1609，字調父，號瀘瀟，江西安福人）等人來訪，居天窩月餘，耿定向與之語「學有三關」、「有四證」。五年春末，鄒德溥（字汝光，號四山，鄒善之子，鄒守益之孫）自京來訪，耿定向與之論程子「無獨必有對」語。

何謂「學有三關，有四證」？耿定向解釋說：

> 三關者，大旨謂須解即心即道，進之解即事即心，要之擇術云。
> 四證者，蓋曰學爲聖人也，即異教家亦有證果說，吾儕志學聖人，可弗反身自證耶？夫行一不義、殺一不辜，雖得天下不爲，此聖人本根；聞一善言、見一善行，若決江河莫禦，此聖人虛靈；江漢以濯、秋陽以暴，此聖人心體；爲法天下、可傳後世，此聖人事行。
> 吾儕試反躬自證之，如是四者若何？〔註75〕

「學有三關」爲耿定向的重要學術觀點之一。在萬曆十五年（1587）寫的《慎術解（贈鄒汝光）》中，耿定向結合自身求學經歷和當時學者弊病，對「學有三關」做了詳細解釋：

> 憶往歲劉調甫訪余山中，余與語云：「學有三關，初解即心即道，已解即事即心，其究也須慎術云。」蓋近世以學自命者，或在聞識上研窮以爲知，或在格式上修檢以爲行，知即心即道者尠矣。間知反觀近裏者，則又多躭虛執見，知即事即心者尤尠。抑有直下承當，信即事即心者，顧漫然無辨、悍然不顧，日趨於下達異流，卒不可與共學適道者，則不知慎術之故也。〔註76〕

張學智認爲，「即心即道是他的本體論，即事即心是他的工夫論，慎術是他的知行論。瞭解了他的「三關」，即瞭解了他的全部學術。」〔註77〕然而，若將「三關」理解爲並列的本體論、工夫論、知行論，則無法把握耿定向所謂「關」的深意。而陳時龍以「爲學次第」、「爲學之路徑」來解釋「三關」，〔註78〕比較接近耿定向之本意。「學有三關」說的提出，與耿定向求學的經歷

居天窩逾月。」而據劉元卿《馮茶園墓誌銘》（《劉聘君全集》卷八）所載，此事在萬曆四年春。

〔註75〕《觀生紀》萬曆五年條，312～313頁。

〔註76〕耿定向《慎術解（贈鄒汝光）》，見《天台集》卷七，第243頁。

〔註77〕張學智《明代哲學史》，北京大學出版社2000年版，第275頁。

〔註78〕陳時龍《耿定向思想研究》，載《明史研究論叢》（第七輯），第178～192頁。該文認爲，在其弟耿定理的影響下，耿定向的思想在嘉靖丁巳、辛酉間有過兩次較大的轉變或者說飛躍。嘉靖丁巳（1557）以討論《中庸》，而悟得「喜怒哀樂未發之中」，遂入於無的境界。嘉靖辛酉（1561），因耿定理之言，又

密切關係。劉元卿曾記述耿定向的「入悟次第」說：

> 吾師始以盡倫為志，猶探盤而求日之形也；既舉箕有悟，蓋從
> 有入無，猶盲子雪然見日色矣。俾世之穎慧者覩斯光景，非玩弄狂
> 恣，則耽無溺妙，其不為張皇天日者幾希。乃先生不自己也，而求
> 友資切方般般焉，故慎獨樓之證，又從無人有，如墮橋踐實地矣。
> 而先生猶未已矣。審伯夷、伊尹、堯舜、孔子之途，究可仕可止、
> 可久可速之故，於是灼信淵淵浩浩為孔子之邦畿，而立人達人乃學
> 孔之路徑，蓋自此若亡若虛，不厭不倦，以遊乎無窮。斯則踐斯地
> 而尤能辨於所踐者乎，其及益遠大矣。〔註79〕

劉元卿以其師耿定向的為學次第，正可作為「學有三關」的注腳。「初
解即心即道」即「從有入無」，從「在聞識上研窮以為知，或在格式上修檢
以為行」，到認識到內心的良知、性體本無思無為、不受道理格式的限制。
耿定向闖過此一關的時間，大約發生於嘉靖三十六年（1557）與耿定理討論
「未發之中」到三十八年（1558）「舉箕有悟」，認識到「渾身皆知體」「通
天徹地皆知體」，對良知之學有了自己的體悟。（參見本章第二節）

而耿定向所說「已解即事即心」即「從無人有，如墮橋踐實地」。耿定
向闖過此觀的時間大約發生在嘉靖四十五年（1566）。是年，耿定理遊山東，
謁闕里，登泰山。還南京後，與焦竑、楊希淳、吳自新等人商切。耿定向受
仲弟時時規切，有省益，自稱「余往猶未免耽無溺妙、以己合彼見在，至是
乃豁然一徹也。」（《觀生紀》）關於此次思想轉變，耿定向在給友人的信中
有詳細記述：

> 大端向來孔孟學問脈路不明，是以學人淺者挨傍格式，少知砥
> 立名行即以為學問極至；而高者又乃剽襲禪宗玄旨，嘵嘵爭鳴，以
> 為聖學。無怪夫談說在一處，行事在一處，本體工夫在一處，天下
> 國家民物又在一處。世道寥寥，更無倚靠，謂之清談虛見，誠是也。

悟得「有無不二」的道理，從此進人若亡若虛之境界。……這樣，耿定向的
思想發展便至少有以下一條脈絡：「有——1557——無——1661——若亡若
虛」，並認為「嘉靖四十年辛酉年（1561）是耿定向思想走向成熟的一年。」
這種說法不準確。實際上《漢滸訂宗》是耿定向在萬曆十三年（1585）耿定
理、胡直相繼去世後回顧辛酉年（1561）之事，其中說自己對耿定理所說「不
容已」一開始「胸中蓄疑」，經過「十餘年密參顯證，遠稽近質後」才漸漸有
所體悟，而明確將「不容已」作為自己為學宗旨，則是萬曆十三年。

〔註79〕劉元卿《耿天台先生文集序》，見《天台集》卷首。

僕往歲竊窺影響，輒亦自為實際，看來不是。淪無著有，便是以此
合彼，誤己誤人，罪不可赦。比緣仲弟自闕里歸來，若有所啟，目
擊區區迷誤，痛哭垂涕，相逼一場。僕因而困悱者幾晝夜，而二三
子又更進修勇猛，更相啟助，日來始少省發。譬之推沙蕩梗。而倏
縱浪於溟渤汪洋中也；又譬之乘桴泛槎，而倏獲抵於中原康莊上也。
以此近益粗心大膽，信聖人之必可學，孔孟之道之易簡明白。它凡
道之不可與愚夫愚婦知能，不可以對造化、通民物者，皆邪說亂道
也。……蓋費中隱、常中妙、粗淺中之精微，本是孔孟萬古不易正
脈，但非實是撐天柱地、拼身忘家，逼真發學孔子之願者，未易信
此。〔註80〕

「即事即心」、「從無人有」，即從不切實際的高談闊論、談玄說道，「本
體工夫在一處，天下國家民物又在一處」的「離事言心」狀態，回歸到易簡
平實的孔孟之道，在子臣弟友的盡職盡分。耿定向認識到，形而上之道，必
須能落實於日用倫常中，否則就是於世無益的「邪說亂道」。若干年後，耿定
向與李贄就「不容已」產生了爭論，耿定向說「除卻孝悌等，更明何德哉？
竊意公所云明德者，從寂滅滅己處，覷得無生妙理，便謂明了。余所謂不容
已者，即子臣弟友根心處，識取有生常道耳。如公所見，廿年前亦曾抹索過。
竊謂闖過此關，從平常實地上修証，方知夫子所云未能，方信舜之善與人同
也。」〔註81〕

而「學有三關」的最後一關「慎術」，耿定向大約得自隆慶初年，是他
面對官場鬥爭和自身仕途沉浮，「審伯夷、伊尹、堯舜、孔子之途，究可仕
可止、可久可速之故」後所得到的體悟。隆慶三年己巳（1569），好友胡直
（號廬山）起任湖廣督學，耿定向寫信講了自己任督學的經驗，並在信中首
次提到的「慎術」的主張：

顧弟近少有所省，因以質之，大要曰「慎術」。夫近日號稱知
學者，高明一行多疏脫，願謹一行多迂滯，天下可倚靠者少，其學
術病症居然可見矣。大端學術之弊，無論近日，即宋學似亦少失孔
孟宗本。宋儒終日鬪佛鬪仙，實落未脫二家蹊徑，如何成德，如何
達材？所謂議論多成功少，無怪也。試看孔門人物多有用成材，便

〔註80〕耿定向《復喬戶部》，見《天台集》卷五，第142～143頁。
〔註81〕耿定向《與李卓吾》（四），見《天台先集》卷四，128頁。

知當時教術矣。竊謂孔孟之學，眞實費而隱；宋學未脱二氏蹊徑者，
以其隱而隱也。〔註82〕

耿定向的「愼術」，即以孔孟之學術爲依歸，將形而下與形而上、下學與
上達、有與無、費與隱有機結合，兩端皆不偏廢：「蓋費中隱、常中妙、粗淺
中之精微，本是孔孟萬古不易正脈。」〔註83〕

至此，耿定向的學術思想逐漸成熟。此後，他很少再提良知之學、當下
論，而是高舉孔孟之學、孔孟之道，用以拯救當時學術弊病。

五、關於張居正的是非糾葛

張居正（1525～1582）湖北江陵人，字叔大，號太岳，諡號「文忠」。
明代政治家、改革家。

耿定向與張居正相識，大約在嘉靖三十七年（1558）。耿定向《觀生紀》
嘉靖三十七年載耿定理言曰：「阿兄近知反約，以約失之者鮮矣。」，此「約」
當與張居正的啓發有關。耿定向後來回憶與張的交往說：

　　追憶曩昔，初晤相公，某時初志於學也，相公誨我一「約」字。
　　庚申，某以疏狂值危疑時，相公誨我一「忘」字。踰年，別役西夏
　　時，相公誨我「遊神」一言，至今服膺，未常去心。〔註84〕

耿定向和張居正非泛泛之交，而是論學相契，有知己之感。耿定向巡按
甘肅時，張居正目睹時局，不勝感慨，在給耿定向的信中說：

　　長安棋局屢變，江南羽檄旁午，京師十里之外，大盜十百爲
　　群。貪風不止，民怨日深。倘有奸人乘一旦之釁，則不可勝諱矣。
　　非得磊落奇偉之士，大破常格，掃除廓清，不足以弭天下之患。顧
　　世雖有此人，未必知，即知之未必用此，可爲慨歎也。（懋修〔註85〕
　　曰：雖在清散，抱負已定矣。）中懷鬱鬱，無所發抒，聊爲知己一
　　吐，不足爲他人道也。西夏風土何如？邊事尚可支持否？隴西北地
　　故多豪傑，今有其人否？風便頻頻寄言，乃見愛迪。〔註86〕

〔註82〕耿定向《與胡廬山書》（一），見《天台集》卷三，第65～66頁。
〔註83〕耿定向《復喬户部》，見《天台集》卷五，第143頁。
〔註84〕耿定向《戊寅答張江陵》（二），《天台集》卷六，第178頁。
〔註85〕張懋修（1555～1634）張居正第三子。
〔註86〕張居正《答西夏直指耿楚侗》，《張太岳先生文集》卷三十五（明萬曆四十年
　　　唐國達刻本）。

從信中可見，嘉靖三十九年，張居正任國子監司業時，已然有廓清天下之志，只不過此時尚未得位，故只能「聊爲知己一吐，不足爲他人道也」。

耿定向後來與嚴嵩關係緩和後，曾向嚴推薦二人，「一即江陵，曰此他日可以託國者。」〔註87〕可謂深知江陵者。

嘉靖四十四年，耿定向在南京督學期間，有感於「爲民立命者君？而君所與共理非相耶？」「於是上述虞夏，下逮唐宋，得碩輔凡若干人，原始察終，捃摭刪拾，整齊其梦，各爲讚述」，〔註88〕編輯《碩輔寶鑒》四卷（《天台集》卷十一有《碩輔寶鑒序》），獻給首輔徐階，並另錄一冊呈送張居正。當時張居正任裕王朱載垕的侍講官。

嘉靖四十五年，世宗殁，裕王即位，是爲明穆宗。隆慶元年（1567 年），張居正升任吏部左侍郎兼文淵閣大學士，入閣參與朝政。耿定向升大理寺右寺丞，離任前曾向張居正推薦同鄉周少魯代己任督學。〔註89〕之後，周少魯果然被任命爲繼任南京督學。〔註90〕

隆慶六年，明穆宗駕崩，萬曆皇帝登基，張居正取代高拱爲首輔。當時明神宗年幼，一切軍政大事均由張居正主持裁決。

面對內憂外患的時局，張居正認爲只有進行大刀闊斧的全面改革，才能使國家眞正走出困境。〔註91〕早在隆慶二年八月，他上《陳六事疏》〔註92〕，從省議論、振紀綱、重詔令、核名實、固邦本、飭武備等六個方面提出改革政治的方案，其核心就是整飭吏治，富國強兵。

萬曆年間，張居正實行了一系列改革措施，例如清查丈田地，推行「一條鞭法」，改變賦稅制度，使明朝政府的財政狀況有所改善；用名將戚繼光、李成梁等練兵，加強北部邊防，整飭邊鎮防務；用凌雲翼、殷正茂等平定南方少數民族叛亂；實行「考成法」，整頓吏治等。張居正的改革取得了一定的

〔註87〕見耿定向《觀生紀》嘉靖四十年條。

〔註88〕耿定向《碩輔寶鑒序》，《天台集》卷十一，第 338 頁。

〔註89〕見耿定向《寄張太岳》（四），《天台集》卷六，第 176 頁。

〔註90〕《張太岳先生文集》卷三十五有張居正《與南學院周少魯》一首，曰：「自公簡畀學使，清譽藉甚。楚侗先驅，公爲後繼，可稱二美，浣慰鄙情。」

〔註91〕參見上文所引《答西夏直指耿楚侗》。

〔註92〕見《張太岳先生文集》卷三十六（明萬曆四十年唐國達刻本）。又見張居正著；張舜徽主編：《張居正集第 1 冊　奏疏》，武漢：荊楚書社，1987 年，第 1～10 頁。

成效，政府財政收入增加，邊疆趨於穩定，官員的辦事效率也大有提高。

萬曆五年（1577），張父去世，按例張居正應當辭職回鄉，守孝三年。然而此時正值張居正改革全面推進之際，無論朝政還是年輕的皇帝，都離不開這位首輔。於是，有了「奪情」之事。史書記載曰：

> 戶部侍郎李幼孜欲媚居正，倡奪情議，居正惑之。馮保亦固留居正。諸翰林王錫爵、張位、趙志皐、吳中行、趙用賢、習孔教、沈懋學輩皆以為不可，弗聽。吏部尚書張瀚以持慰留旨，被逐去。御史曾士楚、給事中陳三謨等遂交章請留。中行、用賢及員外郎艾穆、主事沈思孝、進士鄒元標相繼爭之。皆坐廷杖，謫斥有差。時彗星從東南方起，長亙天。人情洶洶，指目居正，至懸謗書通衢。帝詔諭群臣，再及者誅無赦，謗乃已。〔註93〕

從引文來看，當時政界圍繞「奪情」事件產生了激烈的爭論，很多官員寧肯被廷杖也堅持要張居正回籍守制，其理由則是儒家以孝道為基礎的倫理綱常。當年十月初五，出現彗星天變，當時認為這是不祥的徵兆，故很多官員把它與張居正奪情問題聯繫起來。如張居正的門生吳中行在請令他回籍守制的奏疏中就說：「事繫萬古綱常，四方視聽，惟今日無過舉，然後後世無遺議，銷變之道無逾此者。」〔註94〕最後在皇權威壓之下，反對奪情者被貶斥，〔註95〕張居正得以繼續執政，但朝野對張居正及其新政的不滿情緒卻有增無減。〔註96〕

身處政治漩渦之中的張居正有苦難言，將其與萬曆皇帝的《奏對錄》寄給服喪家居的耿定向。〔註97〕耿定向回信對他表示同情和支持，並將其與商

〔註93〕《明史》卷二一三，張居正本傳。

〔註94〕《明史》卷二二九，吳中行傳。

〔註95〕《明神宗實錄‧萬曆五年十月丙午》記載：「上敕諭群臣：群奸小人，藐朕沖齡，忌憚元輔，乃借綱常之說，肆為排擠，使朕孤立於上，得以任意自恣。茲已薄示處分，如黨奸懷邪，欺君無上，必罪不宥。」

〔註96〕史論認為，奪情事件，表現了由張居正改革引發的官僚階層內部矛盾已激化，此事件表面上張居正獲得了完全勝利，但在他死後，卻引發了更強烈的反彈，並最終影響了明王朝的命運。參見于樹貴《張居正悲劇與明代道德生活》，唐凱麟主編：《中華民族道德生活史研究》，金城出版社 2008 年，第 327～337 頁。

〔註97〕耿定向《戊寅答張江陵》開頭曰：「去冬倉皇，頗啟奉慰。時尚未悉朝議本末，仵還，辱示《奏對錄》一冊，捧讀數過，仰惟主上眷倚之隆，閣下陳情之懇，精誠纏繞，溢於緗帙。」見《天台集》卷六，第 177 頁。

代賢相伊尹相比：

> 蓋君民與吾一體，此理人人本同，顧未肩其任便覺之不先，譬
> 彼途人，視負重擔者，其疲苦艱辛，自與暌隔，故不無拘蔽於格式
> 而膠紐於故常也。惟尹任之重，覺之先，其恥其痛若此，即欲自好
> 而不冒天下之非議，可得耶？夫時有常變，道有經權，順變達中，
> 莫深於《易》。《易》以知進而不知退者爲聖人，亦時行所乘道當然
> 也。古惟伊尹以之。茲閣下所遭，與伊尹異時而同任者，安可拘攣
> 於格式，而膠紐於故常哉！乃茲諸議紛紛，是此學不明故耳。〔註98〕

耿定向的表態，頗受時人的譴責。《明史》本傳云：「至居正奪情，寓書
友人譽爲伊尹而貶言者，時議訾之。」〔註99〕黃宗羲也認爲其「雖意在少衰
其禍，然亦近於誦六藝以文奸言矣。」〔註100〕然而筆者認爲，耿定向雖有取
悅張居正之嫌，但其「少衰其禍」的苦心卻是時人難得的。

耿定向已然看到，圍繞江陵奪情，從道德上譴責，並不能解決國家面臨
的實際問題。張居正肩負推行新政、富國強兵的重任，其疲苦艱辛是旁觀者
難以體會的。更重要的是，朝政離不開張居正，如果反對者繼續抗爭，只會
加劇矛盾，而於國於民更加不利，故說「乃茲諸議紛紛，是此學不明故耳。」

同時耿定向也看到，張居正對於反對者手段過於強硬，如此發展，將失
去士人之心，於國於民也有害。所以該信後文也勸解張居正，對於反對者不
可忿疾，以免失去人心：

> 雖然，士浮慕爲賢，而不知其爲毒，誠可哀耳。顧浮慕爲賢，
> 而非甘心爲不肖者，尚可覺也。鄙心祝願閣下，時以往所覺某者覺
> 之，而不忿疾於頑可焉。蓋不搖撼於稱譏贊毀而永肩一德，惟以安
> 社稷爲悅者，此閣下之任，閣下之心也，使天下士咸服習閣下之學
> 之心，豫附樂爲之用，而無反側之虞者，則區區一縷血誠也。〔註101〕

從這段可以看出，耿定向期望的是，輔臣以安社稷爲己任，而優待天下
士人，使之樂爲所用，上下一心，共謀國計民生，而不爲「不切軍民」之事
紛紛議論。耿定向對張居正「奪情」表示支持的同時，也對他打擊言論的、
排除異己的強硬態度提出擔憂。

〔註98〕耿定向《戊寅答張江陵》，見《天台集》卷六，第177頁。
〔註99〕《明史·耿定向傳》。
〔註100〕黃宗羲《明儒學案》卷三十五，第814頁。
〔註101〕耿定向《戊寅答張江陵》，見《天台集》卷六，第178頁。

　　萬曆六年戊寅（1578），耿定向服喪期滿，以原職（都察院右僉都御史）起復，提督軍務，巡撫福建。張居正在萬曆五年提出清丈土地之議，有意以福建爲試點，清丈田地，推行一條鞭法，故對耿定向寄望頗重。〔註102〕

　　七月中旬，耿定向接到任命後，很不願前往，一者福建地處偏遠，而自己對軍務不熟悉；再者父親高年鰥居，不忍遠離。他上疏引疾乞休，但未獲允。在相知友人的催促下，耿定向只得赴任。〔註103〕

　　耿定向雖不願赴任，但上任後也能盡心盡職，毫不敷衍。當時福建倭寇猖獗，大盜林道乾橫行東南沿海，耿定向在軍務方面做了一些必要的防範措施，但並沒有特別的成果。巡撫福建期間主要做的事情是遵照朝廷詔令，清丈土地，推行「一條鞭法」。並整飭保甲制度，推行鄉約。

　　耿定向巡撫期間，寫了兩部著作，一爲《牧要編》，從「學以先事」的角度，提示地方官員需有的基本學養：「蓋嘗觀之一郡一邑之中，林林總總，何可計算，其命悉懸於一人方寸間耳。……然司牧者非有學焉以先事，其心方寸之間未免凝冰焦火，則己之所以立命者無舍矣。欲以寄林林總總之命而宅其生，詎不難哉？……事棼情迮，貴乎能耐，故首說《耐煩》。耐未可勉也，故次《窮理》。理未易窮也，故次《識先》。識先者，求不失吾本心而已，故爲己之說終焉。」〔註104〕二爲《牧事末議》，分爲「賦役」、「保甲」、「荒政」三部分，列舉了處理各類地方事務中應當注意的事項，其中多是極爲瑣碎的細節問題，可見耿定向對於本職工作的認眞態度。在本書中，他對講學者高

〔註102〕張居正《答憲長周友山明講學》說：「今人妄謂孤不喜講學者，實爲大誣。孤今所以上佐明主者，何有一語一事背於堯舜周孔之道？但孤所爲皆欲身體力行，以是虛談者無容耳。項借楚侗開府閩中，亦欲驗其學之分際，不知能副所期否？」見《張太岳先生文集》卷三十，明萬曆四十年唐國達刻本。

〔註103〕這其中涉及了當時政治糾葛，耿定向給好友的信中述及當時的情形說：「乞休疏去，義河諸丈跌足大噪云：『相君方疾惡同志，而獨留意於子，蓋獨以子爲同德也。今子復爾爾，是爲同志樹異幟，與相君爲敵，同志益重疑矣。子故不爲榮肥計，獨不爲天下計、爲同志念耶？』以此弟再疏去，竟阻未上。初擬至江西託之凝老，凝老不可。嗣省中且有言督促，不得已之任，今踰年矣。謍謍無聊耐，茲欲遂初志，想當路者不曰『而薄外』，則是『避難』，則是『爲名高』也。第以是不敢即言去，進退誠維谷也。」見《與劉養旦‧己卯》，《天台集》卷四，第133頁。

〔註104〕耿定向《牧要編序》，《天台集》卷十一，第341～342頁。《天台集》卷七有《耐煩說》《窮理說》《識先說》三篇文章，當是《牧要編》的內容。又據《觀生紀》，《窮理說》作於嘉靖四十五年丙寅冬，是耿定向巡校池州時，與池州知州的問答記錄。

談性命而忽略實務的弊病提出了批評：

> 世儒者類粗簿書而高談性命，然乎不然？蓋聞儒者之言曰：「爲
> 天地立心，爲生民立命」，指若淵且閎矣。今郡伯邑長，非斯民所恃
> 以宅生而寄命者哉？即茲簿書中，故斯民命脈所存也。司牧者實能
> 於此覃精計劃，則生民之命由之以立；立民之命，故天地之心所由
> 立也。蒙莊有言曰「道在糠粃」，今曰「性命之精在簿書」，非耶？
> 爲是議賦役、議保甲、議荒政、議社倉法，舉行之一邑一省者，俟
> 仁賢採擇焉。〔註105〕

耿定向所揭示的弊病，張居正早就提出了：「近來又有一種風尚，士大夫
務爲聲稱，捨其職業而出位是思，建白條陳，連編累牘，至覈其本等職業，
反屬茫昧。主錢穀者不對出納之數，司刑名者未諳律例之文。官守既失，事
何由舉？」〔註106〕張居正對福建事務很重視，〔註107〕對耿定向務實的作風
也很讚賞：「丈田、賑饑、驛傳諸議，讀之再三，心快然如有所獲。……諸
所條布，訓辭雖若嚴整，而肫肫愛民之意藹然於言外，以是服公之高識宏抱，
非世儒所能及也。願益自信而堅持之。」〔註108〕並勉勵說：「第須一一核實
考成，乃可有效。若徒騰之文告而已，實意且化爲虛文矣，何如？」〔註109〕

張居正以耿定向爲知己，在信中表達了自己「富國強兵」的爲學爲政宗
旨：

> 憶昔僕初入政府，欲舉行一二事，吳旺湖與人言曰：「吾輩謂
> 張公柄用，當行帝王之道。今觀其議論，不過富國強兵而已，殊使
> 人失望。」僕聞而笑曰：「旺湖過譽我矣。吾安能使國富兵強哉？
> 孔子論政，開口便說『足食足兵』；舜命十二牧，曰『食哉惟時』；
> 周公立政，『其克詰爾戎兵』，何嘗不欲國之富且強哉？後世學術不
> 明，高談無實，剿竊仁義謂之王道，才涉富強便云霸術。不知王霸
> 之辯，義利之間，在心不在跡。奚必仁義之爲王，富強之爲霸也？
> 僕自秉政以來，除密勿敷陳、培養沖德外，其播之命令者，實不外

〔註105〕耿定向《牧事末議》，見《天台集》卷十八，第538頁。

〔註106〕張居正《陳六事疏》，《張太岳先生文集》卷三十六。

〔註107〕耿定向在閩兩年，《張太岳先生文集》中收錄「答福建巡撫耿楚侗」書信六通。
相關書信《耿天台先生文集》未見，大約因爲所言皆具體事務，無關學問，
故文集未收。

〔註108〕張居正《答福建巡撫耿楚侗言致理安民》，《張太岳先生文集》卷三十二。

〔註109〕張居正《答福建巡撫耿楚侗談王霸之辯》，《張太岳先生文集》卷三十一。

此二事。〔註110〕

從這段話，我們也可看出，張居正這樣以富國強兵為宗旨的實幹家，與吳旺湖等以「仁義道德」為話頭的講學者之間的矛盾分歧：講學者以「行帝王之道」責望張居正，故認為其富國強兵之政只是「霸術」；張居正以堯、舜、周、孔為政之道務求實際，故認為講學者大多「高談無實」。

張居正主張學問應當能經世致用，他在掌管翰林院時就對學子提出忠告：「學不究乎性命，不可以言學；道不兼乎經濟，不可以利用。」〔註111〕萬曆五年（1577），他在與南京國子監屠平石的信中，道出了當時講學者的種種弊端和自己的學術理想：

> 夫昔之為同志者，僕亦嘗周旋其間，聽其議論矣。然窺其微處，則皆以聚黨賈譽，行徑捷舉。所稱道德之說，虛而無當，莊子所謂「其嗌言者若哇」，佛氏所謂「蛤蟆禪」耳。而其徒侶眾盛，異趨為事。大者搖撼朝廷，爽亂名實，小者匿蔽醜穢，趨利逃名。嘉、隆之間，深被其禍，今猶未殄。……士君子未遇時，則相與講明所以修己治人者，以需他日之用；及其服官有事，即以其事為學，兢兢然求所以稱職免咎者，以共上之命，未有捨其本事而別問一門以為學者也。孔子周行不遇，不得所謂事與職者而行之，故與七十子之徒切磋講究，其持論立言亦各隨根器，循循善誘，固未嘗專揭一語，如近時所謂話頭者概施之也。……明興二百年，公卿碩輔勳業煊赫者，大抵皆直躬勁節、寡言慎行、奉公守法之人，而講學者每詆之曰「彼雖有所建立，然不知學，皆氣質用事耳。」而近時所謂知學、為世所宗仰者，考其所樹立，又遠出於所詆之下，將令後生小子何所師法耶？此僕所未解也。僕願今之學者，以足踏實地為功，以崇尚本質為行，以遵守成憲為準，以誠心順上為忠。兔魚未獲，無捨筌蹄；家當未完，毋撤藩衛。毋以前輩不足學而輕事詆毀，毋相與造為虛談，逞其胸臆，以撓上之法也。〔註112〕

張居正認為，講學者「所稱道德之說」，不僅「虛而無當」，更有「搖撼朝廷，爽亂名實」等危險。他舉孔子之例，表達了對「捨其本事而別問一門

〔註110〕張居正《答福建巡撫耿楚侗談王霸之辯》，《張太岳先生文集》卷三十一。
〔註111〕張居正《翰林院讀書說》，《張太岳先生文集》卷十五，明萬曆四十年唐國達刻本。
〔註112〕張居正《答南司成屠平石論為學》，《張太岳先生文集》卷二十九。

以爲學者」、「專揭一語，如近時所謂話頭者」的厭惡之情。而「以足踏實地爲功，以崇尚本質爲行，以遵守成憲爲準，以誠心順上爲忠」四語，則是他對當時學者的期望。

然而，講學者往往以道自居，期望他們「遵守成憲」「誠心順上」並不現實；而講學者議論朝政，批評現實，在張居正看來就是「造爲虛談，逞其胸臆，以撓上之法」。對「仁義之道」或「富強之法」的標舉，是當時講學者和張居正之間的根本分歧。

張居正崇尚實際、不喜虛談的態度，不只停留在思想言論，也借助其權力落實在政策中，這便是頗爲士人詬病的禁講學、毀書院之舉。有學者指出，「張居正禁書院的首要一個原因，是他對講學者的失望。禁講學，實際上部分是對講學者的不合作態度的懲罰。」〔註113〕

早在萬曆三年（1575），張居正就上《請申舊章飭學政以振興人才疏》，開始整頓學校教育。疏中有言：「今後各提學官督率教官生儒，務將平日所習經書義理，著實講求，躬行實踐，以需他日之用。不許別創書院，群聚徒黨，及號召他方遊食無行之徒，空談廢業，因而啓奔竟之門，開請託之路。」〔註114〕萬曆七年一月，禁燬天下書院之令下，標誌著張居正禁講學態度的強硬，也標誌著與講學者的衝突達到高潮。《明通鑑》卷六十七載：

> 萬曆七年春正月戊辰，詔毀天下書院。先是，原任常州知府施觀民，以科斂民財，私創書院，坐罪褫職。而是時士大夫競講學，張居正特惡之，盡改各省書院爲公廨。凡先後毀應天等府書院六十四處。〔註115〕

而張居正與講學者的衝突，根本似在奪情一事。耿定向亦認爲，奪情一事乃是張居正與講學者分道揚鑣的轉折點：

> 昔年，相君（按，張居正）遭喪，二三士紳倡議，相君以此少□，而讒者因乘間譖言，倡此議者盡是講學之黨。相君稍稍蓄疑，而讒者益構之。以此相君意謂：吾方欲振飭紀綱，而講學者見以爲申、韓操切；吾方欲致主安富，而講學者見以爲管、商富強；吾方

〔註113〕陳時龍《明代中晚期講學運動 1522～1626》，復旦大學出版社，2007.3。第129頁。該書第122～140頁對張居正禁講學的原因進行了詳細的分析，值得參考。

〔註114〕《請申舊章飭學政以振興人才疏》，《張太岳先生文集》卷三十九。

〔註115〕夏燮《明通鑑》卷六十七，中華書局1959年版，第2613頁。

忘家以殉社稷，而講學者又見以爲貪位遺親。是今之講學皆迂僻取
名，即昔之橫議亂天下者也。時弟方伏山中，聞此機括，深爲太息。
果而方今俗子，承訛駭影，遂以講學爲大垢，一時同志無不懷讒畏
忌，反側不安矣。〔註116〕

耿定向回顧江陵「奪情」一事，對張居正與「講學者」的矛盾表示擔憂，
對由此矛盾升級爲政治鬥爭深感痛心。聯繫後來張居正和講學者越來越深的
政治實情，耿定向認爲士人圍繞奪情之事議論紛紛是「此學不明矛盾」的觀
點不無道理，後人對「少衰其禍」的苦心也應該有更多的理解。

面對嚴禁講學、「一時同志無不懷讒畏忌，反側不安」的現實，耿定向一
方面對時下講學不切實際的弊端進行反思，爲張居正崇實斥虛的初衷進行辯
護：

顧釀成此蠹者，非世俗人尤，實以學自命者過也。……乃近世
學術，無論虛浮者流，即負眞志、稱有得者類拾伯陽之餘唾，稱妙
悟者類剿楞檀之半解，篤修者類守先儒之格式，於堯、舜、周、孔
眞血脈原已遼邈，以是高明一行多疏脫，願謹一行多迂滯，將焉賴
之？取厭於時，無怪也。夫不謄口説而神明默成，不樹徒黨而氣聲
應求，上臻安富尊榮之效，下成孝悌忠信之風，此則相君講學之本
指也。何嘗禁厭講學哉？〔註117〕

另一方面，也給多位好友寫信，希望通過各種途徑，調和兩方面矛盾。
例如，他寫信給劉應峰說：「相君注措作用，不敢致喙。惟是於此輩提掇稍
重，致令士心未帖，是所憂也。且相君所疾者虛僞，而俗子承訛，玉石俱懼
焚矣。此非人心世道關切事耶？」〔註118〕「相君於兄可謂相知之深，而兄
今又在塵埃雲霄之外，所謂甕外人方能抱甕者。亦切切望兄有所輔救，如古
人奏記焉者。」〔註119〕

〔註116〕耿定向《與劉養旦‧己卯》見《天台集》卷四，第133頁。劉養旦（1526～
　　　　1586），名應峰，字少衡，號養旦，湖南茶陵人，羅念庵弟子，與耿定向、胡
　　　　直等人交好。耿定向《明提督雲南學校按察司副使劉公基誌銘》曰：「公學主
　　　　實踐躬行，其引掖流輩，最懲虛見。余往在留都，間舉心齋王先生語以開示
　　　　學人，冀有悟入。公聞之，寓書規余，大略謂：『世之學者多喜高簡疏曠，其
　　　　流將猖狂而不知檢，願公爲流弊預防云』。」（《耿天台先生文集》卷一二，第
　　　　381頁。）
〔註117〕耿定向《與張陽和》（一），見《天台集》卷六，第185頁。
〔註118〕耿定向《與劉養旦‧己卯》，見《天台集》卷四，第133頁。
〔註119〕耿定向《與劉養旦‧辛巳》，見《天台集》卷四，第134頁。

可以說，耿定向最擔憂的就是張居正與講學者矛盾激化、「玉石俱焚」。然而，他所擔憂的情況還是出現了。萬曆十年（1582），張居正病逝。之前被張居正打壓的言官就開始了肆意的報復和攻擊。張居正被抄家，並削盡其官秩，奪生前所賜璽書、四代誥命，以罪狀示天下。其改革也被全盤否定，在位時所任用的官員有的削職，有的棄市。而朝廷所施之政，也一一恢復以前弊端叢生的舊觀。

面對如此局面，耿定向只能扼腕歎息。他給劉養旦信中說：

> 承教，江陵公半生勤勞，一旦掃盡，原本學術毫釐之差，兄言之誠是。渠（張居正）初秉政時，欲汲引陸平老、萬履老與兄輩（指劉養旦），此猶是源頭未濁時。已而二老不肯爲用，兄又不出。渠遂深信韓非之論爲確，引用群小，一二邪佞媚嫉其間，即義河（即李幼滋，1514～1584，字義河，荊州府應城縣人）與弟俱疏遠，不能進片語，以致士心大拂。今恨不能起之九原，一與之證學也。〔註120〕

孟森先生說：「綜萬曆初之政，皆出於居正之手，最犯清議者乃奪情一事，不恤與言路爲仇，而高不知危，滿不知溢，所謂明於治國而昧於治身，此之謂也。」〔註121〕焦竑提到耿定向與張居正的關係說：「自今上臨御，江陵勵精求治，提衡宇內，宴然如一。後浸爲苛急，不類初政。先生以桑梓之誼，又雅爲所推重，屢進苦言，江陵卒瑱其規不以受，而先生自此疏矣。」〔註122〕

耿定向一開始對張居正抱負和才能非常欣賞，但對於講學的不同態度讓他們日漸疏遠。而萬曆八年耿父去世，回籍守制也爲他提供了遠離政治的難得機會，使得他有幸在張居正病逝後免於倒張者攻擊。

六、耿定向與言官及東林士人的矛盾

言官，指負責諫言、監察的官僚群體。明代言官主要由都察院御史和六科給事中組成，大部分品秩不高，但政治地位極爲突出。這是因爲，從朱元璋開始，明朝統治者便從制度上賦予了言官廣泛而重大的職權，如規諫皇帝、左右言路、彈劾百官、按察地方等，大凡從中央到地方的各級衙門，從皇帝到百官，從國家大事到社會生活，都在言官的監察和言事範圍之內。

〔註120〕耿定向《與劉養旦·壬午》，見《天台集》卷四，第135～136頁。
〔註121〕孟森《明史講義》，中華書局2006年版，第287頁。
〔註122〕焦竑《耿定向行狀》，見《澹園集》卷三十三，第529頁。

在一系列保障、激勵措施下,明代言官敢於直言,勇於糾劾,不惜與皇帝、權宦、權臣激烈對抗,不怕被廷杖、遣戍,至死不悔。如嘉靖初年,因「大禮議」之爭,言官伏哭左順門,被杖者百餘人;嘉靖後期,嚴嵩當國二十年,言官疏劾不已,遭斥逐戍死者史不絕書。《明史》論之曰:「當世宗之代,何直臣多歟!重者顯戮,次乃長繫,最幸者得貶斥,未有苟全者。然主威愈震,而士氣不衰,披鱗碎首者接踵而不可遏。觀其蒙難時,處之泰然,足使頑懦知所興起,斯百餘年培養之效也。」〔註123〕言官上批逆鱗、下糾奸慝,成為明代政治生活中一道獨特的風景。

然而,言官雖氣節卓然可風,但稍顯激越,多意氣用事,且漸漸成為政治鬥爭的工具。《明史》論曰:「世宗之季,門戶漸開。居言路者,各有所主,故其時不患其不言,患其言之冗漫無當,與其心之不能無私。言愈多,而國是愈益淆亂也。」〔註124〕

隆慶初年,張居正鑒於嘉靖末年言路放言高論、結黨求勝,在所上《陳六事疏》中請矯此弊,指出言路「多指亂視,多言亂聽」為當今最大之患,要求省議論,核名實。〔註125〕萬曆時,為推行改革舉措,極力控制言官,不為言路所撓,以獨行其意;對反對自己的言官力加壓制,其中不乏剛愎怨毒的打擊報復,如對給事中余懋學、御史傅應禎和劉臺等言官的打擊即為如此。〔註126〕萬曆十年,張居正去世,久遭壓抑打擊的言路強力反彈,本就矯激的明代士風更是如火添油,朝政轉成報復洩憤之局。《明史》形容張居正歿後的言路曰:「四維等當軸處中,頗滋物議。其時言路勢張,恣為抨擊。是非瞀亂,賢否混淆,群相敵仇,罔顧國是。」〔註127〕

萬曆十一年(1583)申時行執政後,務為寬大,起用穩重守成的官員,廣開言路。他的這種做法,博得了大多數官員的讚譽。然而,這種局面並未能維持多久。申時行廣開言路,那些御史、給事中等言官活躍起來,紛紛指斥張居正執政時,遏阻言路,歷數其罪行。申時行曾是張居正的心腹之一,言官們在指斥張居正時,無意或有意地涉及到申時行。申時行表面上寬以待之,示有海量,但內心卻恨之入骨。萬曆十二年後,以申時行為首的內閣大

〔註123〕《明史》卷二〇九,「贊」。

〔註124〕《明史》卷二一五,「贊」。

〔註125〕張居正《陳六事疏》,《張太岳先生文集》卷三十六。

〔註126〕《明史》卷二一三,張居正傳。

〔註127〕《明史》卷二一九,「贊」。

臣與言官們公開交鋒，多名言官遭貶斥，「閣臣與言路日相水火矣。」〔註128〕

　　耿定向於萬曆十二年甲申（1584）三月，起都察院左僉都御使，八月升左副都御史。萬曆十三年乙酉（1585）四月，升刑部左侍郎。萬曆十五年丁亥（1587）十一月，升南京都察院右副都御史，萬曆十七年己丑（1589）升右都御史。耿定向性格溫和持重，但也未能免於激烈的士風影響，萬曆十七年的「王藩臣事件」將其推到輿論的風口浪尖。《明史·耿定向傳》記載：

　　　　御史王藩臣劾應天巡撫周繼，疏發逾月不以白定向。定向怒，守故事力爭，自劾求罷，且詆藩臣論劾失當。因言故江西巡撫陳有年、四川巡撫徐元泰皆賢，爲御史方萬山、王麟趾劾罷，今宜召用，而量罰藩臣。藩臣坐停俸二月。於是給事中許弘綱、觀政進士薛敷教、南京御史黃仁榮及麟趾連章劾定向。麟趾言：「南臺去京師遠，章疏先傳，人得爲計。如御史孫鳴治論魏國公徐邦瑞，陳揚善論主事劉以煥，皆因奏辭豫聞，一則夤緣幸免，一則捃摭被誣。故邇來投揭有遲決月者，事理宜然，非自藩臣始。」語並侵大學士許國、左都御史吳時來、副都御史詹仰庇。執政方惡言者，勒敷教還籍省過，麟趾、仁榮亦停俸。〔註129〕

　　事情源於萬曆十七年六月，御史王藩臣參劾應天巡撫周維恃才妄作、大拂民情。〔註130〕按照規定，御史凡有糾劾，上疏後應當呈送揭帖到都察院，北京爲當日，南京爲三日內。而王藩臣疏發逾月，仍未投揭帖。耿定向早就對言官輕率妄言的風氣不滿，便上疏請量罰王藩臣，並請「仍嚴申飭臺臣，遵循憲典，凡有糾劾，須協公論，毋妄搏擊。」〔註131〕。

　　耿定向爲南京都察院長官，沒想到，此疏一上，便招來給事中王孟熙、許弘綱連章彈劾，認爲耿定向有鉗制言官之嫌。許弘綱曰：「此疏一行，論人者將跋胡憲尾之事多，而揚眉吐氣之日少矣」，並且對耿定向進行人身攻擊：「二品憲臣，行年望七，乃羞惡是非不曾理會。四十年聚徒講學，身心受用幾何？臣欲深爲定向惜也。」〔註132〕王孟熙言：「凡爲御史者，憂其緘默不言，而不憂其敢言……定向身總風紀，不能伸士氣而反挫之，其自言不

〔註128〕《明史》卷二一八，申時行傳。
〔註129〕《明史》卷二二一，耿定向傳。
〔註130〕《明神宗實錄》萬曆十七年六月丁丑條。
〔註131〕耿定向《乞骸疏（三）》，見《天台集》卷一，第55頁。
〔註132〕《明神宗實錄》萬曆十七年六月癸卯條。

職也。」〔註133〕

同時，耿定向也不乏支持者，如時任左都御史吳時來、副都御史詹仰庇、大學時許國等都主張申飭臺規。圍繞這一事件，言官和在位大臣之間發生了激烈的爭論。《明史·薛敷教傳》的記載比較詳細，引用如下：

> 會南京御史王藩臣疏劾巡撫周繼，不具揭都察院，爲其長耿定向所劾。左都御史吳時來因請申飭憲規，藩臣坐停俸。敷教上言：「時來壅遏言路，代人狼噬。而二三輔臣，曲學險詖，又故繩庶寀，以崇九列，塞主上聰明。宜嚴黨邪之禁，更易兩都臺長，以清風憲。」疏上，大學士申時行等疏言：「故事，御史建白，北京即日投揭臺長，南京則以三日。藩臣廢故事，薄罰未爲過。必如敷教言，將盡抑大臣而後可耶？」副都御史詹仰庇劾敷教煽惑人心，淆亂國是。詔敷教歸，省過三年，以教職用。大學士許國以敷教其門生，而疏語侵己，尤憤，自請罷斥。因言：「邇來建言成風，可要名，可躐秩，又可掩過，故人競趨之爲捷徑，此風既成，莫可救止。方今京師訛言東南赤旱，臣未爲憂，而獨憂此區區者，彼止一時之災，此則世道之慮也。」時來亦乞休，力詆敷教及主事饒伸。帝慰留國、時來。都給事中陳與郊復上疏極詆建言諸臣，帝亦不問。〔註134〕

薛敷教（1554～1610）爲萬曆十七年進士，與高攀龍（1562～1626）同出趙南星門，以名教自任，爲後來的東林八君子之一。明代新科進士往往直言敢諫、慷慨激昂，但未免言過其實、聳人聽聞，故副都御史詹仰庇劾敷教「煽惑人心，淆亂國是」。〔註135〕大學士許國也對「建言成風」且多心懷叵測的現狀表示憂慮，他說：「今四裔交犯，而中外小臣爭務攻擊，致大臣紛紛求去，誰復爲國家任事者？請申諭諸臣，各修職業，毋恣胸臆。」〔註136〕耿定向說：「苟純心爲國，則雖委蛇周全，未可指之日邪日佞；苟橫一私臆，則雖

〔註133〕《明神宗實錄》萬曆十七年六月癸卯條。
〔註134〕《明史》卷二三一，薛敷教傳。
〔註135〕《明神宗實錄》萬曆十七年七月癸亥條。都察院左副都御史詹仰庇言：「臣聞薛敷教上疏，日於朝房待旨。不知其所論何事、所論何人，第對人言曰：『我欲去二三大臣耳』。以至六卿人自疑惑，有注門籍不出者，有避嫌不赴朝房者。聖明之世，豈宜有此景象？敷教初入仕籍，搖亂國是，望皇上即從處分，以正出位狂躁之罪。」《明神宗實錄》萬曆十七年七月癸亥諸條。
〔註136〕《明史》卷二一九，許國傳。

激烈抗直，未可目之爲正爲忠。」〔註 137〕

關於王藩臣事件的爭論，持續兩個多月，一方爲給事中王孟熙、許弘綱、觀政進士薛敷教、南京御史黃仁榮及王麟趾，皆屬品秩低微的言官；另一方爲耿定向與大學士許國、左都御史吳時來、副都御史詹仰庇，都是三品以上的大臣。這一事件暴露了當時言官與大臣之間的矛盾。對於當時輿論風向，大學士許國概括道：

> 小臣一開口，不必其是，便以爲風節；大臣一開口，不必其非，
> 便以爲朋黨。小臣百詆大臣，輒以爲不可屈而抗威權；大臣一侵小
> 臣，便以爲不能容而阻言路。世道如此，亦可慨矣！〔註 138〕

事件處理結果是，薛敷教被罰回籍省過三年，〔註 139〕御史黃仁榮和王麟趾被罰俸，揭帖呈堂的臺規被明確（期限爲論事者三日、參官者五日）。〔註 140〕捲入此事的大官照舊供職，然而卻在身後被清議所譏評。如《明史·吳時來傳》言「時來初以直竄，聲振朝端，再遭折挫，沉淪十餘年。晚節不能自堅，委蛇執政間，連爲饒伸、薛敷教、王麟趾、史孟麟、趙南星、王繼光所劾。」〔註 141〕《明史·詹仰庇傳》曰：「仰庇初以直節負盛名。至是爲保位計，頗不免附麗。……進士薛敷教劾時來及南京右都御史耿定向，仰庇未及閱疏，即論敷教排陷大臣、搖亂國是。」〔註 142〕

經過此事，耿定向的聲譽也大受影響，「清議以爲脅持言官，逢時相之欲」。〔註 143〕東林士人顧允成（1554～1607，字季時，號涇凡，江蘇無錫人，顧憲成之弟，萬曆十四年進士。）作《客問》質之。爲避免引起更多議論紛爭，耿定向對外界的質疑保持沉默。官場激烈又無意義的鬥爭讓他心灰意冷，再加上年老多病，他決定結束自己的仕宦生涯。本年，他連上八疏乞休，〔註 144〕最終得以總督倉場戶部尚書致仕。

對耿定向的遭遇，明末的黃景昉深表同情，《國史唯疑》云：

〔註 137〕耿定向《乞骸疏（六）》，見《天台集》卷一，第 58 頁。
〔註 138〕《明神宗實錄》萬曆十七年八月壬寅條。
〔註 139〕《明神宗實錄》萬曆十七年七月甲子條。
〔註 140〕《明神宗實錄》萬曆十七年九月庚戌條。
〔註 141〕《明史》卷二一〇，吳時來傳。
〔註 142〕《明史》卷二一五，詹仰庇傳。
〔註 143〕黃宗羲《明儒學案》卷三十五，第 814 頁。
〔註 144〕《天台集》卷二有寫於本年的乞骸疏九封，其中第七疏論救被御史黃仁榮參劾的南京兵部尚書王世貞，大約是擔心引起更多的紛爭而未上。

耿定向督南畿學，論救羅汝芳、王道行；協理北院，論救陸光
祖；總南憲，論救陳有年、徐元太、王世貞，皆力與新進臺臣爭持
公道，獎善類，猶得好惡之正。末乃以申飭臺規爲薛敷教、顧允成
所駁，幾污其名。亦所云磽磽者易缺也。似此物情，誰肯復挺身任
事？真爲灰冷。〔註145〕

耿定向回鄉後，對國事依然關心。約在萬曆二十一年，耿定向給時任首
輔的王錫爵，對言官與大臣的矛盾發表看法：

近日士紳九列以上，似是一班議論、一班意見；九列以下庶
僚，又是一班議論，一班意見。所謂近日九列以上意見，大都以
調停保和爲長厚，而後生或見以爲怯、爲比、爲固位；九列以下，
大多以慷慨激烈爲英傑，而老成或見以爲躁、爲銳、爲釣奇。殆
猶人病噎膈，上下不相通矣。余近日反身循省，始覺亦勢之自然
也。何者？余往壯時，氣血方盛，稍病感冒，則惟恐汗之不早；
稍病積滯，則惟恐下之不亟。今後生之謀國者，何以異此？乃生
今之病也，醫投以清劑，則恐耗我元氣；投以補劑，則恐誤我邪
氣。慄慄然，皇皇然，休養將調，但期勿藥之喜，而不敢新速愈
者，蓋以血氣向衰，過於自愛也。維時老成之謀國，故若此矣。
惟閣下則宿生受記，爲調御人天師者。或肹其血氣方盛而節宣之，
散火升陽，勿使鬱滯，致令狂癲；或肹其血氣既衰而休養之，補
胃和中，勿使內傷，致令踣頓。是則所謂通天下爲一身也，閣下
以爲如何？〔註146〕

年輕言官多慷慨激昂，有聞則起，有言必諍；而年長大臣多老成持重，
瞻前顧後。他們雖然都希望救治時弊、爲國家某福利，但卻自以爲是、互不
信任，小臣攻擊大臣，大臣打壓小臣，以致出現上下乖違的局面，就像人病
噎膈，上下不相通。耿定向作爲旁觀者，看到上下不通的原因所在，希望王
錫爵針對不同的病機，或疏泄、或調和，以通調上下，和爲一體。然而，談
說容易而實行至難，明代中後期的政局，就像一個病重的老人，病勢的發展
以非人力所能改變。連張居正那樣強勢的首輔都無能爲力，之後的士人，就

〔註145〕（明）黃景昉著，陳士楷、熊德基點校：《國史唯疑》卷九，上海古籍出版社，
　　　　2002年版，第257頁。
〔註146〕耿定向《與王相公》，見《天台集》卷六，第179頁。

更加無力回天了。

七、晚年整理學術

耿定向回到家鄉不久，就遇到李贄《焚書》刊行，二人的矛盾也公開化、白熱化。

面對李贄的挑戰，耿定向先是寫《求儆書》爲自己辯解，之後又寫《論醫說》、《瞽言解》、《大事譯》〔註147〕等著作，對李贄等異端進行批評。其弟子一方面爲乃師辯護，一方面對李贄發起攻擊。之後的幾年時間，李贄一直處在被攻擊、迫害、四處避難中。詳情本文第二、三章會有詳細論述，在此從略。

耿定向退休在家，對世事仍然關心。他認爲世事之弊「不在邊境而在朝廷，不在兵食而在紀綱，不在言論而在人心」，於是將大部分精力放在了對學術的反思和整理上。

萬曆二十年壬辰（1592）冬，耿定向《儒宗傳》寫完。（今存《耿天台先生文集》卷十三、十四，有七篇宋、明思想家的傳文，分別是《陸楊二先生學案》、《薛文清公傳》、《白沙陳先生傳》、《新建侯文成王先生世家》、《王心齋先生傳（樵朱陶韓二子附）》、《東廓鄒先生傳》、《念庵羅先生傳》，詳述諸儒生平與學問思想，並於末尾加以自己評論。）萬曆二十一年又不顧病重，寫了《遇矗贅言》（《天台集》卷八），發文成學旨，對「無善無惡」導致的後學流弊提出批評。又寫近萬言的《學彖》（《天台集》卷八），試圖以孔孟心性之學來拯救當日學術之弊。

《學彖》前有一段引言，講這篇文章的寫作背景，極爲懇切，故引用如下，讀者庶幾可以想見耿定向憂世衛道的一片苦心：

予病居深山，時聞廟堂議者誾誾然，北憂虜市之糜於財也，東憂倭橫之蠹於兵也，中憂議論之棼呶而國是之靡定也。予叨從大夫後矣，能不懷乎？嘗竊聞之昔賢有言，不在邊境而在朝廷，不在兵食而在紀綱，不在言論而在人心。人心之不淑，憂厥有在矣。蓋學

〔註147〕見《天台集》卷八。據《觀生紀》萬曆十九年條，耿定向自述本年著作有《論醫說》、《瞽言解》、《大事譯》。今本《天台集》卷八有《活人忠告》一篇，疑即《論醫說》；卷八《病間窘言》即《瞽言解》，其文收入焦竑《澹園集》，中華書局，1999年版，第1248頁。

術之貿亂，道術之焚裂也。惟我皇祖開天，錫極綏猷，首詔天下學術，惟宗孔孟。道術統一，聖眞允矣，大明當垂之萬世無疆也。挽近世何如哉？南北未鬴，有識者先抱辛有之隱憂矣。

> 惟時岳伯郭公，辱書下教，殷殷憂世衛道之愫，得我同然。……病中爲此，憶而悟者數四，良苦矣。里叟曰：「奈何忘生若此！」余蓋慨異學之喧豗，傷吾道之晦蝕，哀餘生之無幾，念有道之難逢，乃勉爲此，藉手代面就正也。〔註148〕

總體而言，耿定向是一個傳統的、保守型的儒家士大夫。他篤於人倫，強調「子臣弟友」的本分，做官盡職盡責，在力所能及的範圍內保全善類。他溫和妥協的性格，使他在政治鬥爭激烈的官場中得到優待和善終。然而，在儒家崇尚氣節、提倡「以直抗位」、「以道抗勢」的傳統中，難免受到時人和後人的批評。

耿定向爲學不尚玄遠，謂「道之不可與愚夫愚婦知能，不可以對造化；通民物者，不可以爲道，故費之即隱也，常之即妙也，粗淺之即精微也」。黃宗羲評價說：「其說未嘗不是，而不見本體，不免打入世情隊中。共行只是人間路，得失誰知天壤分？此古人所以貴刀鋸鼎鑊學問也。是故以中行爲學，稍一不徹骨髓，其下場不及狂狷多矣。」〔註149〕

第二節　追求性命之道的李贄

李贄，嘉靖六年丁亥（1527）生於福建泉州，初姓林，名載贄，後改姓李，又爲避隆慶皇帝朱載垕諱，遂稱李贄，字宏甫，號卓吾，別號溫陵居士、百泉居士等。嘉靖三十一年舉人。歷任河南輝縣教諭、南京國子監博士、禮部司務、南京刑部員外郎、雲南姚安知府等職。萬曆八年棄官，寄寓湖北黃安、麻城友人處，讀書講學。晚年輾轉往來南北兩京等地，於萬曆三十年（1602）被逮下獄，自刎而死。

李贄生前便已名滿天下，關於其生平的資料非常豐富。李贄本人有《卓吾論略》（《焚書》卷三）、《豫約・感慨平生》（《焚書》卷四）等自傳性文章，明清人所做傳記有袁中道《李溫陵傳》、沈鈇《李卓吾傳》等數十種，近代有

〔註148〕耿定向《學彖》，見《天台集》卷九，第277頁。
〔註149〕黃宗羲《明儒學案》卷三十五，第814～815頁。

吳虞《明李卓吾別傳》、（日）鈴木虎雄《李卓吾年譜》等〔註150〕，建國後有容肇祖《李贄年譜》〔註151〕、張建業《李贄評傳》〔註152〕、林海權《李贄年譜考略》〔註153〕、許建平《李卓吾傳》〔註154〕等專著數十種，論文及章節性論述則不計其數。

　　左東嶺先生將李贄一生經歷分為三個階段：在嘉靖四十五年他四十歲之前，作為一個普通的讀書士子和下級官員，除了應付「教諭」的日常公務外，便是忙於料理家族事務；從隆慶元年至萬曆十二年，亦即從其四十歲至五十六歲，是其探求心學、佛學及及老莊之學，體悟自我生命的眞實意義的階段；第三階段則是萬曆十二年以後直至其死於獄中，是其狂放激進、聲名大著、影響日廣的時期。〔註155〕

　　本文基本認同左東嶺先生的劃分，上述李贄人生的第三階段始於與耿定向的論爭，本文將在第二、三章中有詳細論述，故本節僅就萬曆十二年之前李贄的生平、性格與思想作一簡要論述，以便讀者瞭解耿李論爭的背景。

一、青少年時期的生活與教育

　　李贄的家鄉泉州，背山面海，天賜的優良港灣使它成為中國最早開放的商埠之一，到宋元時期，由於對外貿易的興盛，泉州更成為世界最大的港口之一，以至出現了「蠻舶萃焉，犀珠寶貨，見者莫不興羨」〔註156〕的繁榮景象。爲了發展海外貿易，北宋哲宗元祐二年（公元1087年）在泉州設立「提舉市舶司」，以「掌番貨海舶征榷貿易之事，以來遠人，通遠物。」〔註157〕南宋時，朝廷爲鼓勵海外商人前來經商貿易，對海外巨商和有招商貢獻的中國商人，皆可補官或陞官：「諸市舶綱首能招誘舶舟、抽解物貨，累價及五萬

〔註150〕以上資料見廈門大學歷史系編：《李贄研究參考資料》（第一輯），福建人民出版社，1975年版。
〔註151〕容肇祖《李贄年譜》，生活·讀書·新知三聯書店，1957年出版。
〔註152〕張建業《李贄評傳》，福建人民出版社1981年6月出版，1992年11月再版。
〔註153〕林海權《李贄年譜考略》，福建人民出版社1992年11月第一版，2005年1月第二版。
〔註154〕許建平《李卓吾傳》北京市：東方出版社，2004年出版。
〔註155〕參見左東嶺著：《王學與中晚明士人心態》，人民文學出版社，2000年04月第1版，第548～549頁。
〔註156〕眞德秀《眞西山文集》卷七《諭泉州官僚》。
〔註157〕《宋史》卷一百六十七《職官志》第一百二十。

貫、十萬貫者，補官有差；大食蕃客囉辛販乳香直三十萬緡，綱首蔡景芳招誘舶貨，收息錢九十八萬緡，各補承信郎。閩廣舶務監官抽買乳香，每及一百萬兩，轉一官。」〔註158〕又如著名的阿拉伯人後裔蒲壽庚（1205～1290 年），曾做過福建、廣東招撫使，總管海舶事務。南宋末期，他還曾任泉州提舉市舶司長官，擅番舶利者三十年。由於這種種原因，宋元時到泉州進行貿易的外國商人數以萬計。

進入明代，由於海禁政策的影響，明初泉州一度出現了蕭條的景象。但中葉以後，泉州的商業又得到了發展，雖有海禁政策，但「泉、漳二郡商民，販東西二洋，代農賈之利，比比然也」。〔註159〕隆慶後，明政府為增加稅收，放鬆海禁，商業再度繁榮。漳州人周起元說：「我穆廟時除販夷之律，於是五方之賈，熙熙水國，刳艅艎，分市東西路。其捆載珍奇，故異物不足述，而所貿金錢，歲無慮數十萬。公私並賴，其殆天子之南庫也」。〔註160〕讚歎之餘，不無自豪之情。商業的繁榮，會在思想、風俗、習慣上給人們以深刻影響。李贄在他後來的一些作品中，表現出來的注重經濟利益、肯定私欲的思想，同情商賈的態度，如「商賈亦何可鄙之有？挾數萬之資，經風濤之險，受辱於官吏，忍詬於市易，辛勤萬狀，所挾者重，所得者末」〔註161〕，和他從小生活在泉州這個環境中是分不開的。

大量海外商人來到泉州，乃至在此長期經商居住，也將海外的思想文化、宗教信仰帶到泉州。於是，摩尼教、婆羅門教、伊斯蘭教、天主教紛至沓來。由於當地人與外來居民通婚，使得各種信仰與文化在這裡紮根、生長，使得泉州成為一個宗教眾多、信仰繁雜的地區。李贄說「余自幼倔強難化，不信學，不信道，不信仙、釋，故見道人則惡，見僧則惡，見道學先生則尤惡。」〔註162〕可見他對於各種思想都有所接觸，但卻沒有一種思想讓他信服。

根據泉州與李贄有關的族譜，李贄的家族很多人信仰伊斯蘭教。二世祖林駑「奉命發舶西洋，娶色目人，遂習其俗，終身不革，今子孫繁衍，猶不去其異教。」〔註163〕之後林李家族與西亞血統的泉州伊斯蘭教家族屢次通婚，

〔註158〕《宋史》卷一百八十五《食貨志》第一百三十八。

〔註159〕顧炎武《天下郡國利病書》卷九十六。

〔註160〕（明）張燮《東西洋考》，周起元序。北京市：商務印書館，1937 年出版。

〔註161〕李贄《又與焦弱侯》，見《焚書》卷二，第 45 頁。

〔註162〕《陽明先生年譜後語》，見《陽明先生道學鈔》卷八下，《續修四庫全書 937 子部・儒家類》，上海古籍出版社 1996 年版，第 699 頁。

〔註163〕《榮山李氏族譜》，見《李贄研究參考資料》第一輯，福建人民出版社 1975

計有蒲氏、丁氏、迭氏等，〔註 164〕以至於有「林諱奇材先生、李諱贄先生」
「父祖皆回」之說。〔註 165〕李贄沒有公開說過自己信回教，但若父祖皆回，
回教信徒特有的生活習慣也會對他造成潛移默化的影響。

　　萬曆三十年，李贄自感來日無多，寫了一篇《遺言》，〔註 166〕談自己死
後的葬事。張建業先生指出，「這是一個很奇特的葬式，帶有濃厚的回教葬式
特色。李贄要求不用棺木，而是穿壙安魄，身下置蘆席，身上橫空加椽子，
仍用蘆席覆蓋其上，而後蓋土，這和回族使亡人（他們稱死者為亡人）不挨
土的習俗完全一樣。回族人死後入葬前，淨洗亡人全身，而後裸體用白布纏
裹，戴白帽，面遮白布，李贄也要求用白布巾單總蓋上下，用裹腳布廿字交
纏其上，面上加一掩面，只是仍穿身上衣服，也不換新衣，這也大致和回族
葬儀相近。」〔註 167〕葬式，說明的是葬者內心深處的信仰。這篇《遺言》，說
明李贄對伊斯蘭教還是有一定信仰的。

　　伊斯蘭教生活方式對李贄的另一影響是「潔癖」。李贄有很深的潔癖，袁
中道說他「性愛掃地，數人縛帚不給。衿裙浣洗，極其鮮潔，拭面拂身，有
同水淫。」〔註 168〕伊斯蘭教教徒每日要做五次禮拜，而禮拜者的身體、衣服
與場地的潔淨，是禮拜、齋戒的先行條件。李贄的潔癖很可能是在這樣的環
境中養成的。〔註 169〕

　　關於李贄的家世，近代之前尚無人研究。最早研究李贄家世的是葉國慶
先生《李贄先世考》，根據廈門大學歷史系資料室 1955 年從晉江鳳池李家抄
來的《林李宗譜》，首次披露了李贄先祖從事航海經商並信奉回教的事實，提
示李贄思想可能受到商業文化和回教信仰的影響。〔註 170〕1975 年泉州市文管

　　　　年版，第 178 頁。
〔註 164〕參見泉州文管會：《李贄的家世、故居及其妻墓碑》，載《文物》1975 年第 1
　　　　期，第 37 頁。
〔註 165〕惠安白奇《郭氏族譜・適回辨》，轉引自林海權《李贄家世考》，見《李贄年
　　　　譜考略》附錄二，福建人民出版社 2005 年版，第 512 頁。林奇材是李贄族兄，
　　　　曾為李贄叔父李廷桂（號章田）作《明故處士章田暨配丁氏、媵張氏合葬誌
　　　　銘》，碑石現藏泉州市海外交通博物館。
〔註 166〕《李卓吾先生遺言》，《續焚書》卷四，第 96 頁。
〔註 167〕張建業《李贄評傳》，福建人民出版社 1992 年，第 232 頁。
〔註 168〕袁中道《李溫陵傳》，見《續焚書》附錄，131 頁。
〔註 169〕許建平先生有比較詳細的考證，參見《李贄思想演變史》，北京市：人民出版
　　　　社 2005 年，第 26 頁。
〔註 170〕葉國慶《李贄先世考》，載《歷史研究》1958 年第 2 期，79～84 頁。

會和泉州市海外交通博物館在《文物》第一期發表了《李贄的家世、故居及其妻墓碑》一文，首次探討了李贄的世系，說李贄是次子林通衢的後代。其世系是：林通衢——林易庵——林琛——林義方——林白齋——林載贄。而林通衢這一支，直至五世祖林琛，仍是通商海外的商人，「到了李贄的祖父或父親，才中斷了商業活動」。其結論是，「李贄直系的上代是海外貿易大商人」，「李贄就生於泉州一個世代爲商的家族」。〔註171〕其後，一些研究李贄的文章，大都沿襲這一說法，如許蘇民說：「李贄誕生在福建省泉州府城南門外的一個被稱爲『航海世家』的家庭。」〔註172〕

然而，1974年11月發現的林奇材爲李贄叔父李廷桂（號章田）所寫的《明故處士章田暨配丁氏、媵張氏合葬誌銘》（下文簡稱《墓誌銘》）直接解答了李贄先代的傳世情況，澄清了之前的誤解。據《墓誌銘》，李贄是長房二世祖林景文（名鷺）次子〔註173〕林允誠（名信生）的後代，其世系是：允誠——乾學——端陽——宗潔（號竹軒）——鍾秀（號白齋）——載贄。由此林海權先生指出，「李贄與長期從事航海通商活動充當海上翻譯的林通衢（林奇材的高祖）一支，除了血緣外，看不出其他方面有什麼密切關係。」〔註174〕

據《墓誌銘》，李贄的祖父竹軒之時，是與四個兒子「同室共炊」的大家庭。由於人口多，住房小，竹軒「始命析箸分居」。其次子，即李贄叔父李廷桂「乃僑南邑小郡，賃廡賈貿」，做生意賺了錢，但「久乃悟本富爲上」（傳統社會，以農爲本，商爲末），於是在章田村買地安家，租田耕種，幾年後便「輸稅緷而儲蓄贏積」。〔註175〕

李贄之父正名該是李廷□（第二字無從考查），字鍾秀，號白齋，「隸郡諸生」亦即泉州府學秀才，以教書爲業。白齋公生有五男三女，李贄爲長子。由於收入有限而生口眾多，一家生活是比較清苦的。又據李光縉《待贈李孺人傳》，說李贄二妹嫁給蘇存淑後，「辮髮服浣，且紡績，夜洴澼洸，與諸臧

〔註171〕泉州文管會：《李贄的家世、故居及其妻墓碑》，載《文物》1975年第1期，第34～43頁。

〔註172〕許蘇民《李贄評傳》（中國思想家評傳叢書），南京大學出版社，2011年版，第73頁。

〔註173〕據《歷年表》載，林鷺生五子，長爲林居誠（名信），弗嗣，故林奇材在《誌銘》中逕稱其高祖居安爲長。實際上居安是次子，允誠是三子。

〔註174〕林海權《李贄家世考》，見《李贄年譜考略》附錄二，第502～503頁。

〔註175〕林奇材《明故處士章田暨配丁氏、媵張氏合葬誌銘》，轉引自林海權《李贄年譜考略》第501頁。

獲雜作，飼豕畜雛必親之」，〔註176〕表明李贄二妹在家時已養成勞動的習慣。

　　李贄出生沒幾年，母親徐氏便去世了。李贄父親在兄弟四人中爲長，李贄又是長房長子，幼年喪母的他沒有更多人可以依賴，於是被迫自立。這樣的遭遇，對李贄的性格的形成和之後的命運造成了深遠的影響。

　　本文認爲，李贄人格中以下幾個方面，皆與母愛的缺失有關係：

（一）性格內向、孤僻、褊急、任性、暴躁

　　性格，指在對人、對事的態度和行爲方式上所表現出來的心理特點：如開朗、剛強、懦弱、粗暴等。〔註177〕兒童期的家庭教育，對一個人的性格起著決定性影響。

　　母親是孩子最早接觸的人，也是最重要的人，最可以依賴的人。母親不僅給了孩子生命，還用無私的母愛，呵護孩子心靈和情感的需求。母親的懷抱，讓孩子獲得安全感，從而讓孩子建立起對世界的信任。母親關注、懂得並滿足孩子的需要，讓孩子體會到被尊重、被珍視的快樂。這樣的孩子容易對世界敞開，合理表達自己的需要，這個樣的孩子一般性格開朗而溫和。

　　如果孩子在需要母親的愛與關注，但卻沒有得到滿足時，一開始會變得焦慮而哭鬧不止。如果他的需要長期得不到關注與滿足，性格往往會向兩個方面發展，或者出於自我保護，漸漸地將自己封閉，性格變得內向、孤僻；或者變得暴躁，任性、叛逆，用一些出格的舉動來引起他人的關注。李贄說自己「幼而孤，莫知所長」，〔註178〕「其性褊急，其色矜高，其詞鄙俗，其心狂癡，其行率易。」〔註179〕好友焦竑說他「俗之所愛，因而醜之；俗之所憎，因而求之；俗之所疏，因而親之；俗之所親，因而疏之。」〔註180〕「快口直腸，目空一世，憤激過甚，不顧人有忤者。」〔註181〕雖然李贄後來通過讀書、求道，認識到自己性格的缺陷，並通過閱讀、注解《老子》、《莊子》等書來讓自己向宏闊、忍辱、柔順的方向努力，但終其一生也未能改掉

〔註176〕泉州《燕支蘇氏族譜》卷一〇《待贈李孺人傳》。

〔註177〕《現代漢語詞典》2005版，第1528頁。

〔註178〕《卓吾論略》，見《李贄文集》第一冊，《焚書》卷三，第78頁。《卓吾論略》作於李贄任雲南姚安知府期間，作者爲李贄友人孔若谷，此人生平不詳。故一般認爲，此文爲李贄自作，託名孔若谷，即李贄站在以一個旁觀者的角度來回顧自己生平。

〔註179〕《自贊》，《焚書》卷三，121頁。

〔註180〕焦竑《書宏甫高尚冊後》，《焦氏筆乘》卷二。上海古籍出版社，1986年

〔註181〕焦竑《李氏焚書序》見《焚書》卷首。

其任性、褊急的性格。

（二）不善與人相處

在社會活動中，人們察覺並區分他人的情緒、意圖、動機和感覺，並能運用語言、動作、手勢、表情、眼神等方式與他人相互交流信息、溝通情感的能力，就是人際交往智慧。

兒童的人際交往智慧屬於非智力因素，取決於後天的培養與開發。父母在兒童早期成長的過程中所進行的精心培養，將促進孩子在這方面有良好的發展。兒童時期，人際交往表現爲善於體察家長的喜怒及心情，懂得察言觀色，能識別他人的情緒變化，善於與他人合作等。〔註182〕

一般情況下，女性情感豐富，且對他人有敏感的體察，母親在培養孩子與人相處的能力，尤其是情感交流的能力方面，發揮的影響尤爲重大。但是母親的早逝，讓李贄「自幼寡交，少知遊」〔註183〕。之後，李贄在與人相處方面一直存在障礙。例如，「爲縣博士，即與縣令、提學觸；爲太學博士，即與祭酒、司業觸。如秦，如陳，如潘，如呂，不一而足矣。司禮曹務，即與高尚書、殷尚書、王侍郎、萬侍郎盡觸也。」〔註184〕

李贄不善與人相處的原因，除了內向、暴躁等性格缺陷外，更重要的是他一直以自我爲中心，缺乏體察他人情感需要，並適當表達善意的能力。袁中道《李溫陵傳》講：「公爲人中燠外冷，丰骨棱棱。性甚卞急，好面折人過，士非參其神契者不與言。強力任性，不強其意之所不欲。」〔註185〕「中燠外冷」眞是一個很準確的描述，李贄其實心腸很熱，他渴望與人交往，渴望知己之友，但由於性格方面的缺陷，所以很難交到朋友。他說「余性好高，好高則倨傲不能下。然所不能下者，不能下彼一等依勢仗富之人耳；否則稍有片長寸善，雖卒隸人奴，無不拜也。余性好潔，好潔則狷隘而不能容。然所不能容者，不能容彼一等趨勢諂富之人耳；否則果有片善寸長，縱身爲大人王公，無不賓也。……殊不知我終日閉門，終日欲見勝己之心也；終年獨坐，終年有不見知己之恨也。」〔註186〕

〔註182〕王利芳編《0～4歲智力開發》，中國人口出版社，2005年11月第1版，182頁。

〔註183〕李贄《豫約·早晚守塔》，見《焚書》卷四，171頁。

〔註184〕李贄《豫約·感慨平生》，見《焚書》卷四，174頁。

〔註185〕袁中道《李溫陵傳》，見《續焚書》附錄，第131頁。

〔註186〕李贄《高潔說》，《焚書》卷三，98頁。

　　李贄的朋友不多，一般都是善解人意、能欣賞其學問並體諒其苦衷的人，或與他性情相投的人。然而，由於李贄眼光過高，取人過窄，又不善察言觀色，體諒他人，所以與朋友之間也難免有不愉快。例如他萬曆八年辭官後，到黃安投奔耿定理，本為求友而來，後來卻由於與耿定向的矛盾，與周思久（柳塘）、周思敬（友山）、焦竑能好友的關係也慢慢疏遠。以至於大部分時間，李贄都是孤獨的。這種深刻的孤獨感甚至伴隨了李贄一生。李贄晚年回憶說：「丈夫在世，當自盡理。我自六七歲喪母，便能自立，以至於今七十，盡是單身度日，獨立過時。」〔註187〕

（三）「不愛屬人管」，即對外在規範的不認同感

　　父母對孩子的教育，一方面是無私的關愛，一方面又要對他的行為有所限制，這便是「管教」。孩子在感受到父母愛護的同時，出於對父母的信任，也便很容易接受這種限制。所以，家庭健全幸福的孩子，對社會的倫理道德規範，便很容易接受並認同，例如耿定向在母親的疼愛中，對「兒生三年，然後免於父母之懷」有深切的體會，長大後便以「盡倫實踐」為學（見上一節）。

　　然而，李贄由於幼年喪母，缺乏來自父母的與溫情相伴的管束，過早地面對自由與孤獨相伴的人生。日後接觸到的儒家倫理規範，限制了他的自由任性，卻不是出於父母那樣全心全意的愛護。如此，「不愛屬人管」，對外在的規則與限制缺乏心理和情感上的認同，也便可以理解了。他說，「余唯以不受管束之故，受盡磨難，一生坎坷，將大地為墨，難盡寫也。」〔註188〕李贄未嘗不知「不受管束」是一種人格缺陷，並由此為自己帶來了無數的磨難、坎坷與痛苦，然而，這種缺陷，錯過了幼兒時期最初的社會認同過程，以後便很難再彌補了。

　　綜上所述，母親的早逝，對李贄的性格和一生的命運產生了深遠的影響。李贄不受管束的青少年時期，任性、孤高的性情，讓他可以脫離世俗陳見的限制，突破名教的藩籬，提出很多深刻的「異端」學說，切中世人的弊病。袁中道贊其「極其超悟，剔膚見骨，迴絕理路」，「其破的中窾之處，大有補於世道人心。」〔註189〕但另一方面，李贄內向、孤僻又有點偏執、狷介難容

〔註187〕《與耿克念》，《續焚書》卷一，第 18 頁。
〔註188〕李贄《豫約‧感慨平生》，見《焚書》卷四，174 頁。
〔註189〕袁中道《李溫陵傳》，見《續焚書》附錄。

的性格，不善與人相處的缺點，又讓他內心長期處在一種孤獨與痛苦中。

對李贄性格產生影響的，還有父親白齋公。李贄七歲的時候，開始跟父親「讀書、歌詩、習禮文」。雖然學習內容不出儒家經書範圍，但父親的教育，絕非大多數塾師那樣迂腐刻板。十二歲時，李贄作了一篇《老農老圃論》，把《論語·子路》中所記樊遲問稼和《論語·微子》中所記子路所遇隱者荷蓧老人聯繫起來，自出新意，發人所未發，受到人們的稱讚。然而，李贄對旁人的稱讚卻不以為然，說：「吾時雖幼，早已知如此臆說未足為吾大人有子賀，且彼賀意亦太鄙淺，不合於理。彼謂吾利口能言，至長大或能作文詞，博奪人間富若貴，以救賤貧耳，不知吾大人不為也。吾大人何如人哉？身長七尺，目不苟視，雖至貧，輒時時脫吾董母太宜人簪珥以急朋友之婚，吾董母不禁也。此豈可以世俗胸腹窺測而預賀之哉！」〔註190〕周圍人讚其「利口能言」、「能作文詞」，日後能博取人間富貴，但李贄認為「彼賀意亦太鄙淺」。他欣賞父親豁達大方、重友好義的品格，這種品格也對他產生了重要影響。

二、仕宦之苦

李贄隨父親讀書，後來習舉業，曾治《易》《禮》，卻是「讀傳注不省，不能契朱夫子深心。因自怪，欲棄置不事。」(《焚書》卷三《卓吾論略》) 這說明，作為科舉取士標準的程朱理學，並不能讓李贄信服，也不能引起他的興趣，只是因為「閒甚，無以消歲日」沒有別的事情可做（讀書科舉為士人正途），他便隨眾學習並參加科舉考試，且於嘉靖三十一年（1552）中舉。

由於家庭貧困，作為長房長子的李贄早早便挑起家庭的重擔，他說「余自弱冠糊口四方，靡日不逐時事奔走。」〔註191〕李贄中舉後，兩次會試皆不中。因家境困乏，便不再參加進士考試，直接選官進入仕途，「假升斗之祿以為養」。〔註192〕本想在江南家鄉附近求一官職，沒想到被任命為河南輝縣教諭，離家數千里外。此時為萬曆三十五年（1556），李贄三十歲。

雖遠離家鄉，但李贄還是就任了。因在此前一年，李贄長子夭亡，讓他很悲痛。河南輝縣吸引他的地方，是這裡有宋人李之才和邵雍的遺跡，在此

〔註190〕《卓吾論略》，見《焚書》卷三，第78頁。
〔註191〕李贄《與焦弱侯》，見《續焚書》卷一，第38頁。
〔註192〕李贄《陽明先生年譜後語》。

做官或可像邵雍那樣「聞道」。《卓吾論略》曰：

> 吾初意乞一官，得江南便地，不意走共城萬里，反遺父憂。雖
> 然，共城，宋李之才宦遊地也，有邵堯夫安樂窩在焉。堯夫居洛，
> 不遠千里就之才問道。**吾父子倘亦聞道於此，雖萬里可也。**且聞邵
> 氏苦志參學，晚而有得，乃歸洛，始婚娶，亦既四十矣。使其不聞
> 道，則終身不娶也。余年二十九而喪長子，且甚戚。夫不戚戚於道
> 之謀，而惟情是念，視康節不益愧乎？〔註193〕

他希望到輝縣的出發點是求道，從喪子之痛中解脫，獲得心靈的平靜與安樂。然而，此時的李贄，雖有「求道」的期望，但對「道」是什麼，如何「求」，還沒有摸到門路。輝縣百泉山雖有邵雍「安樂窩」，但並非來此就能獲得安樂；正如李贄家鄉泉州是「溫陵禪師福地」，但李贄卻並未得溫陵禪師之道。

李贄在任河南輝縣教諭期間，「拜揖公堂之外，固閉戶自若也」。（《陽明先生年譜後語》）除了掙得俸祿，「迎養其父，婚嫁弟妹各畢」外，並沒有更多的作為。日後他不無遺憾地說：「在百泉五載，落落竟不聞道，卒遷南雍以去」。〔註194〕

嘉靖三十九年（1560），李贄升任南京國子監博士。〔註195〕不幸的是，到任數月，便收到了父親白齋公去世的消息。李贄幼年喪母，與父親感情尤深，回鄉心切。然而由於倭寇肆虐，回鄉之路卻極為艱險，「時倭夷竊肆，海上所在兵燹。居士間關夜行晝伏，余六月抵家。」〔註196〕此時的泉州，被倭寇所侵掠，滿目瘡痍。在此之前，李贄的祖居被焚，族人避入泉州城內。〔註197〕李贄回到家，「不暇試孝子事」，便投入到激烈的守城戰鬥中。「率其弟若姪，晝夜登陴擊柝，為城守備」。由於倭寇圍攻，城內糧食斷絕，十分危急。「城下矢石交，米斗斛十千無糶處。居士家口零三十，幾無以自活。」〔註198〕

〔註193〕《卓吾論略》，見《焚書》卷三，第79頁。
〔註194〕同上。
〔註195〕林海權《李贄年譜考略》認為李贄遷南京國子監、聞訃的時間在嘉靖三十八年，有誤。李贄自稱「在百泉五載」，他嘉靖三十五年會試不第後就任輝縣教諭，五年後應當是嘉靖三十九年。
〔註196〕《卓吾論略》，見《焚書》卷三，第79頁。
〔註197〕詳情參見林海權《李贄年譜考略》嘉靖三十八年條，第41頁。
〔註198〕同上。

　　自嘉靖三十四年（1555）李贄離家（先是到北京參加會試，不第後到河南就任輝縣教諭），六年來，倭寇屢屢進犯泉州。如嘉靖三十四年十一月，「倭犯興化、泉州」。〔註199〕清‧乾隆《泉州府志》卷七十三《紀兵》，嘉靖三十五年至嘉靖四十一年，都有倭寇進犯的記載。「三月十一日，復至郡城南橋，……賊排橋門至橋，大焚居民，直至城下，時郡城分兵把守，凡四閱月。」同年，「倭又至，十一月薄城，焚浯江祖居（即今李贄故居）」。林家的祖居被一片火海吞沒，一族人逃入城內避禍。「是年我八世祖茂吾公泊妣丁氏，封公與弟奎，並避禍於排鋪街邱祖姑家，時古庵公及吾伯，因南門早閉，從眾走，過東門，爭先入者多磕死，寇焚屋，火迫城垣。」其中，四十年倭寇連年侵掠，再加上當地土賊燒殺搶掠，使得曾盛極一時的泉州城，出現「數年田畝遍爲草莽，瘟疫盛行，死者枕藉」的慘狀。〔註200〕

　　李贄服喪期滿，於嘉靖四十一年（1562），攜妻子兒女離開被戰亂和飢餓包圍的泉州，「盡室入京，蓋庶幾欲以免難云。」〔註201〕到禮部報到後十餘月，仍不得官缺。眼看積蓄用盡了，只好「假館受徒」，以便糊口。又十餘月後才得缺。約於嘉靖四十三年春（1564），任北京國子監博士。然而，就任未多久，「竹軒大父訃又至。是日也，居士次男亦以病卒於京邸。」李贄的遭遇讓人唏噓不已：「嗟嗟！人生豈不苦，誰謂仕宦樂。仕宦若居士，不乃更苦耶！」〔註202〕

　　此時，李贄的曾祖父母已經去世五十多年，父母去世也已多年，但由於無錢買墳地，一直未能安葬。爲此李贄一直於心不安，因「爲人子孫者，以安親爲孝」，李贄此次奔喪南歸，決心「必令三世依土」，完成歸葬祖先的願望，盡孝子之道。然而，回鄉守孝三年，家屬在北京無人照料，跟他一起回泉州的話，既無路費，回鄉又無生計。無奈之下，李贄決定將妻女留在河南輝縣，隻身回鄉守孝：「權置家室於河內，分賻金一半買田耕作自食，余以半歸，即可得也。」〔註203〕李贄之妻黃氏，雖思念家鄉孀居的老母，卻只能強忍悲痛，聽從李贄的安排。

　　不幸的是，本年河南大旱。管理河漕的官員因勒索財物不遂，竟然挾恨

〔註199〕張廷玉《明史》卷十八，世宗本紀二。
〔註200〕《泉州府志》，第三十八冊（卷七十至七十三），第221頁。
〔註201〕《卓吾論略》，見《焚書》卷三，第79頁。
〔註202〕《卓吾論略》，見《焚書》卷三，第79頁。
〔註203〕《卓吾論略》，見《焚書》卷三，第80頁。

將所有泉水引入河漕，不讓百姓灌溉。李贄竭力為百姓求情，但均遭拒絕。結果，本年大鬧饑荒。李贄妻女所種的田地，只收了幾斗稗子，一家人只能靠這種草籽度日。大女兒長期吃苦已經習慣了，二女、三女卻難以下嚥，不久相繼病餓而死。後來，李贄好友鄧林材（號石陽）任衛輝府推官，到輝縣賑災，撥俸救濟李贄的妻女，她們之後兩三年的生活才有了保障。

李贄到泉州安葬了其曾祖、祖父、父親，實現了「必令三世依土」的願望，完成了一個儒家士人應負的家庭責任。他說「過家葬畢，幸了三世業緣，無宦意矣。」（《卓吾論略》）嘉靖四十五年（1566），趕到輝縣與妻女團聚，卻得知其二女、三女早已不在人世。白天還強作鎮定，晚上，內心的悲痛便再也難以掩飾了：「是夕也，吾與室人秉燭相對，真如夢寐矣。乃知婦人勢逼情真，吾故矯情鎮之，到此方覺展齒之折也！」〔註204〕

從泉州到輝縣的長途跋涉，再加上親人離世的打擊，李贄病了一場。本年夏秋，李贄與家人在輝縣，在好友鄧林材（石陽）的關照下，一邊避暑，一邊養病，同時在輝縣的山水間調適自己的心情。現存輝縣嘉靖丙寅（公元1566年）石刻一塊，記載了李贄與鄧石陽等友人的唱和詩六首，〔註205〕其中有李贄詩三首和後記、跋語三段，李贄詩有云「世事何紛紛，教予不欲聞」，表達了他對官場腐敗的厭倦；同時他對王明齋「僧家莫道閒遊覽，安石蒼生意未虛」的詩表示讚賞，也反映出他對現實的積極態度，他雖然「無宦意」，但對國計民生還是關注的。

三、兩京求道

嘉靖四十五年丙寅（1566），秋冬之際，李贄到北京，補禮部司務之職。

明朝的禮部是中央政府主管典禮、科舉、學校的一個部門，禮部司務則負責勾銷、收發公文的職務，是一個沒什麼地位而又收入不多的窮差使，還不如國子監博士。當時就有人譏笑李贄不明智，但是李贄有自己的想法，他說：

> 吾所謂窮，非世窮也。窮莫窮於不聞道，樂莫樂於安汝止。吾
> 十年餘奔走南北，只為家事，全忘卻溫陵、百泉安樂之想矣。吾聞

〔註204〕《卓吾論略》，見《焚書》卷三，第80頁。
〔註205〕泉州市文物管理委員會存有此石刻的拓片。張建業《李贄評傳》第36～38頁，錄有石刻的全文。

京師人士所都，蓋將訪而學焉。〔註206〕

在這之前的十幾年，整個身心被父親、祖父、婚嫁弟妹、妻子、兒女等家族事務所纏繞，奔走南北，卻一直未能「聞道」。他接連遭受親人去世的打擊：29 歲長子死，33 歲時父親去世，38 歲時祖父亡，次男亦以病卒，幾個月後二女、三女都因饑荒的折磨而夭折。這讓他「求道」的願望更加強烈，他到禮部任職，便是為了接觸京城士子，訪學求道。

初任禮部司務時，他寫了《富莫富於常知足》的短文，用精神財富的多寡來解釋富貴與貧賤，表達了自己求道的決心：

> 富莫富於常知足，貴莫貴於能脫俗。
>
> 貧莫貧於無見識，賤莫賤於無骨力。
>
> 身無一賢曰窮，朋來四方曰達。
>
> 百歲榮華曰夭，萬世永賴曰壽。
>
> 解者曰：常知足則常足，故富；能脫俗則不俗，故貴。無見識則是非莫曉，賢否不分，黑漆漆之人耳，欲往何適，大類貧兒，非貧而何？無骨力則待人而行，倚勢乃立，東西恃賴耳，依門傍戶，真同僕妾，非賤而何？身無一賢，緩急何以，窮之極也。朋來四方，聲應氣求，達之至也。吾夫子之謂矣。舊以不知恥為賤亦好，以得志一時為夭尤好。然以流芳百世為壽，只可稱前後烈烈諸名士耳。
>
> 必如吾夫子，始可稱萬世永賴，無疆上壽也。〔註207〕

這篇文章表明了李贄自我意識的覺醒，他不願再做「黑漆漆之人」，即渾渾噩噩，受世俗洪流裹挾、庸庸碌碌而不自覺的人。李贄希望通過「求道」，讓自己能夠有見識、有骨力，從流俗中超脫，獲得精神的富足。此時，李贄以孔子為偶像，贊他為「朋來四方，聲應氣求」的「達之至」者，像孔夫子那樣「萬世永賴」的人，方可稱為「無疆上壽」。

當時有人批評李贄「性太窄，常自見過，亦時時見他人過」，說聞道後當宏闊些。李贄虛心接受，遂以宏父自命，又號宏父居士。

京城濃厚的學術氣氛沒有讓李贄失望，求道心切的他，很快便接觸到了陽明心學。李贄後來回憶說：

> 余自幼倔強難化，不信道，不信仙、釋，故見道人則惡，見

〔註206〕《卓吾論略》，見《焚書》卷三，第80頁。

〔註207〕李贄《富莫富於常知足》，《焚書》卷六，第214頁。

僧則惡，見道學先生尤惡。惟不得不假升斗之祿以爲養，不容不與
世俗相接而已。然拜揖公堂之外，固閉戶自若也。不幸年甫四十，
爲友人李逢陽、徐用檢所誘，告我龍溪王先生語，示我陽明王先生
書，乃知得道眞人不死，實與眞佛眞仙同，雖倔強，不得不信之矣。
〔註208〕

黃宗羲在《明儒學案》中記載了李贄與徐用檢在北京的交往：

（徐用檢）在都門從趙大洲講學，禮部司務李贄不肯赴會，先
生以手書《金剛經》示之曰：「此不死學問也，若亦不講乎？」贄始
折節向學。嘗晨起候門，先生出，輒攝衣上馬去，不接一語，如是
者再。贄信向益堅，語人曰：「徐公鉗錘如是。」〔註209〕

李逢陽，字維明，號翰峰，南京人，隆慶二年（1568）進士，授戶部主
事，旋改禮部，與李贄爲同僚。徐用檢（1528～1611），字克賢，號魯源，
浙江蘭溪人，嘉靖四十一年（1562）進士，隆慶初年任禮部儀制司主事。趙
貞吉（1508～1576），字孟靜，號大洲，四川內江人。隆慶初年，起禮部左
侍郎，掌詹事府。趙大洲爲泰州王艮的再傳弟子，其學多涉禪趣，曾答友人
云：「僕之爲禪，自弱冠以來，敢欺人哉！試觀僕之行事立身於名教，有悖
謬者乎？則禪之不足以害人明矣。僕蓋以身證之，非世儒徒以口說諍論比
也。」〔註210〕

李贄「折節向學」的時間約始於隆慶元年，其出發點是對於「不死學問」
的求索。長期下層官員的經歷和繁重的家族義務，以及接連遭受親人去世的
打擊，讓他深感人生的艱辛和痛苦，對生死無常的體驗倍加眞切，解脫生死
的願望也更加迫切。故此「不死學問」對李贄才有那麼大的吸引力。

正是由於內心對生命學問如饑似渴的追求，使得他全心投入到學問中
來。他說：「五載春官（指在禮部任上），潛心道妙。」〔註211〕在對待學問的
態度上，李贄認爲儒釋道等學術資源都是平等的，就好像稻粱黍稷等各種糧
食，人皆可各取所需，能飽腹即可。

食之於飽，一也。南人食稻而甘，北人食黍而甘，此一南一北

〔註208〕《陽明先生年譜後語》，見《陽明先生道學鈔》卷八下，《續修四庫全書 937
子部・儒家類》，上海古籍出版社 1996 年版，第 699 頁。
〔註209〕黃宗羲《明儒學案》卷十四，《太常徐魯源先生用檢》。
〔註210〕黃宗羲《明儒學案》卷三十三，《文肅趙大洲先生貞吉》。
〔註211〕《卓吾論略》見《焚書》卷三，第 81 頁。

者未始相羨也。然使兩人者易地而食焉，則又未始相棄也。道之於
孔、老，猶稻黍之於南北也，足乎此者，雖無羨於彼，而顧可棄之
哉！何也？至飽者各足，而真饑者無擇也。〔註212〕

這種觀點是李贄一次特殊經歷中悟得的。作為南方人的李贄有一次在北
方遇到大雨雪，絕糧七日，只好到一戶人家乞食。主人憐憫他，煮了黍米飯
給他，他未暇分辨，很快吃光。吃完後感歎道：「豈稻粱也歟！奚其有此美
也？」主人笑曰：「此黍稷也，與稻粱埒。且今之黍稷也，非有異於向之黍
稷者也。惟甚饑，故甚美；惟甚美，故甚飽。子今以往，不作稻粱想，不作
黍稷想矣。」〔註213〕李贄認識到，不論稻粱還是黍稷，只要能解餓，就是
美的。不論孔子還是老子的學問，能解決自己性命問題的，就是有價值的。
這種開放的態度，讓李贄廣泛接觸各種學問，內心也漸漸充實，逐漸體會到
「道」之「妙」。想起同樣欲「聞道」而不得的父親，「憾不得起白齋公於九
原，故其思白齋公也益甚，又自號思齋居士。」〔註214〕

李贄「厭京師浮繁，乞就留都」，〔註215〕於是隆慶五年（1571），就任南
京任刑部員外郎。

明朝南京六部大都是沒有實際職權的機構，可供大臣養老或者是給被貶
職、受排擠的大臣提供去處。六部下面設各司，司的長官為郎中，次官為員
外郎，是個比較閒散的職位。由於政務較少，南京的學術氣氛比北京更濃厚、
更自由。這樣的地方，對一心「求道」的李贄來說，可謂如魚得水。況且，
南京還有李贄好友焦竑。

焦竑（1540～1620年），字弱侯，一字叔度，一字從吾；號漪園，又號
澹園，又號龍洞山農，南京人。嘉靖四十三年中舉，萬曆十七年（1589）會
試得中狀元，授翰林院修撰，皇長子侍讀等職。他博覽群書、嚴謹治學，尤
精於文史、哲學，為晚明傑出的思想家、藏書家、古音學家、文獻考據學家。
焦竑為諸生時便有盛名。嘉靖四十一年，耿定向督學南京，焦竑執經問道，
受到耿定向賞識。嘉靖四十五年，耿定向建崇正書院，選十四郡名士讀書其
中，令焦竑主其教。

李贄剛到北京時，便聽說了焦竑大名，任禮部司務期間曾與焦竑相見，

〔註212〕李贄《子由解老序》，見《焚書》卷三，103頁。
〔註213〕同上。
〔註214〕《卓吾論略》，見《焚書》卷三，第81頁。
〔註215〕沈鈇《李卓吾傳》，見《李贄研究參考資料（第一輯）》，第20頁。

一見便成相知。到南京後，離焦竑家不遠，於是二人「朝夕促膝，窮詣彼此實際。夫不詣則已，詣則必爾，乃爲冥契也。」李贄稱「宏甫之學雖無所授，其得之弱侯者亦甚有力。」〔註216〕焦竑對李贄也很推崇，《明儒學案》云：「先生（指焦竑）師事耿天台、羅近溪，而又篤信卓吾之學，以爲未必是聖人，可肩一『狂』字，坐聖門第二席」。〔註217〕

李、焦二人分別後繼續商討學問，書信不絕。焦竑的《老子翼》收有李贄的注釋十三條，李贄的《焚書》、《藏書》、《坡仙集》等手稿最早都寄請焦竑過目，《續藏書》的部分史料也由焦竑提供。焦竑曾爲李贄的《藏書》、《續藏書》、《焚書》、《續焚書》寫序，李贄死後焦竑爲編輯《李氏遺書》。

李贄對焦竑影響主要在於他對性命之道的眞切追求與體悟，而李贄得之於焦竑的則在於學問範圍的開拓。因爲焦竑學問的廣博，李贄讀書時種種疑問，往往一經焦解答，便渙然冰釋，焦竑實際充當了李贄讀書問學的引導者。後來李贄離開焦竑後，就多次表達了對他的這種依賴感。在後來給焦竑的信中，他說：「千里阻隔，徒爾夢寐，非但孤寂無聞，偶開書帙欲以散悶，而奇字奧義，無從問卜，反增悶耳」；〔註218〕「士人言語多有來歷，或可通於古未必可通於今者，時時對書，則時時想兄，願得伺兄之側也，此弟之不可少兄者一也。學問一事，至今未了，此弟之不可少兄者二也。老雖無用，而時時疑著三聖人經綸大用，判若黑白，不啻千里萬里，但均爲至聖，未可輕議之，此又弟之不可少兄者三也。若夫目擊在道，晤言消憂，則片刻離兄不得。」〔註219〕

南京刑部任職期間，李贄日夜聚友講學，並強調書中義理當在自身有「證驗」，否則便是「讀書不識字」：「如識《論語》中『學』字，便悅樂不慍；識『大學』字，便定靜安慮。今都未能，如何自負識得此字耶？」〔註220〕焦竑後來回顧李贄在南京學道前後的變化，說：「卓吾初官南都，予友人謂予曰：『李某卻有仙風道骨，若此人得入道，進未可量。』後見其人果然。久之，乃向學，每聚會之中，嘿無一言，沉思而已。如此數年，談鋒始發，然

〔註216〕李贄《壽焦太史尊翁後渠公八秩華誕序》，見《續焚書》卷二，第53頁。

〔註217〕黃宗羲《明儒學案》卷三十五《文端焦澹園先生竑》。

〔註218〕李贄《與焦漪園》，《續焚書》卷一，第22頁。

〔註219〕《又與從吾》，《焚書》增補一，第248頁。

〔註220〕焦竑《讀書不識字》，見《焦氏筆乘》卷四，上海古籍出版社，1986年版，第113頁。

亦時時有疑。」〔註221〕經過一段時間的切磋討論，李贄漸漸變得「好談說」，有些「自以爲是」了。

隆慶六年壬申（1572），耿定理隨李逢陽（字維明，號翰峰）、徐用檢（號魯源）等人到金陵，與李贄、焦竑等人相聚論學。此次見面，耿定理對李贄啓發很大，李贄《耿楚倥先生傳》：

> 歲壬申，楚倥遊白下，余時懵然無知，而好談說。先生默默無言，但間余曰：「學貴自信，故曰：『吾斯之未能信。』又怕自是，故又曰：『自以爲是，不可與入堯、舜之道。』試看自信與自是有何分別？」余時驟應之曰：「自以爲是，故不可與入堯、舜之道；不自以爲是，亦不可與入堯、舜之道。」楚倥遂大笑而別，蓋深喜余之終可入道也。〔註222〕

耿定理，字子庸，號楚倥，耿定向仲弟，不事科舉而專心求道，且悟性極高，很早便憑藉其才學受到了當時學者的賞識。嘉靖三十七年，羅汝芳（號近溪）曾對耿定向說：「阿仲天啓，非吾儕可方，子毋挾長與貴而易之。」〔註223〕耿定向也說「余學實自仲弟子庸發之。」〔註224〕李贄此次與耿定理相見，也對他欽佩不已，贊其「雖學道，人亦不見其有學道之處，故終日口不論道，然目擊而道斯存也。所謂雖不濕衣，時時有潤者也。」並說「余自是而後，思念楚倥不置，又以未得見天台爲恨。」〔註225〕

在南京期間，李贄得以與心學大家王龍溪、羅近溪見面，李贄對二人都極爲推崇，他說「我於南都，得見王先生者再，羅先生者一。自是無歲不讀二先生之書，無口不談二先生之腹。」〔註226〕《盱壇直詮》「萬曆癸酉（即萬曆元年，1573）」條下記載了李贄與近溪的問答：

> 卓吾公論西方淨土一夕，卓吾公論西方淨土甚詳。師笑曰：「南方、北方、東方獨無淨土耶？」卓吾默默，衆亦默然。久之寂無嘩者，師曰：「即此便是淨土。諸君信得及否？」有頃，卓老徐曰：「不佞終當披剃。」師顧儒曰：「此意何如？」儒對曰：「章甫而能仁，

〔註221〕袁中道《遊居柿錄》卷三（萬曆三十七年），青島出版社 2005 年版，第 50 頁。
〔註222〕李贄《耿楚倥先生傳》，見《焚書》卷四，第 132～133 頁。
〔註223〕耿定向《觀生紀》嘉靖三十七年條，297 頁。
〔註224〕見焦竑《崇正堂答問》，《澹園集》卷四十七，第 712 頁。
〔註225〕李贄《耿楚倥先生傳》，見《焚書》卷四，第 132 頁。
〔註226〕李贄《羅近溪先生告文》，見《焚書》卷三，第 115 頁。

緇錫而素王，今人多未識得。」師曰：「然，然。」〔註227〕

　　從這段記載來看，近溪的「當下即是」對李贄有一定啓發，但李贄似乎還未能完全領會。李贄日後繼續讀王、羅二人之書，多年後對二人思想才有領悟並推崇。

　　南京任上，李贄繼續讀《老子》，認爲蘇轍（字子由）解《老子》最好，於萬曆二年刻行其《老子解》，並作《子由解老序》，對其以《中庸》之「未發之中」解釋老子之「無」表示讚賞：「夫未發之中，萬物之奧，宋儒自明道以後，遞相傳授，每令門弟子看其氣象爲何如者也。子由乃獨得微言於殘篇斷簡之中，宜其善發《老子》之蘊，使五千餘言爛然如皎日，學者斷斷乎不可以一日去手也。」〔註228〕

　　受近溪「赤子之心」、龍溪「無善無惡」以及蘇轍《老子解》等影響，李贄開始思考心之本體，對儒家的「禮」有了自己的看法：

　　　　人所同者謂禮，我所獨者謂己。學者多執一己定見，而不能大同於俗，是以入於非禮也。非禮之禮，大人勿爲；眞己無己，有己即克。此顏子之四勿也。是四勿也，即四絕也，即四無也，即四不也。四絕者，絕意、絕必、絕固、絕我是也。四無者，無適、無莫、無可、無不可是也。四不者，《中庸》卒章所謂不見、不動、不言、不顯是也。顏子得之而不遷不貳，則即勿而不；由之而勿視勿聽，則即不而勿。此千古絕學，惟顏子足以當之。顏子沒而其學遂亡，故曰「未聞好學者」。……

　　　　蓋由中而出者謂之禮，從外而入者謂之非禮；從天降者謂之禮，從人得者謂之非禮；由不學、不慮、不思、不勉、不識、不知而至者謂之禮，由耳目聞見、心思測度、前言往行、彷彿比擬而至者謂之非禮。語言道斷，心行路絕，無蹊徑可尋，無塗轍可由，無藩衛可守，無界量可限，無扃鑰可啓，則於四勿也當不言而喻矣。

　　　　未至乎此而輕談四勿，是以聖人謂之曰：「不好學」。〔註229〕

　　本來孔子答顏回的「非禮勿視，非禮勿聽，非禮勿言，非禮勿動」是爲了「克己復禮」，維護「禮」的規範。在這裡，李贄卻用「四絕」「四無」來

〔註227〕見方祖猷，梁一群，李慶龍等編校整理《羅汝芳集》，鳳凰出版社2007年版，401頁。
〔註228〕李贄《子由解老序》，見《焚書》卷三，第103頁。
〔註229〕李贄《四勿說》，見《焚書》卷三，第94～95頁。

解釋「四勿」，基本上消解了「禮」的客觀性、確定性。「由中而出者謂之禮，從外而入者謂之非禮」幾句，將「禮」的根據歸於不學不慮的自然人性，當是受陽明心學以「良知」作爲是非標準的啓發。而末句「語言道斷，心行路絕，無蹊徑可尋，無塗轍可由，無藩衛可守，無界量可限，無局鑰可啓」更是讓人想到《老子》中那不可言說、難以捉摸的「道」。

李贄在南京刑部，「自託無爲人也，唯知有性命之學而已」。〔註230〕不論對於《老子》的「道」，還是儒家的「禮」、《中庸》，李贄都從自己性命出發來思考、解釋，他不拘成見，而是將儒道各種學術資源都爲我所用。《四勿說》表明李贄自我意識的再次覺醒。

萬曆五年丁丑（1577），李贄被任命爲雲南姚安知府。焦竑作詩送別，有「中原一顧盼，千載成相知」之句。〔註231〕

四、性命之道與爲政之道

李贄在赴姚安途中，到黃安拜訪好友耿定理，也見到了耿定向。好友相逢，相談甚得，李贄一度有棄官留住之意，但在耿定理的勸說下，還是決定出任太守，以解決經濟問題。於是，他將女兒女婿留在耿家，自己攜妻趕往姚安，並與耿定理約定：「待吾三年滿，收拾得正四品祿俸歸來爲居食計，即與先生同登斯岸矣。」〔註232〕

四品知府，對一個舉人來說，算是個品秩較高的官了。在此之前，李贄無論是在河南任教諭，還是北京禮部司務、南京刑部郎，都是按部就班的工作，除了完成日常公務外，未見明顯的政治作爲，其主要的精力問學、求道上。而知府一職，讓李贄首次成爲執政一方、獨當一面的官員。

李贄自稱「五十而至滇，非謀道矣，直糊口萬里之外耳。」〔註233〕雖然出守姚安並非李贄的初衷，但儒家士人的責任感還是讓他盡心致力於從政化民的工作。正如同鄉黃克晦所說：「學道日已深，政化今在茲。」〔註234〕李贄所學之道必會自然而然地運用於施政之中。

潛心於道的李贄，在任姚安知府之初，還沿襲著一位儒生好學好講的習

〔註230〕祝世祿《藏書序》見李贄《藏書》卷首。
〔註231〕《送李比部》（案，即李贄）》，《澹園集》卷三十七，第588頁。
〔註232〕《耿楚倥先生傳》見《焚書》卷四，133頁。
〔註233〕《答何克齋尚書》，《焚書》增補一，247頁。
〔註234〕黃克晦《聞李比部宏甫出守姚安寄詩以別》，《吾野詩集》卷一。

性。他剛到任，即修廟學，集生徒講學。李元陽《姚安太守卓吾先生善政序》（下簡稱《善政序》）云：「先生以郎署出守姚安。自下車以至今日，幾三載矣。惟務以德化民，而民隨以自化。日集生徒於堂下，授以經義，訓以辭章，諄諄亹亹，日昃忘倦。廟學頹圮，罄俸以營之；祀典廢缺，殫力以致之。」〔註235〕

　　萬曆六年，駱問禮由南京兵部郎中出任雲南布政司右參議，兼洱海分守道，「九月初七日抵姚安。」〔註236〕與李贄同住一城。李贄聚諸生所講之學，爲在兩京所得之陽明心學，兼及佛老之學。而駱問禮篤信程朱之學，對陽明學頗有微詞，他曾說「今之學者，重異陽明而輕異朱子，詖淫邪遁無所不至，而自以爲直接孔孟之傳，害將不小。」〔註237〕「大抵吾儒與異端不能兩存，猶薰蕕之不可同器。以吾儒讀佛老之書，如讀操、莽、荀、斯等傳，非即效而法之，正以辨其用心之差耳。」並且說「若亂臣賊子則人人得而誅之。」〔註238〕駱問禮是個勇於任事之人，故對於李贄講陽明之學，便不會袖手旁觀。他編訂了一本訂正陽明心學的課本，名爲《新學忠臣》，發給生員。其《新學忠臣序》曰：

　　　　陽明先生一世之豪傑也，而其學術頓異於程朱。……予讀《傳習錄》不覺睡去，讀程朱書，即未盡解，要自有欣欣不容已者。然世方以予爲執滯不能虛受，而予亦以世之儒者爲立志徒高而卒溺於一偏，深可惜也。所幸《大學》一書，萬古不能廢，而聖經一章，炯若日星，即有陽明萬口，《傳習錄》出萬卷，卒亦不能變程朱之說而他之。……

　　　　姚安李使君素以理學自任，而明見力行，卒不畔於聖賢，非世之徒有志者比也。及來守，每政暇，集師生僚屬，及諸執事，無問賢愚，與之論學。……今欲明聖學於斯世，而不先辨程朱與陽明先生之是非，未有不波塵於異說者。顧世方重異陽明，不知與其爲陽明之佞婦，不若爲之忠臣。偶訪郭學博，得林次崖《四書存疑》，爲錄數條，足以訂證《傳習錄》而發揮聖學者，名之曰《新學忠臣》

〔註235〕《李中溪全集・文集》卷六，轉引自廈門大學歷史系編《李贄研究參考資料》第二輯，第28頁。
〔註236〕駱問禮《萬一樓集》卷二十六《啓都察院》，中國基本古籍庫，清嘉慶活字本。
〔註237〕《萬一樓集》卷二十六《復何知州》。
〔註238〕《萬一樓集》卷二十六《復許敬庵》。

以授諸生。蓋今之論學者，惟使君可與語此。而善繼其志，則有在
於諸生也。〔註239〕

駱問禮的這個舉動，讓李贄出於尷尬的境地，也讓諸生無所適從，於是
李贄被迫停止講學。駱問禮後來說及此事：「及至滇南，幸與李卓吾同住一城。
卓吾先至，延攬群英，師模甚肅，以生至而罷。知其意有不慊。生所自歉者，
亦恐以此得罪輿論。」〔註240〕

李贄在《豫約‧感慨平生》中說「為郡守，即與巡撫王觸，與守道駱觸。
王本下流，不必道矣。駱最相知，其人最號有能有守，有文學，有實行，而
終不免與之觸，何耶？渠過於刻厲，故遂不免成觸也。渠初以我為清苦敬我，
終反以我為無用而作意害我，則知有己不知有人，今古之號為大賢君子，往
往然也。」〔註241〕

李贄停止講學，可能還有身體不適的緣故。到雲南不久，李贄因為水土
不服而患病，「大衰欲死」。然而此次死亡的威脅，卻成為李贄求道悟道的契
機：為明白生死根因，為解脫生死，李贄開始在朋友的勸誨下，閱讀佛學著
作。他後來回憶說：

余自幼讀聖教不知聖教，尊孔子不知孔子何自可尊，所謂矮子
觀場，隨人說妍，和聲而已。是余五十以前真一犬也，因前犬吠形，
亦隨而吠之，若問以吠聲之故，正好啞然自笑也已。五十以後，大
衰欲死，因得友朋勸誨，翻閱貝經，幸於生死之原窺見斑點。〔註242〕

李贄早年也曾接觸過佛學，隆慶初年（41歲），趙大洲在京師講學，徐
用檢曾以《金剛經》示李贄，並說：「此不死學問也，若亦不講乎？」於是
李贄始折節向學。〔註243〕萬曆元年（47歲），首次見羅近溪時，曾「論西方
淨土甚詳」，〔註244〕但並未系統閱讀佛經，也未留下論說行文字。從現有記

〔註239〕《萬一樓集》卷三十六《新學忠臣序》。
〔註240〕《萬一樓集》卷二十七《簡許敬庵》。
〔註241〕《豫約‧感慨平生》，見《焚書》卷四，174～175頁。
〔註242〕《聖教小引》，《續焚書》卷二，第63頁。李贄因大衰欲死而翻閱貝經的時間，
　　　　自稱為「五十以後」，其具體時間，據許建平先生考證，為李贄剛到雲南不久。
　　　　李贄本來身體羸弱，脾胃不好，又有潔癖，容易水土不服。再加上從南京到
　　　　姚安，萬里顛簸，到任後老病發作在所難免。詳細考證見《李贄思想演變史》
　　　　第98～103頁。
〔註243〕黃宗羲《明儒學案》卷十四，《太常徐魯源先生用檢》。
〔註244〕見方祖猷，梁一群，李慶龍等編校整理《羅汝芳集》，鳳凰出版社2007年版，
　　　　401頁。

載看，李贄在南京期間的講學內容，主要是《論語》、《大學》《中庸》等儒家經典，以及《老子》。從駱問禮的《新學忠臣序》來看，李贄剛到雲南時，其所學所講主要還是陽明心學的內容。

在姚安任上，李贄才開始大量閱讀佛教經典，其作品中也出現了關於佛學的文字。

雲南是一個佛教資源豐富的地方。萬曆六年，李贄曾在雞足山留住數月。雞足山爲東南亞著名佛教聖地，明清時期有大小寺宇百餘座。據（清）高奣映《雞足山志》卷六《人物上·名賢·李載贄》云：「萬曆六年戊寅，緣按君（指御史劉維）剿賊北勝，調姚、榆、鶴三府會酌機宜。先生遂得留雞足數月。」〔註245〕其卷四《名勝下·李卓吾先生談禪樓》云：「先生溫陵人，官姚安太守，於萬曆六年戊寅，因巡按調榆、鶴、姚三府會剿北勝蠻賊機宜，按君延於永昌府，故先生得久遊於雞足。寓大覺寺，與小月禪人論淨土法門，遂作《念佛答問》；又與同官論《二十分識》（按，《二十分識》寫於萬曆二十年，此說寫於本年寓雞足山大覺寺時，誤）、《六度解》、《四海說》等。」〔註246〕

李贄在雲南系統閱讀佛教經典，是從淨土宗開始的。淨土宗，是以「往生西方極樂淨土」爲目的的宗派。因本宗以稱念佛名爲主要修行方法，希望藉著彌陀本願的他力，往生於西方極樂淨土，所以又稱爲念佛宗。

李贄《念佛答問》提到了淨土宗「念佛」和禪宗的「悟門」，說：「念佛即是第一佛，更不容於念佛之外復覓第一義諦也。」「後來中峰和尚謂學道眞有悟門，教人百計搜尋，是誤人也。」並認爲「故知此事在人眞實怕死與不耳。發念苟眞，則悟與不悟皆爲戲論，念佛參禪總歸大海，無容著脣吻處也。」〔註247〕可見當時，李贄由於「大衰欲死」情景之逼迫，出於「眞實怕死」之心，對淨土信仰及其虔誠，對禪宗「參禪悟道」的法門還無暇顧及。

《六度解》對「布施、持戒、忍辱、精進、禪定、智慧」六種修行法門談了自己的理解，認爲「必須持戒忍辱以人禪定，而後解脫可得。」「以此見生死事大，決非淺薄輕浮之人所能造詣也。」並且指出，「今世遠教衰，後生

〔註245〕（清）高奣映著；芮增瑞校注《雞足山志》，昆明市：雲南人民出版社，2003年，310頁。
〔註246〕同上書，第217～218頁。
〔註247〕李贄《念佛答問》，見《焚書》卷四，第128頁。

小子拾得一言半句，便自猖狂，不敬十方，不禮晚末，說道何佛可成。此與無爲教何異乎？非吾類也。」〔註248〕出於對「生死事大」的敬畏感，認爲智慧解脫當實地修持，對禪宗「參話頭」等簡易法門表示批評。

之後，隨著身體的好轉，李贄接觸了更多的佛教著作。據學者考證，李贄在姚安期間度過的佛學經典有《壇經》、《般若經》、《心經》、《中觀論》、《楞伽經》、《法華經》、《金剛經》，再者《維摩詰經》、《無量壽經》也可能讀過。隨著讀佛書的增加，李贄的眼界也逐漸開闊，對佛教四諦、十二因緣、緣起性空等理論的理解也更加通達透徹。有一次同駱問禮同遊姚安城南的風景勝地觀海樓，李贄即興題寫對聯一副：

　　　禪緣乘入，有下乘，有中乘，有上乘，有上上乘，參得透，一乘便了；

　　　佛以法修，無滅法，無做法，無非法，無非非法，解得脫，萬法皆空。〔註249〕

前一句講禪修，所謂下、中、上、上上四乘，是指參禪修習的四種境界：初禪、二禪、三禪、四禪。所謂「一乘便了」，指「心住一境，正審思慮」，而達到「捨清淨」、「念清淨」，「不苦不樂」的心理境界。而達到這種境界，須「唯論一心」，心中「無掛礙」便得「清淨」，這就是所謂的「一乘便了」。〔註250〕至於那「萬法皆空」，基於佛教「緣起性空」說，世間萬法都沒有常住不變的自性，都是因緣和合而生，也都有將隨著因緣分散而滅。對此能看得透，便能脫離世俗苦惱，到達自在彼岸。

萬曆八年，李贄知府任期將滿，辭官不允，於是入雞足山讀經不出，以示其志。據《雞足山志》卷六《李載贄傳》云：「八年庚辰，先生解組，遂再登雞足山，寓缽盂庵，聽眞利法師講《楞伽經》。」大約在此期間，友人求書《心經》，李贄寫完後又寫了一篇《心經提綱》，表達了自己對《心經》以及佛學基本義理的理解。

《心經》全稱《般若波羅蜜多心經》，本經係內容龐大之《大般若波羅蜜多經》（簡稱《般若經》）濃縮提要。「般若」是智慧之意，「般若波羅蜜多」意爲「以智慧到彼岸」。全經舉出五蘊、六根六塵、十二因緣、四諦等法，

〔註248〕李贄《六度解》，見《焚書》卷四，第155～156頁。
〔註249〕駱問禮《李太守好奇》，《萬一樓集》卷五十六。
〔註250〕參見《李贄思想演變史》第118頁。

以總述諸法皆空之理，揭示達到自在彼岸之路。李贄《心經提綱》曰：「心本無有，而世人妄以爲有；亦無無，而學者執以爲無。有無分而能、所立，是自掛礙也，自恐怖也，自顛倒也，安得自在？獨不觀於自在菩薩乎？彼其智慧行深，既到自在彼岸矣，斯時也，自然照見色、受、想、行、識五蘊皆空，本無生死可得，故能出離生死苦海，而度脫一切苦厄焉。此一經之總要也。」〔註251〕

李贄對《心經》理解的最終著眼點爲「出離生死苦海，而度脫一切苦厄」，這也是他最初閱讀佛教經典的動力。而達到自在彼岸，關鍵是要觀照到「五蘊皆空」、「色空不異」的原理。「然則空之難言也久矣。執色者泥色，說空者滯空，及至兩無所依，則又一切撥無因果。不信經中分明讚歎空即是色，更有何空？色即是空，更有何色？無空無色，尚何有有有無，於我掛礙而不得自在耶？然則觀者但以自家智慧時常觀照，則彼岸當自得之矣。」〔註252〕色、空、有、無，所有名相都不可執著，心無掛礙，如此時常觀照，彼岸便可自得。李贄還指出，「盡眾生大地無有不是佛者」、「菩薩豈異人哉？但能一觀照之焉耳。」〔註253〕能作如此觀照，則人人可得彼岸，人人可成菩薩，人人可得成佛。

李贄因「大衰欲死」，而產生對死的強烈恐懼，爲了弄清生死問題，以便超脫生死輪迴之苦，他苦讀佛教經典，弄通了佛教十二因緣與緣起性空理論，逐漸悟道，對佛教義理與解脫之道有了通透的把握。

李贄翻閱貝經，「於生死之原窺見斑點」，感覺身心受用，從此之後與佛學結下了不解之緣。李贄在雲南的很多政事行爲也帶上了佛教的色彩。李贄常至佛寺內，乃至在寺中處理政事。袁中道在《李溫陵傳》中記道：「爲守，法令清簡，不言而治。每至伽藍，判了公事，坐堂皇上，或置名僧其間，簿書有隙，即與參論虛玄。人皆怪之，公亦不顧。」〔註254〕李贄還曾去大理拜訪李元陽（號中溪，大理人），〔註255〕二人白天同遊山水，夜裏聯榻談禪。

〔註251〕李贄《心經提綱》，見《焚書》卷三，第93頁。

〔註252〕同上，第94頁。

〔註253〕同上。

〔註254〕袁中道《李溫陵傳》，《珂雪齋近集》卷三《文鈔》，又見廈門大學歷史系編《李贄研究參考資料》第一輯，第11頁。

〔註255〕李元陽（1497～1580），字仁甫，號中溪，大理府太和（今雲南大理）人。嘉靖丙戌（公元1526年）進士，曾任江陽知縣、闕中巡按、荊州知府，與張居

李元陽贈李贄的詩中說：「僧話不嫌參吏牘，俸錢常喜贖民勞。」〔註256〕他的崇拜者祝世祿說得更具體：「此老在滇中，以禪理爲吏治，神則神君，慈則慈母，諸凡注措，脫盡今世局面。」〔註257〕

李贄在姚安，不僅翻閱佛經，參悟性命之道，而且關懷百姓疾苦，積極探索爲政之道。他一到任，就寫了兩幅對聯：

> 從故鄉而來，兩地瘡痍同滿目；
>
> 當兵事之後，萬家疾苦總關心。〔註258〕

李贄自述「初仕時，親見南倭、北虜之亂矣；最後入滇，又熟聞土官、傜、僮之變矣。」（《焚書》卷五《蜻蛉謠》）「是時，上官嚴刻，吏民多不安。」〔註259〕在少數民族雜處的邊疆地區，李贄認爲，必須根據邊疆特點，實行寬政。李贄曾勸駱問禮說：

> 邊方雜夷，法難盡執，日過一日，與軍與夷共享太平足矣。仕於此者，無家則難住，攜家則萬里崎嶇而入，狼狽而去。尤不可不體念之。但有一能，即爲賢者，豈容備責？但無人告發，即裝聾啞，何須細問？蓋清謹勇往，只可責己，不可責人。若盡責人，則我之清能亦不足爲美矣，況天下事亦只宜如此耶！〔註260〕

他看到「邊方雜夷」不同的民族有不同的信仰、風俗習慣，對於朝廷的法令「難盡執」也是必然的，採取「一刀切」的法令也是不現實的。應當尊重少數民族習俗，團結土司，搞好漢官與土官的關係。而對於來此任職的外地官員，也應當體諒各自難處，用其賢能，而不可過分苛責。如何「與軍與夷共享太平」是最需要考慮的，因邊疆安定太平，便是軍民最大的福祉。爲此，他一反上司的做法，「律己雖嚴，而律百姓甚寬」，受到僚屬、百姓和少

正有師生之誼。嘉靖中，因與當道不合，辭官回家，從此隱居大理四十年。歸家後，他精究理學，而且好詩文，在當時很有些名氣。其詩文集有《豔雪臺詩》、《中溪漫稿》，理學著作有《心性圖說》，並在晚年編纂了嘉靖《大理府志》和萬曆《雲南通志》。

〔註256〕李元陽《卓吾李太守自姚安命駕見訪，因贈》，《李中溪全集》詩集卷三。

〔註257〕祝世祿《與遊麻城》，《環碧齋尺牘》卷二。

〔註258〕引自昆明師範學院史地系編：《李贄在雲南的著作集錄》。見廈門大學歷史系編：《李贄研究參考資料》第二輯，第248頁。

〔註259〕（清）彭紹升編：《居士傳》卷四十三《李卓吾傳》，江蘇廣陵古籍刻印社，1991年，571頁。

〔註260〕《豫約・感慨平生》，見《焚書》卷四，174～175頁。

數民族上層人物的歡迎。

歷史上曹參和汲黯的故事，給了李贄啓發，也讓他對儒家的「君子之治」產生了質疑。「（汲黯）病臥閨閣內，歲餘不出。（曹）參日夜飲醇酒，不事事。」〔註261〕《論語》曰：「其身正，不令而行。」曹參和汲黯其身不莊不正，然而他們轄下的齊與東海皆大治。李贄的下屬，大姚縣〔註262〕縣令鄭某，「倨倨似汲黯，酣暢似曹參」，「陶陶然若不以邑事爲意，而邑中亦自無事。」〔註263〕歷史的記載和現實中的實例，都讓李贄對儒家和黃老的治理之道有了自己的反思。

萬曆八年，他正式提出「至人之治」的理論：

> 夫道者，路也，不止一途；性者，心所生也，亦非止一種已也。……夫君子之治，本諸身者也，至人之治，因乎人者也。本諸身者取必於己，因乎人者恆順於民，其治效固已異矣。夫人之與己不相若也。有諸己矣，而望人之同有；無諸己矣，而望人之同無。此其心非不恕也。然此乃一身之有無也，而非通於天下之有無也；而欲爲一切有無之法以整齊之，惑也。於是有條教之繁，有刑法之施。而民日以多事矣。其智而賢者，相率而歸吾之教，而愚不肖則遠矣。於是有旌別淑慝之令，而君子小人從此分矣。豈非別白太甚，而導之使爭乎？至人則不然，因其政而不異其俗，順其性而不拂其能。聞見熟矣，不欲求知新於耳目，恐其未窹而驚也。動止安矣，不欲重之以桎梏，恐其縶而顚且僕也。〔註264〕

傳統儒家思想認爲，人性是相同的，大道也是放之四海而皆準的，《中庸》言：「君子之道，本諸身，征諸庶民，考諸三王而不謬，建諸天地而不悖，質諸鬼神而無疑，百世以俟聖人而不惑。」故其政治理論都是基於「推己及人」的「君子之治」，如程頤曰：「治天下國家，必本諸身，其身不正而能治天下國家者無之。」〔註265〕

然而，李贄卻看到，正如道路不只一條，人性也不只一種，「人之與己不

〔註261〕李贄《送鄭大姚序》，《焚書》卷三，第105頁。
〔註262〕據《明史》卷四十六《地理志》，姚安軍民府，領州一、縣一。州即姚州，縣即大姚縣。
〔註263〕李贄《送鄭大姚序》，《焚書》卷三，第106頁。
〔註264〕李贄《論政篇（爲羅姚州作）》，《焚書》卷三，第81～82頁。
〔註265〕《河南程氏遺書》卷第二十五《伊川先生語十一》。

相若」是不可無視的現實，尤其是雲南少數民族眾多，各民族有自己的信仰、風俗習慣，「欲為一切有無之法以整齊之，惑也」。只有「恆順於民」，「因其政而不異其俗，順其性而不拂其能」，讓百姓自求安樂，才能把社會治理好。反之，若「取必於己」，即根據自身為標準去要求別人，用「條教之繁」、「刑法之施」去對百姓進行束縛、強制，則只能造成社會的動亂。

李贄吸收了道家「無為而治」的精髓，但也絕非無所作為。他繼承了儒家「仁政」傳統，當百姓需要時，也做一些造福百姓的善事。如當地連水「夏秋霪霖，洪流暴漲，舟揖難施，旅行者有漂沒之患。」於是李贄「聚石為橋，利行旅，通往來」〔註266〕造福百姓三百餘年。李贄勸善止惡，提倡採用「化」的方式，讓百姓主動向善。他刻行《太上感應篇》（之前，在南京期間，曾與焦竑刻行過一次），以教化民眾，連與他政見不同的駱問禮也很讚賞，並曾為之作序：「刑罰窮而報應之說興焉。天定勝人，雖遲速不同，而終不能逃。即或近於誕妄，要在使人悔過而遷善。所待者凡民，而所以待之者君子之心也。姚安李使君，省刑薄斂，興禮樂，崇教化，粹然一出於正。而復梓是篇，其納民於善之心，無不至矣。爰喜而書之。」〔註267〕

李贄在姚安「一切持簡易，任自然，務以德化人，不賈世俗能聲。」〔註268〕收到了良好的效果。李元陽在《姚安太守卓吾先生善政序》裏說：「自下車以至今日，幾三載矣。惟務以德化民，而民隨以自化。……凡關係山川、風土形勢，有改作不易者，制度不可闕者，悉力為之，處置有法，而民不知勞。……嘯詠發於郡齋，圖書參於案牘。不與時官同宿，而法令靡遺。民隱惟恐不聞，而訟庭多暇。」駱問禮雖然對他學禪頗有微詞，說「時講學者多入於禪，而此公尤甚。」但也承認李贄「廉靖明達，上下愛之」。〔註269〕據說李贄離任時，「士民攀臥道間，車不得發。」〔註270〕

在姚安任上，李贄對佛教和老莊之道有了深刻體悟後，精神境界有了很大提高，人格氣象也不同往日。顧養謙說「其為人，汪洋停蓄，深博無涯矣，人莫得其端倪，而其見先生也，不言而意自消。自僚屬、士民、胥隸、夷首，無不化先生者，而先生無有也。」〔註271〕李贄一生求道，在雲南不僅對性命

〔註266〕光緒三十四年（1908）《增修連廠橋記》石刻，雲南省博物館藏。
〔註267〕《萬一樓集》卷三十六《重刻太上感應篇序》。
〔註268〕顧養謙《送行序》，《焚書》卷二，第72頁。
〔註269〕《萬一樓集》卷五十六《李太守好奇》。
〔註270〕民國《姚安縣志》卷二十九《李贄傳》。
〔註271〕顧養謙《送行序》，《焚書》卷二，第72頁。

之道已登其堂奧，而且對爲政之道也有了自己的體會。這樣李贄的胸中升起
一種從未有過的自信與豪情。

萬曆八年十月，李元陽去世，李贄爲其寫告文曰：

> 予等或見而知，或聞而慕。今其死矣，云誰之依！地阻官羈，
> 生舅曷致？爲位而告，魂其聽之。且予等與公同道爲朋，生時何須
> 識面；同氣相應，來時自遍十方。惟願我公照臨法會，降此華山，
> 鐘鼓齊鳴，儼然其間。富貴榮名，無謂可樂，此但請客時一場筵席
> 耳，薄暮則散去矣。生年滿百，未足爲壽，以今視昔，誠然一呼吸
> 之間也。平昔文章，咸謂過人，不知愚者得之，徒增口業，智者比
> 之，好音過耳，達人大觀，視之猶土苴也。「有子萬事足」，俗有是
> 言也。不曰揚子雲《法言》，白樂天《長慶》，人至於今傳乎？使待
> 嗣而後傳，則古今有子者何限也。須知孔子不以孔鯉傳，釋迦不以
> 羅睺傳，老聃不以子宗傳，則公可以撫掌大笑矣。勿謂道家法力勝
> 禪家，道家固不能離道而爲法也。勿謂服食長生可冀，公固不死矣，
> 何用長生乎？勿謂灌頂陽神可出，公固精神在天矣，又何用勞神求
> 出乎？公但直信本心，勿顧影，勿疑形，則道力固自在也。法力固
> 自在也，神力亦自在也。〔註272〕

面對逝者，這段告文無一毫淒苦之情，反而豪情萬丈。李贄可謂深知李
元陽者。「富貴榮名」只是一場筵席，「生年滿百」只是一呼吸之間，「平昔文
章」無足珍貴，子孫後代也可有可無，世俗中人所看重的這些，李贄全不放
在眼裏。甚至生死界限也可以打破，李贄相信李元陽可以「照臨法會」聽到
自己的告白。

「須知孔子不以孔鯉傳，釋迦不以羅睺傳，老聃不以子宗傳，則公可以
撫掌大笑矣。」由一事而思及三教，三教聖人也不再高高在上，而是似與李
贄、李元陽爲知己，可以一同「撫掌大笑」。「勿謂道家法力勝禪家」，「勿謂
服食長生可冀」，「勿謂灌頂陽神可出」，三教的小伎倆李贄都不放在眼裏，
因他看來得道如李元陽之人自然長生不死，精神在天。「公但直信本心，勿
顧影，勿疑形，則道力固自在也。法力固自在也，神力亦自在也。」李贄出
入三教，氣魄雄渾，這句話是對李元陽說，又何嘗不是他的「夫子自道」！

萬曆八年的李贄，對儒釋道三教思想都有了自己的體悟，內心充實，胸

〔註272〕李贄《李中溪先生告文》，見《焚書》卷三，第111～112頁。

懷開闊，見識超拔。回望過去，姚安知府之任已圓滿完成，以往由功名利祿帶來的一切痛苦與煩惱，此刻已得解脫；展望未來，馬上又可以到黃安與親人好友團聚，共證斯道，安享晚年了，這是多年夢寐以求的結果啊。這段時間是李贄人生中難得的沒有痛苦、沒有孤獨，充滿自信、充滿豪情的時光。

最後以李贄離開雲南時候的兩首詩來結束此節，這樣的時光太短暫，太寶貴了，就在此多停留一刻吧：

顧沖庵登樓話別二首

知公一別到京師，是我山中睡穩時。
今夕生離青眼盡，他年事業壯心知。
簾外星辰手可摘，樓頭鼓角怨何遲！
君恩未答黃金散，直取精光萬里隨。

其二

惜別聽雞到曉聲，高山流水是同盟。
酒酣豪氣吞滄海，宴坐微言入太清。
混世不妨狂作態，絕弦肯與俗為名？
古來材大皆難用，且看《楞伽》四卷經。〔註273〕

〔註273〕李贄《顧沖庵登樓話別二首》，見《續焚書》卷五，第127頁。

第二章　耿定向與李贄論爭始末

　　耿定向與李贄間的論爭始自萬曆十二年耿定理去世，至於萬曆二十三年二人在黃安和解，時間長達十二年。這次論爭對李贄思想和心態的轉變意義重大，可以說這次論爭成就了李贄，在論爭中，李贄極具個性的思想得以公開表達，他的「狂狷」、「異端」人格也在此期間逐步形成。而面對日益激進的李贄，耿定向則一直在通過各種努力，維護儒家綱常，限制李贄影響，更堅定了自己「衛道」的責任感。

　　本章按照時間順序和二人論爭涉及問題，敘述耿定向和李贄論爭的主要過程，以便讀者瞭解二人論爭的來龍去脈。

第一節　論爭前奏：「天台重名教，卓吾識眞機」

　　萬曆八年（1580），李贄在雲南姚安知府任滿辭官，沒有回鄉養老〔註1〕，而是遵照三年前的約定，到黃安投靠好友耿定理。第二年初夏到達黃安，住在城外五雲山耿家的天窩書院。〔註2〕

〔註1〕李贄辭官後不願回鄉的原因主要有二：一是「不愛屬人管」，二是求道求友心切。《焚書》卷四《豫約・感慨平生》：「其訪友朋求知己之心雖切，然已亮天下無有知我者，只以不願屬人管一節，既棄官，又不肯回家，乃其本心實意。」又袁中道《李溫陵傳》，李贄說：「我老矣，得一二勝友，終日晤言，以遣餘日，即爲至快，何必故鄉也？」

〔註2〕本文李贄的行蹤，主要參考林海權《李贄年譜考略》（福建人民出版社，2005年版）、張建業《李贄年譜簡編》，（收入其著《李贄論》附錄一，社會科學文獻出版社2010年）、許建平《李贄思想演變史》（人民出版社，2005年）等書。

　　李贄到黃安之初，對這裡的生活很滿意，說「侗天爲我築室天窩，甚整。時共少虞、柳塘二丈老焉，絕世囂，怡野逸，實無別樣出遊志念。」〔註3〕與耿定向也能和睦相安，說此地「佞佛有場，坐禪有所，且侗老亦知愛之，不以方外生憎也」。〔註4〕

　　其時耿定向、定力皆在家服父喪。耿氏兄弟對李贄很友善，李贄得以每日讀書、著述、偶而與朋友論學證道，過了兩年平靜的日子。然而耿定向與李贄二人的分歧已然明顯存在，因而李贄說：「弟初不敢以彼等爲徇人，彼等亦不以我爲絕世，各務於自得而已矣。故相期甚遠，而形跡頓遺。願作聖者師聖，願爲佛者宗佛。不問在家出家，人知與否，隨其資性，一任進道，故得相與共學耳」。〔註5〕

　　萬曆十年（1582），周思久（號柳塘）在麻城龍湖的釣臺修建樓屋精舍，李贄應邀到龍湖暫住，後又寫信邀耿定理前來。〔註6〕一天，朋友間論學，周柳塘提出了耿定向和李贄學術旨趣的不同。黃宗羲《明儒學案》記載：

　　　　卓吾寓周柳塘湖上，一日論學，柳塘謂：「天台重名教，卓吾
　　　　識眞機。」楚倥誚柳塘曰：「拆籬放犬。」〔註7〕

　　雖然耿定理對周柳塘這種提法有所批評（「誚」是責備、譏諷的意思），認爲其有「拆籬放犬」之潛在危險（名教爲「籬」，眞機爲「犬」），但「天台重名教，卓吾識眞機」，的確簡明扼要地總結了耿定向和李贄學術之別，故很快便傳播開來，也經常被後人引用。

　　耿定向作爲儒家士大夫，是一個極富社會責任感的人。尤其是他看到明代世風、士風日下，陽明心學在傳播過程中出現了任情恣肆的流弊，深感憂慮，故時時處處強調名教、綱常，以挽救世風、維護世教爲己任。耿定向學生，同時也是李贄好友的焦竑，作《耿天台行狀》，講耿「主持正學，先後凡累變，大都以反身默識爲先，以親師取友爲助，以範圍曲成爲徵驗，一言一動皆足爲學者法。至於微言渺論，第以開端啓途，徐俟人之自得。他如淫詖之詞，詭異之教，則排斥之不少假借。蓋國朝理學，開於白沙，大明於文成，

〔註3〕　《復焦漪園》，《續焚書》卷一，第44頁。
〔註4〕　《與焦漪園》，《續焚書》卷一，第22頁。
〔註5〕　《復鄧石陽》，《焚書》卷一，第9～10頁。
〔註6〕　參見林海權著《李贄年譜考略》，第140頁。
〔註7〕　《明儒學案》卷三五《耿楚倥先生定理》。《明儒學案》對此事未署具體時間，據林海權著《李贄年譜考略》考證，此事當在萬曆十年，詳見該書第141頁。

文成之後一再傳而遂失之，承學後進竊其管窺筐舉，寄徑而穴焉，以至發城抉樊，受衍於荒淫之陂，而失其大宗。先生重憂之，為坊甚力。」〔註8〕耿定向督學南畿期間，「他淫言詖行足以害教者，一無所容於其間。當是時，雨化風行，轉相教詔，士霍然悟仁之非遠，而矩之不可逾。庶幾道術不為天下裂，厥功大矣。」〔註9〕

李贄從小便就有極強的個性，他自述其幼時的性格說：「余自幼倔強難化，不信學，不信道，不信仙、釋，故見道人則惡，見僧則惡，見道學先生則尤惡。」（《陽明先生年譜後語》）後來長期下層官員的經歷和繁重的家族義務，以及接連遭受親人去世的打擊，讓他深感人生的艱辛和痛苦，也讓他「求道」之心日益迫切。在北京任禮部司務，他「五載春官，潛心道妙。」〔註10〕在南京刑部任職，則「自託無為人也，唯知有性命之學而已」。〔註11〕後來到雲南，因大衰欲死，開始研讀佛經，「幸於生死之原窺見斑點」。〔註12〕受姚安知府任職經歷啟發，對道家的治國之道和治身之道感興趣，於是到黃安之後研讀《老子》《莊子》並為其作解。

多年來，李贄一直在探求生死本源，思索生命的價值和意義。他要尋求的是真正的性命之道，是能切實解決心靈和生命根本問題的道。他說：「凡為學者，皆為窮究自己生死根因，探討自家性命下落。是故有棄官不顧者，有棄家不顧者，又有視其身若無有，至一麻一麥，雀巢其頂而不知者。無他故焉，愛性命至極也。」〔註13〕

正是對性命之道的饑渴，讓他對儒釋道等思想資源沒有門戶之見，唯求能解決自己的安身立命問題，真正於身心有受用。而耿定向站在儒家正統的立場，極力維護孔孟之道，對佛道二教辟之甚嚴。他說：

> 「六經」、《語》、《孟》具在，孔孟宗旨燦然，如日中天，第恨智者過之、愚者不及，致令二氏之學充塞流行，許大豪傑亦自沉困顛迷於中而不自覺也。弟年來潦倒甚甚，顛毛且種種矣，自矢更不

〔註8〕 焦竑《資德大夫正治上卿總督倉場戶部尚書贈太子少保謚恭簡天台耿先生行狀》，見《澹園集》卷三十三，第532頁。

〔註9〕 焦竑《先師天台耿先生祠堂記》見《澹園集》卷二十，第244頁。

〔註10〕《卓吾論略》見《焚書》卷三，第81頁。

〔註11〕 祝世祿《藏書序》見李贄《藏書》卷首。

〔註12〕《聖教小引》，《續焚書》卷二，第63頁。

〔註13〕《續焚書》卷一，《答馬歷山》。

敢以虛知見誑己誑人，謹守孔孟門戶待後而已。〔註14〕

耿定向熱衷於維護既有的社會倫理秩序，而李贄則拒絕與自己性命不合的既有觀念，如饑似渴、義無反顧地追求自己的性命之道。這是二人爲學宗旨的根本不同。耿定向強調遵守禮法、維護世教，而李贄則強調「學貴自適」，要「探討自家性命下落」。正所謂一個「重名教」，一個「識眞機」，爲日後耿定向和李贄的論爭埋下了伏筆。

第二節　論爭第一階段：規勸與辯解

萬曆十二年（1584）三月，耿定向起都察院左僉都御史，離開黃安赴京就任。七月，耿定理卒。這成了李贄和耿定向關係的轉折點〔註15〕。

耿定理去世後，李贄於萬曆十三年三月，離開黃安，徙居麻城。先是住周思久（號柳塘）女婿曾中野家，〔註16〕萬曆十四年正月搬入周思敬（號友山）在麻城城北爲其所建維摩庵中。〔註17〕萬曆十六年秋又搬入麻城外三十里之龍湖芝佛院，與僧人無念爲伴。

李贄七十五歲時寫《釋子須知序》回顧了他辭官後的行蹤說：「余自出滇，即取道適楚，以楚之黃安有耿楚倥、周友山二君聰明好學，可藉以夾持也。未逾三年而楚倥先生沒，友山亦宦遊中外去。余悵然無以爲計，乃令人護送家眷回籍，散遣僮僕依親，隻身走麻城芝佛院與周柳塘先生爲侶。柳塘，友山兄，亦好學，雖居縣城，去芝佛院三十里，不得頻頻接膝，然守院僧無念

〔註14〕耿定向《與胡廬山書》第四書，見《耿天台先生文集》卷三，《儒藏》本，第68頁。

〔註15〕耿定理死後，李贄深感寂寥和失望，曾說「自今實難度日矣！」（《續焚書》卷一《與焦弱侯太史》）好友耿定理去世，又與耿定向意見不和，李贄在黃安的處境日益尷尬，便於萬曆十三年（1585）春離開黃安，徙居麻城，投奔好友周柳塘。

〔註16〕李贄《與弱侯焦太史》述其搬入麻城之事：「此間自八老（耿定理）去後，寂寥太甚……去年十月曾一到亭州，以無館住宿，不數日又回。今年三月復至此中……所幸菩薩不至終窮，有柳塘老以名德重望爲東道主，其佳婿曾中野捨大屋以居我，友山兄又以智慧禪定爲弟教導之師，眞可謂法施、食施、檀越施兼得其便者矣。」（《續焚書》卷一，第19頁。）

〔註17〕麻城《周氏族譜》卷十《柳塘遺語》中，有一首七律，詩前有序曰：「李卓吾居士維摩庵新樓落成，值元宵，與鄧東里諸公燕集。」見淩禮潮：《李贄〈焚書〉〈續焚書〉所見麻城籍人物考》，載張建業、淩禮潮主編：《李贄與麻城》，中國廣播電視出版社2003年版，第217頁。

者以好學故，先期爲柳塘禮請在焉，故余遂依念僧以居。日夕唯僧，安飽唯僧，不覺遂二十年，全忘其地之爲楚，身之爲孤，人之爲老，須盡白而髮盡禿也。」〔註18〕

李贄在耿家，不僅作爲門客，還擔任著家庭教師的角色。李贄剛到來時，耿氏兄弟皆丁憂在家。然而，萬曆十二年，耿定向被起用赴京，三弟定力亦赴蜀中官任，定理又不幸去世。此時留下「遺棄人倫」的李贄在家教授耿氏子弟，耿定向又如何能夠放心？所以他通過各種渠道對李贄進行批評規勸。袁中道《李溫陵傳》記載：

> 子庸死，子庸之兄天台公惜其（指李贄）超脫，恐子侄傚之，有遺棄（拋棄功名妻子）之病，數至箴切。〔註19〕

耿定向作爲傳統的官僚士大夫，將追求功名、光前裕後作爲正路，故擔心李贄的言行帶壞耿家子弟，所以他通過各種渠道批評、規勸李贄。

一、孔子之術

耿定向曾提出「學有三關」「有四證」以及「愼術」的主張，說：「學有三關，初解即心即道，已解即事即心，其究也須愼術云」。〔註20〕「愼術」典故出自《孟子·公孫丑上》：「孟子曰：矢人豈不仁於函人哉？矢人惟恐不傷人，函人惟恐傷人，巫匠亦然。故術不可不愼也。」孟子認爲，人從事的職業會對人的心術產生影響，製作箭矢的唯恐不傷人，製作鎧甲的唯恐傷人，巫祝希望人活，梓匠希望人死。在人之本性上，矢人並非不仁於函人；其所以不仁於函人者，以其術使之然也。耿定向對孟子「愼術」做了進一步的解釋和發揮：

> 何謂愼術？曰：皆事，故皆心也。顧有大人之事，有小人之事，學爲大人乎？抑爲小人乎？心剖判於此，事亦剖判於此；事剖判於此，人亦剖判於此矣。孔子十五志學，學大人之事也。孟子善擇術，故曰「乃所願，則學孔子」，蓋學孔子之學者，猶業巫函之術者也，不必別爲制心之功，未有不仁者矣。子思子謂其「無不持載，無不覆幬」，「並育不害、並行不悖」，有以也。捨孔子之術以爲學，則雖

〔註18〕李贄《釋子須知序》，《續焚書》卷二，第54頁。
〔註19〕袁中道《李溫陵傳》，見《續焚書》附錄，第131頁。
〔註20〕耿定向《愼術解》，見《耿天台先生文集》卷七，《儒藏》本第243頁。

均之爲仁，有不容不墜於矢匠之術者矣。〔註21〕

針對耿定向要人必學孔子之術的觀點，李贄作《答耿中丞》爲自己辯解。首先，他指出，自己和孟子不同，孔子之術也不是唯一的正途：

「學其可無術歟」，此公至言也，此公所得於孔於而深信之以爲家法者也。僕又何言之哉！然此乃孔氏之言也，非我也。夫天生一人，自有一人之用，不待取給於孔子而後足也。若必待取足於孔子，則千古以前無孔子，終不得爲人乎？故爲願學孔子之說者，乃孟子之所以止於孟子，僕方痛憾其非夫，而公謂我願之歟？〔註22〕

接下來，李贄指出，「仁者」也可能害人，他們「以天下之失所也而憂之，而汲汲焉欲貽之以得所之域」，將自己認爲正確的觀念強加於人，用德禮禁錮人們的思想，用政刑束縛人們的行動，其結果卻是造成人們的「大失所」，不得安寧。李贄的觀點，很大程度上基於自己在姚安知府的經驗。他繼承了道家的政治觀，提出了「各從所好，各騁所長」的主張，要求自由發展人們的「自然之性」，順從其「富貴利達」的要求。

夫天下之民物眾矣，若必欲其皆如吾之條理，則天地亦且不能。是故寒能折膠，而不能折朝市之人；熱能伏金，而不能伏競奔之子。何也？富貴利達所以厚吾天生之五官，其勢然也。是故聖人順之，順之則安之矣。是故貪財者與之以祿，趨勢者與之以爵，強有力者與之以權，能者稱事而官，恇者夾持而使。有德者隆之虛位，但取具瞻；高才者處以重任，不問出入。各從所好，各騁所長，無一人之不中用。何其事之易也？〔註23〕

最後，李贄認爲學者各有其學，不必統一，更不能要求別人與自己相同：「（孔子之學術）公既深信而篤行之，則雖謂公自己之學術亦可也，但不必人人皆如公耳。故凡公之所爲自善，所用自廣，所學自當，僕自敬公，不必僕之似公也。」〔註24〕

〔註21〕耿定向《慎術解》，見《耿天台先生文集》卷七，《儒藏》本第243～244頁。據耿定向《觀生紀》，《擇術解》作於萬曆十五年，但「學有三關，有四證」以及「擇術（慎術）」的提法，早在萬曆五年就曾與劉元卿講過了。《擇術解》。

〔註22〕李贄《答耿中丞》，見《李贄文集》第一卷《焚書》卷一，第15頁。

〔註23〕李贄《答耿中丞》，見《李贄文集》第一卷《焚書》卷一，第16頁。

〔註24〕同上。

二、關於佛道出世之說

萬曆十三年，耿定向寫《漢滸訂宗》〔註25〕，提出其「不容已」之旨：

> 蓋仲子之所揭不容已者，從無聲無臭發根，高之不涉虛玄；從庸言庸行證果，卑之不落情念。禹、稷之猶饑猶渴，伊尹之若撻若溝，它若視親骸而泚顙，遇呼嗤之食而不屑，見入井之孺子而怵惕，原不知何來，委不知何止，天命之性如此也，故曰「惟天之命，於穆不已」。〔註26〕

耿定向所說「不容已」描述一種不可遏止的、發自內心的情感、意識和衝動，是天命之性的表現。從他所舉禹、稷、伊尹等人的例子來看，其「不容已」的本質，即儒家的道德情感。正如張學智先生所說，「真機不容已是一種沖創於心中的道德意識，它不是理性的再創造，它是一種不得不然、不如此則不安貼的渾然的意識、情感。」〔註27〕耿定向闡述「不容已」宗旨後，又對不符合儒家「不容已」之旨的何心隱、鄧豁渠提出批評：

> 往有摸擬孔氏之匡廓者，曰「如此方成家風」，似矣，不知此等作用，猶模人形軀也，非此不容已者為之血脈，則捧土揭木，為偶而已。仲子謂其「不仁，必有後災」以此〔註28〕。近解說佛氏之禪那者，曰「如此出離生死」，超矣，不知此等見趣，猶覘人遊魂也，非此不容已者為之真宰，則搏影繫風，為幻而已。不特為幻，溺而蔽，蔽而逃倫亂教，將有不可言者。〔註29〕目即近所睹聞，蓋為仰天而籲、撫膺而慨者屢也。正甫、仲子相繼逝矣，余懼正脈之或湮，悲知言之無從，因憶而識之，以俟後之君子。〔註30〕

耿定向認為，何心隱只是模倣孔子聚友講學的外在形跡，而沒有領會孔子的精髓，而鄧豁渠則完全背離了儒家的人倫。耿定向舉何心隱、鄧豁渠之例，也有從側面批評李贄之意，警示李贄不要做鄧那樣的人。針對耿定向對鄧豁渠「逃倫亂教」的指責，李贄回信勸解耿定向，二人出世與入世旨趣不

〔註25〕 此文寫於萬曆十三年六月後，以末尾「正甫、仲子相繼逝矣」可知。據《明福建提刑按察司按察使胡公墓誌銘》（《天台集》卷十二），胡直卒於萬曆十三年五月二十九。
〔註26〕 耿定向《漢滸訂宗》，《天台集》卷八，247頁。
〔註27〕 見張學智：《明代哲學史》，北京大學出版社，2000年版，第268頁。
〔註28〕 指何心隱。
〔註29〕 指鄧豁渠。
〔註30〕 耿定向《漢滸訂宗》，《天台集》卷八，247～248頁。

同，故行事也不必相同，對此不必過責。

夫渠欲與公相從於形骸之外，而公乃索之於形骸之內，曉曉焉欲以口舌辯説渠之是非，以爲足以厚相知，而答責望於我者之深意，則大謬矣！

夫世人之是非，其不足爲渠之輕重也審矣。且渠初未嘗以世人之是非爲一己之是非也。若以是非爲是非，渠之行事，斷必不如此矣。此尤其至易明焉者也。蓋渠之學主乎出世，故每每直行而無諱；今公之學既主於用世，則尤宜韜藏固閉而深居。跡相反而意相成，以此厚之，不亦可乎？因公言之，故爾及之。〔註31〕

其實，耿定向「不容已」說的只是一種心理狀態，或人的本性表現形式，但其內容卻是不定的。耿定向曾說：「男女之欲，固至情之不容已；惻隱羞惡，非至情之不容已耶？」〔註32〕雖然意在強調「惻隱羞惡」，但同時也承認了「男女之欲」也是人性固有的，也是「不容已」的。既然「不容已」的行爲表現可以有多種，那爲什麼不能承認鄧豁渠的出世也是他的「不容已」呢？其實，耿定向的「不容已」和陽明的「良知」、泰州學派的「順適當下」具有相同的基調，其理論困境也是類似的。

按：萬曆十四年後，二人圍繞鄧豁渠還會有論爭。而這封信二人論及鄧豁渠，雖然觀點不同，但語氣尚平和，故當爲論爭早期書信。

三、論「淡」

萬曆十三年閏九月十六夜裏，耿定向夢到與王錫爵論學，中間提到「竊讀曇陽遺教中常揭『淡』之一字，此大道之眞詮也。」並說「惟淡，知乃良，不淡，知弗良矣。淡固良知之宗祖也。」第二天與周思敬（字子禮）、李登（字士龍）談論此夢，認爲「吾人胞中多少濃釀處潛伏隱微而不自覺者」，故「淡」一字極爲吃緊，學者應當將「夙染習氣」，尤其是「名義愛好心」這樣「積習之深錮者」痛加「澌磨刷滌」，才能達到「淡」的效果。耿定向若有所得，於是作《紀夢》〔註33〕一文，寄給黃安的子侄友人。

〔註31〕李贄《又答耿中丞》，《焚書》卷一，17頁。
〔註32〕《與吳少虞》第二書，《耿天台先生文集》卷四。
〔註33〕耿定向《紀夢》，見《天台集》卷十九，第581頁。又見廈門大學歷史系編《李贄研究參考資料（第二輯）》福建人民出版社1976年版，第95頁。

李贄對耿定向所說的「淡」有不同的看法，於是作《答耿中丞論淡》〔註34〕，說「所謂湔磨者，乃湔磨其意識；所謂刷滌者，乃刷滌其聞見。」即應當擯除自己的成見。並指出「若苟有所忻羨，則必有所厭捨，非淡也。」對事物不能有偏好和厭惡，才可稱得上「淡」。針對耿定向的情況，李贄指出，人應當「放開眼目」，具備「達人宏識」，眼界胸懷放開，才能真正達到「淡」的境界：

> 見大故心泰，心泰故無不足。既無不足矣，而又何羨耶。若祗以平日之所飫聞習見者爲平常，而以其罕聞驟見者爲怪異，則怪異平常便是兩事，經世出世便是兩心。勳、華之盛，揖遜之隆，比之三家村裏甕牖酒人，眞不啻幾千萬里矣。雖欲淡，得歟？雖欲「無然歆羨」，又將能歟？此無他，其見小也。〔註35〕

李贄認爲耿定向之前對自己和何心隱、鄧豁渠的批評，是分別平常與怪異、經世與出世，從而有所忻羨有所厭惡，其原因是見識不夠大、胸懷不夠廣，這樣便難以做到「淡」。故勸耿定向說：「願公更不必論湔磨刷滌之功，而惟直言問學開大之益」。〔註36〕

四、談「不容已」

李贄曾質問耿定向說：「日用之間，果能不依仿古人模樣不？果能不依憑聞見道理不？」〔註37〕耿定向回答說，有些模樣是因時變化的，不必依仿，但有些古人的模樣、道理是千古不變的：「夫所謂千古不容改易的模樣，古人原從根心不容自己的道理做出，所謂天則、所謂心矩是已。此非特不可不依仿，亦自不能不依仿，不容不依仿也。」他充滿感慨地說：

> 維天之命，於穆不已，古人繼天之不已者以爲心，雖欲自己，不容自己矣。彼於不可已者而已之，至於無所不已，此在以寂滅爲宗者或能之，余不能學矣。想公覽余此語，必謂又自道理中來，未肯俯省。顧區區一種苦心，不容自己處，更有啞子吃苦瓜，說不出者。即欲說出，非公志矣。蓋公志於出世者，出世者亦自有出世的

〔註34〕李贄《答耿中丞論淡》，見《焚書》卷一，第22頁。
〔註35〕同上。
〔註36〕同上。
〔註37〕耿定向《與李卓吾》（一），見《天台集》卷四，第126頁。

模樣，安敢強聒？乃余固陋，第念降生出世一場，多少不盡分處，
不成一個模樣在。比來目見學術澆漓，人心陷溺，雖不敢妄擬孔孟
模樣，竊亦抱杞人天墜之憂矣。〔註38〕

耿定向一直堅守孔孟之道，以「明學術、正人心」為己任，所以看到「學
術澆漓，人心陷溺」的現實，忍不住苦口婆心勸誡世人。他雖然理解李贄有
出世之心、出世之學，無可厚非，但自己的憂世之情有不容自己處，故仍然
堅持自己的立場。後來他又說：「余惟反之本心不容已者，雖欲堅忍無為，
若有所使而不能；反之本心不自安者，雖欲任放敢為，若有所制而不敢。是
則淺膚之綱領，惟求不失本心而已矣，豈是束於其教，不達公上乘之宗耶？」
〔註39〕

李贄反對聞見道理，是為了求本心之真。而耿定向的以上對「不容已」
的闡釋，便是出自真切的道德情感。李贄雖倔強，也能感受到耿定向的苦心
與真情，所以他回信說：「此來一番承教，方可稱真講學，方可稱真朋友。公
不知何故而必欲教我，我亦不知何故而必欲求教於公，方可稱是不容已真機，
自有莫知其然而然者矣。」〔註40〕但李贄對「不容已」也有不同的看法，他
說：

> 惟公之所不容已者，在於泛愛人，而不欲其擇人；我之所不容
> 已者，在於為吾道得人，而不欲輕以與人，微覺不同耳。公之所不
> 容已者，乃人生十五歲以《弟子職》諸篇入孝出弟等事，我之所不
> 容已者，乃十五成人以後為大人明《大學》，欲去明明德於天下等
> 事。……雖各各手段不同，然其為不容已之本心一也。心苟一矣，
> 則公不容已之論，固可以相忘於無言矣。若謂公之不容已者為足，
> 我之不容已者為非；公之不容已者是聖學，我之不容已者是異學，
> 則吾不能知之矣。〔註41〕

耿定向與李贄為學的側重點不同。耿定向學問重在「明倫盡倫」所以注

〔註38〕耿定向《與李卓吾》（一），見《天台集》卷四，第 126 頁。
〔註39〕耿定向《與李卓吾》（三），見《天台集》卷四，第 128 頁。
〔註40〕李贄《答耿司寇（一）》，見《焚書》卷一，第 26 頁。鄔國平先生認為，李贄
　　　《答耿司寇》是一封「集束型」書信，由寫於不同時間的七封書信拼接而成。
　　　本文同意鄔國平先生觀點，根據該書信的起止語、討論的話題，以及耿定向
　　　的回信，將該信拆分。《答耿司寇（一）》從 26 頁「此來一番承教」到 28 頁
　　　「未知是否，幸一教焉」。
〔註41〕李贄《答耿司寇（一）》，見《焚書》卷一，第 27 頁。

重孝悌忠信等道德實踐，說：吾人能於子臣弟友，不輕放過，務實盡其心者，是其性眞之不容自己也。」〔註42〕而李贄則注重「性命之道」，並不限於儒家的倫理道德。他曾說「白下雖多奇士，有志於生死者絕無一人」〔註43〕，所以「爲吾道得人」便成爲他的迫切願望。李贄認爲，雖然他和耿定向「不容已」的內容不同，但都出於「不容已之本心」，沒有是非對錯之分，所以耿定向不可「執己自是」：「我謂公之不容已處若果是，則世人之不容已處總皆是；若世人之不容已處誠未是，則公之不容已處亦未必是也。」〔註44〕

　　然而耿定向對李贄的說法還是不認同：「公謂余之不容自己者，乃《弟子職》諸篇入孝出弟等事；公所不容已者，乃大人明明德於天下事。此則非余所知也。除卻孝悌等，更明何德哉？竊意公所云明德者，從寂滅滅己處，覷得無生妙理，便謂明瞭。余所謂不容已者，即子臣弟友根心處，識取有生常道耳。如公所見，廿年前亦曾抹索過。竊謂闖過此關，從平常實地上修證，方知夫子所云未能，方信舜之善與人同也。」〔註45〕

　　由於耿定向和李贄具有不同的人生經歷，故其爲學宗旨和學術立場，都有很多不同之處，所以對同一問題會有不同的觀點。

　　萬曆十三年前，二人的論爭主要是表達自己的觀點，基於自己的立場，指出對方的不足，互相規勸。雖意見不同，但都是出於善意，且語氣尚比較平和。

　　按：《焚書》卷一有《答耿司寇》一篇，六千多字，是《焚書》中最長的信，言辭犀利且篇幅宏大，是研究李贄與耿定向論爭最重要的文獻之一。袁中道《李溫陵傳》云：「與耿公往復辯論，每一札，累累萬言，發道學之隱情，風雨江波，讀之者高其識，欽其才，畏其筆。」，主要依據便是這篇書信。然而這篇書信內容和頭緒過於繁多，其前後文字又缺少通貫自然的脈理，幾次出現該停頓結束卻又重新提起話頭的奇怪的行文現象，並且信中內容所涉及的事件提示其寫於不同的時間（如信的一處云：「近溪先生……至今七十二歲。」可知寫於萬曆十四年（1586）。信的另一處則又談到：「我既與公一同，則一切棄人倫、離妻室、削髮披緇等語，公亦可以相忘於無言矣。」

〔註42〕耿定向《與周柳塘》（十一），《天台集》卷三，第92頁。
〔註43〕李贄《與焦弱侯太史》，見《續焚書》卷一，第20頁。此信寫於萬曆十三年春，剛到麻城時。
〔註44〕李贄《答耿司寇（一）》，見《焚書》卷一，第27頁。
〔註45〕耿定向《與李卓吾》（四），《天台集》卷四，第128頁。

則寫於萬曆十六年李贄剃髮之後）。於是鄔國平先生指出，李贄《答耿司寇》是一封「集束型」書信，由寫於不同時間的七封書信拼接而成。〔註46〕

　　研究者多將《答耿司寇》做爲一封書信來閱讀，在這種情況之下，不管將這封信的撰寫時間定於何年，都掩蓋了它所包含的李贄與耿定向多次書信往復的事實和二人持續論辯的過程，都無法完整反映耿李論爭的事實眞相。所以，本文在鄔國平先生的研究基礎上，根據該書信的起止語、討論的話題，以及耿定向的回信，將該信拆分爲八封書信，按照《焚書》中的順序用（一）至（八）來標明，並與耿定向的書信對照，將二人論辯書信按照時間順序重新排列，從而讓讀者二人在萬曆十四年至十六年三年中論爭的情況有更清晰的瞭解。

第三節　論爭第二階段：批評與不滿

　　耿定向和李贄的分歧，如果只是學術觀點不同，倒也不值得爭論過多。例如在雲南期間，李贄與駱問禮便又很多分歧。李贄崇尚陽明心學和禪學，而駱問禮則堅守程朱理學；李贄反對條約政刑，駱問禮提倡正直守法。李贄曾聘請一些老師爲諸生講學，駱問禮查到有人「冒濫津貼」。李贄主張寬容體念之：「但有一能，即爲賢者，豈容備責？但無人告發，即裝聾啞，何須細問？」〔註47〕而駱問禮則秉公執法：「生於諸彥，待之不敢過嚴，亦不敢過縱。近以編丁查理冒濫津貼，頗失寬厚之道，但公平之體，不得不然。」〔註48〕李贄與駱問禮所持學術觀點和行事風格不同，故不免有矛盾之處，但二人皆是出於公心，故仍能相知相敬。

　　然而，耿定向和李贄的矛盾，不僅是學術的爭論，而且關係到二人的切身利益。李贄和家人都寄食於耿家，其妻子女兒女婿都賴耿家照顧。李贄同時也承擔了教導耿家子弟的任務。

一、子弟教育問題

　　而在對子弟的教育問題上，耿定向和李贄便存在很大分歧。耿定向對子

〔註46〕鄔國平《李贄〈答耿司寇〉是一封「集束型」書信》，載《中華文史論叢》2006年第2期。
〔註47〕《豫約·感慨平生》，見《焚書》卷四，第175頁。
〔註48〕《萬一樓集》卷二十六《簡劉小鶴》。

侄的期望在於讀書做好人，科考求功名。李贄重「性命之道」，所以教人也是教人求道。他對耿定向家子弟很重視，說「新邑（指黃安）明睿，唯公家二三子侄，可以語上。」〔註49〕所以教他們的內容，便不限於舉業文章和儒家倫理道德，而是儒釋道三教精華都講。然而耿定向卻認爲李贄這樣是「以佛法害人」。〔註50〕李贄曾向焦竑抱怨說：

> 克明初七日已入京去。世間豪士不多得，得一豪士又祇如是過日，此臨濟門下所以畢竟無臨濟兒也。三聖興化，亦僅僅當門戶耳。

> 夫所貴乎講學者，謂講此學耳。今不講此學，而但教人學好，學孝學弟，學爲忠信，夫孝悌忠信等豈待教之而能乎？古人即孝悌等指點出良知良能以示人，今者捨良知而專教人以學孝學弟，苟不如此，便指爲害人，爲誤後生小子，不知何者爲誤害人乎？則自古聖人皆誤害人之王矣，可勝歎哉！〔註51〕

耿定向主張教人「孝悌忠信」，而李贄認爲孝悌忠信不是教出來的，而是根源於本心「良知」，其背後的人性本原才是更需要教人明白的，所以講「三聖興化」。

除了「三聖興化」，李贄還講自己讀書的心得，以幫助後生入道，如「間或見一二同參，從入無門，不免生菩提心，就此百姓日用處提撕一番。如好貨，如好色，如勤學，如進取，如多積金寶，如多買田宅爲子孫謀，博求風水爲兒孫福蔭，凡世間一切治生產業等事，皆其所共好而共習、共知而共言者，是眞邇言也。於此果能反而求之，頓得此心，頓見一切賢聖佛祖大機大用，識得本來面目，則無始曠劫未明大事，當下了畢。此予之實證實得處也，而皆自於好察邇言得之。故不識諱忌，時時提唱此語。」李贄認爲，對人性的求索當立足於對現實的洞察，而世人好貨、好色、對治生產業的追求，是最淺近、最應當關注的現實。但是這樣教人，卻讓耿定向更爲不滿。李贄不無委屈地說：「而令師反以我爲害人，誑誘他後生小子，深痛惡我。不知他之所謂後生小子，即我之後生小子也，我又安忍害之？」〔註52〕

客觀來說，李贄待人眞誠，不會有意「害人」，他對耿家子弟的教導，是

〔註49〕李贄《與耿司寇告別》，《焚書》卷一，第25頁。
〔註50〕李贄《答耿司寇（二）》，《焚書》卷一，第28頁。
〔註51〕李贄《與焦弱侯太史》，《續焚書》卷一，第14頁。此信寫於萬曆十四年夏。
〔註52〕李贄《答鄧明府》，《焚書》卷一，第36～37頁。

眞心實意希望他們眞正學有所得。然而，李贄所教的，和耿定向所期望子弟
所學的並不一致。出於愛子心切，耿定向對李贄其人其學漸生不滿。如耿定
向長子汝愚（字克明）在耿定理教導下，〔註53〕其性情超脫，不同流俗，故
深得李贄喜歡。但是至今已近四十歲，〔註54〕不僅未取得功名，兒子也沒有。
耿定向因「憾克明好超脫，不肯注意生孫」、「不肯注意舉子業」，便遷怒於李
贄，說「因他超脫，不以嗣續爲重，故兒傚之耳」、「因他超脫，不以功名爲
重，故害我家兒子。」〔註55〕這讓李贄很鬱悶，對耿定向的不滿之處也越來
越多。於是二人的論爭也漸漸不那麼心平氣和了。

在陽明弟子中，耿定向對鄒東廓最爲推崇，曾說「蓋自文成沒，而承學
者或宗樂體以爲自得，乃先生諄諄言戒懼；承學者或躭虛寂以爲精深，而先
生則曰洋洋發育峻極，不是玄虛，即寓之三千三百；承學者又或矜知見以爲
玄妙，而先生則曰庸言庸行，有餘不敢盡，有所不足，不敢不勉。諸如緒論。
余早年聞之未之深省，以爲名理常談耳。今行年六十外，涉世之久，目擊承
學之弊之眾，始惕然深識先生之苦心。恆誦諸語，以爲確然孔孟之嫡脈，聖
人復起不能易者。第恨下能起先生於九原而稟學也。」〔註56〕

而李贄毫不客氣地批評耿定向：

> 公繼東廓先生，終不得也。何也？名心太重也，迴護太多也。

> 實多惡也，而專談志仁無惡；實偏私所好也，而專談泛愛博愛；實
> 執定己見也，而專談不可自是。〔註57〕

二、《譯異編》相關

耿定向認爲，只有孔孟之學才是天下萬世規矩準繩：「（五經）孔子從而
贊之、修之、刪定之，便垂爲萬世成憲，吾人遵之則得，違之則失。天下國
家由之則治，戾之則亂。若食飲之於饑渴，若規矩準繩之於方圓平直，末之
能違者。」〔註58〕爲了批判佛教，誘導心儀佛教的人歸向儒學，萬曆十四

〔註53〕早年耿定向和耿定力在外做官，而耿定理家居，故耿家子侄的教育由耿定理
　　　　負責。
〔註54〕據耿定向《觀生紀》，耿汝愚生於嘉靖二十七年戊申（1548）九月，時耿定向
　　　　25歲。萬曆十四年，耿定向63歲，汝愚38歲。
〔註55〕李贄《答耿司寇（七）》，《焚書》卷一，第33～34頁。
〔註56〕耿定向《廣德州祠碑》，見《天台集》卷十二，第385頁。
〔註57〕李贄《答耿司寇（五）》，《焚書》卷一，第31頁。
〔註58〕耿定向《與周柳塘》第九書，見《耿天台先生文集》卷三，第90頁。

年，他曾專門研究佛教學說，並著《譯異編》十四篇，用儒家的思想來解釋、類比佛教的思想。耿定向在《譯異編序》中說「余素不佞佛，亦不闢佛，恃此心能轉佛書耳。」〔註 59〕所謂「此心能轉佛書」在《譯異編》中有集中體現。其大體套路是：承認佛教某些思想的合理性，同時指出這些佛家思想，儒家古聖先賢早已講過，而且更爲精微。儒家之道是包括異端又超越異端的，且是中國人安身立命的根本，故比佛說更有價值、更值得尊奉，「今中國居而左祖寂滅之教，殆猶人忘父祖生成罔極之恩，捐棄其世守故業，而羨慕鄰豪貲產，叛而祖禰之。此不特於世教不可，即之於心亦大有不忍者」。〔註 60〕

關於寫《譯異編》的動機，他在給朋友的信中講：

> 惟近溺異教者，波蕩橫流，未可底止，余嘗竊爲之拊心痛哭而無從矣。其小刻《譯異編》中者，可睹也。……然余《譯異編》中，猶多模稜語。由余固陋，原未學佛，未盡研佛乘，而友朋溺之者又深，故其心苦，其詞微婉如是。」〔註 61〕

從這段話中亦可窺見，其著《譯異篇》出於崇正（儒）辟異（佛）的動機，是對「異教橫流」、「友朋溺之者又深」之現象扼腕痛惜才有的產物。在嘉靖、萬曆年間特別是到了晚明時代，由於政治的黑暗，儒家倫理的崩壞，注重個人解脫的佛道二教得到了發展空間。龍溪、近溪等大儒都與佛道人物有交往，李贄焦竑等人更是心向佛學。然而，這種現象在耿定向看來，卻是值得憂慮的。於是他選擇守定儒家一脈，對佛道二教的批判不遺餘力。其學生焦竑跋《譯異編》，說「聖人之道，猶人之名天。中國謂之天矣，匈奴則謂之撐犁。」意爲不同人對道有不同的理解，無可厚非，但耿定向卻說：「使二氏之道果與吾孔孟同耶，吾儕不必更推崇之也；果與孔孟異耶，吾儕不當推崇之也。不必推崇、不當推崇，而嘵嘵然相率推崇之，是率天下人而二天也。」〔註 62〕

對於耿定向固執地認爲儒家優於佛老的態度，焦竑委婉地批評他說：「學者誠有志於道，竊以爲儒釋之短長可置勿論，而第反諸我之心性。苟得其性，謂之梵學可也，謂之孔孟之學可也。即謂非梵學、非孔孟學，而自爲一家之

〔註 59〕耿定向《譯異編序》，見《耿天台先生文集》卷十一，第 342 頁。
〔註 60〕耿定向《譯異編序》，見《耿天台先生文集》卷十一，第 342 頁。
〔註 61〕耿定向《答錢盧陵》，見《耿天台先生文集》卷五，第 151 頁。
〔註 62〕耿定向《與焦弱侯》（七），《耿天台先生文集》卷三，第 82 頁。

學亦可也。蓋謀道如謀食，藉令爲眞飽，即人目其餒，而吾腹則果然矣。不然，終日論人之品味，而未或一嚌其哉，不至枵腹立斃者幾希。」〔註63〕

李贄看了耿定向的《譯異編》，頗不以爲然，他說：「公第用起工夫耳，儒家書盡足參詳，不必別觀釋典也。解釋文字，終難契入；執定己見，終難空空；耘人之田，終荒家穡。」〔註64〕在佛學造詣已深的李贄面前，耿定向的《譯異編》可謂班門弄斧，故李贄之不屑如此。

三、論爭激化的關鍵：鄧豁渠與《南詢錄》事件

萬曆十四年（1586）春，新科進士鄧應祈（號鼎石）授麻城縣令，四月攜父母赴任，而其父爲李贄早年好友鄧林材（號石陽）。鄧石陽到麻城，帶來了鄧豁渠的遺著《南詢錄》。圍繞鄧豁渠和《南詢錄》，以及正統與異端、天理性命與情慾等問題，耿、李二人發生了激烈的論爭，並直接導致二人關係交惡。

鄧豁渠，本名鄧鶴，號太湖，僧名豁，四川內江人。鄧豁渠曾師事趙貞吉（號大洲），也是泰州學派的代表人物之一，黃宗羲《明儒學案》有介紹。後棄儒歸佛，落髮爲僧，遊歷天下，遍訪知名學者。耿定向《里中三異傳·鄧豁渠傳》：「嘉靖甲子，（鄧豁渠）慕余仲（耿定理）來餘里，時年幾七十矣。仲館之高笱塘寺。……鄧鶴寓吾里中，曾集其言論，名曰《南詢錄》。……渠後寓通州，屬其徒刻傳之。」〔註65〕他「只主見性，不拘戒律」，嚮慕「心法雙泯，就與赤子一般，渾無掛礙」的世俗生活和精神生活。〔註66〕鄧石陽與鄧豁渠爲宗親，嘉靖年間任河南衛輝府推官時，鄧豁渠曾在其官邸住過一段時間。鄧豁渠死後，其遺著《南詢錄》爲石陽所訪得。〔註67〕

鄧石陽、鄧應祈父子皆爲趙大洲門人，又從耿定向遊，鄧石陽也是李贄早年好友〔註68〕。萬曆十四年正月，耿定向妻子彭淑人卒於京邸，三月「以

〔註63〕焦竑《答耿師》，見《澹園集》卷十二，第82～83頁。

〔註64〕李贄《答耿司寇（五）》，《焚書》卷一，第32頁。

〔註65〕耿定向《里中三異傳》，《耿天台先生文集》卷十六，第498～499頁。

〔註66〕鄧豁渠著、鄧紅校注「南詢錄」校注》，第43頁、第49頁，武漢理工大學出版社2008年。

〔註67〕袁宗道《白蘇齋類集》卷二二《雜說類》云：「鄧卒客死保定人家。……所著書，石陽訪得之。」按：林海權《李贄年譜考略》認爲李贄《南詢錄敘》寫於萬曆十三年，誤。

〔註68〕關於鄧氏父子與李贄的交往，參見鄔國平：《李贄〈覆鄧石陽〉書信的相關研

其櫬還」（耿定向《觀生紀》）。鄧氏父子到達麻城時，正值耿定向也在黃安。鄧氏父子攜來《南詢錄》並向耿定向、李贄等好友講述了鄧豁渠事蹟。此舉引發了耿定向和李贄的激烈的反應。

耿定向作《里中三異傳》，記述了曾流寓黃安的三異人：梁汝元（何心隱）、鄧豁渠、方山人。三人分別屬於儒、釋、道三教，但耿定向認為，他們言行都以背離了本教宗旨：「梁也，孔慕而俠行，吾哀其志；方也，玄修而膻逐，吾惜其姿；鄧也，釋崇而言穢，吾憫其陷而離也。是皆可監已，故傳之。」〔註69〕他對這三異人，採取漫畫式的筆調，進行諷刺和批判。其中的鄧豁渠傳，突出他不守倫常的敗缺行為，表達了耿定向對鄧的極度厭惡之情。他說：

> 鄧鶴寓吾里時，曾集其言論，名曰《南詢錄》，中言「色欲性也，見境不能不動，既動不能不為。羞而不敢言，畏而不敢為者，皆不見性」云云。余覽此，甚惡之。曰：「是率天下人類而為夷狄禽獸也。」渠後寓通州，屬其徒刻傳之，中無此一段語，毋亦渠自不得於心刪去之耶？近麻城令即衛輝司理子，亦大洲門人也，嘗從予遊，為述其始終如此。〔註70〕

耿定向友人吳少虞因抄錄《南詢錄》而受到耿定向的責難。《與吳少虞》說：「彼鄧老以殘忍穢醜之行，為是詖淫邪遁之語，猶錄而玩之，此則竊疑兄糊塗耳。」〔註71〕並痛心地說：

> 夫父子天性，彼以為情念斷絕之矣；乃男女之欲，即以為天性至情，何也？男女之欲，固至情之不容已；惻隱羞惡，非至情之不容已耶？乃以惡聲愛生者為不見性，即鑽穴窬牆，父母國人之所賤，忘生狗欲，古人之所深恥者為見性耶？率天下之人而禽獸其行，天札其命者，其此之言夫！即今里中後生，根氣淺薄者，入前之言，益稔其殘忍；而忘親多欲者，入後之言，益稔其淫縱而無恥。〔註72〕

究》，載《文學遺產》網絡版 2011 年第 2 期，http://wxyc.literature.org.cn/journals_article.aspx?id=1103，2011-6-23。

〔註69〕耿定向《里中三異傳》，《耿天台先生文集》卷十六，第 494 頁。
〔註70〕耿定向《里中三異傳》，《耿天台先生文集》卷十六，第 499 頁。
〔註71〕耿定向《與吳少虞》（二），見《耿天台先生文集》卷四，第 106 頁。
〔註72〕耿定向《與吳少虞》（二），見《耿天台先生文集》卷四，第 107 頁。

耿定向認爲鄧豁渠的行爲和思想違反倫理規範，有傷風化，故給予嚴厲譴責，而李贄則表達了對鄧豁渠的支持，他寫《南詢錄敘》，讚賞鄧豁渠求道之志。他說：

> 吾以是觀之，上人雖欲不聞道，不可得也；雖欲不出家、不遠遊、不棄功名妻子，以求善友，抑又安可得耶！吾謂上人之終必得道也，無惑也。今《南詢錄》具在，學者試取而讀焉。觀其間關萬里，辛苦跋涉，以求必得，介如石，硬如鐵，三十年於茲矣。雖孔之發憤忘食，不知老之將至，何以加焉！予甚愧焉，以彼其志萬分一我無有也，故復錄而敘之以自警，且以警諸共學者。〔註73〕

李贄對鄧豁渠的肯定和推崇引起了鄧石陽的擔心，鄧來信要李「便毀此文（指《南詢錄敘》）」，李贄作《復鄧石陽》與之商榷，說自己「所取於渠者，豈取其棄人倫哉，取其志道也」〔註74〕，說明自己提倡的，是鄧豁渠堅毅求道的信念和行動，而不是提倡大家出家學佛。

李贄認爲，思想學術不能強求一律，「願作聖者師聖，願爲佛者宗佛。不問在家出家，人知與否，隨其資性，一任進道，故得相與共爲學耳。」〔註75〕爲學當各從所好，不必盡同；對某一種學術觀點，也應當允許不同人有不同的看法。他還解釋，「承諭欲弟便毀此文，此實無不可，但下必耳。何也？人各有心，不能皆合；喜者自喜，不喜者自然不喜；欲覽者覽，欲毀者毀，各下相礙。此學之所以爲妙也。若以喜者爲是，而必欲兄丈之同喜；兄又以毀者爲是，而復責弟之不毀。則是各見其是，各私其學，學斯僻矣。」〔註76〕

李贄還提到，鄧豁渠的《南詢錄》和自己的敘文並沒有鄧石陽想像的那麼大效力，並不會「有累於趙老（趙大洲）」也不會對天下後世產生不利影響。他說「且觀世之人，孰能不避名色而讀異端之書者乎？堂堂天朝行頒四書、五經於天下‧欲其幼而學，壯而行，以博高爵重祿，顯榮家世。不然者，有黜有罰如此其詳明也，然猶有束書而不肯讀者，況佛教乎？佛教且然，況鄧

〔註73〕李贄《南詢錄敘》，見《續焚書》卷二，第 61 頁。另鄧紅先生據《南詢錄》萬曆二十七年刻本（現藏於日本內閣文庫）整理成的《〈南詢錄〉校注》卷首載李贄的《敘南詢錄》，落款有「萬曆十五年夏　後學李宏父書」字樣。——（明）鄧豁渠著，《南詢錄》校注，武漢理工大學出版社，2008.11 第 17 頁。
〔註74〕《答鄧石陽》見《焚書》卷一，第 10 頁。
〔註75〕同上。
〔註76〕同上書，第 11 頁。

和尚之語乎？況居士數句文字乎？」〔註77〕

　　李贄還提到，鄧豁渠的行為雖然出格，但實未嘗傷害別人；鄧石陽、耿定向等人擔心別人傚仿而攻擊、醜化鄧，實在沒有必要，天下人不會輕易棄人倫而效法異端的。「夫渠生長於內江矣，今觀內江之人，更有一人效渠之為者乎？吾謂即使朝廷出令，前鼎鑊而後白刃，驅而之出家，彼寧有守其妻孥以死者耳，必不願也。而謂一鄧和尚能變易天下之人乎？一無緊要居士，能以幾句閒言語，能使天下人盡棄妻子功名，以從事於佛學乎？蓋千古絕無之事，千萬勿煩杞慮也。」〔註78〕

　　最後，李贄也對耿定向提出批評：「往往見今世學道聖人，先覺士大夫，或父母八十有餘，猶聞拜疾趨，全不念風中之燭，滅在俄頃。無他，急功名而忘其親也。此之不責，而反責彼出家兒，是為大惑，足稱顛倒見矣。」〔註79〕「人有謂鄧和尚未嘗害得縣中一個人，害縣中人者彼也。今彼回矣，試虛心一看，一時前呼後擁，填門塞路，趨走奉承，稱說老師不離口者，果皆鄧和尚所教壞之人乎？若有一個肯依鄧豁渠之教，則門前可張雀羅，誰肯趨炎附熱，假託師弟名色以爭奔競耶？彼惡鄧豁渠，豁渠決以此惡彼，此報施常理也。」〔註80〕

　　耿定向認為，鄧豁渠思想的要害是推崇動物性的人欲，毀壞人倫綱常。這也是他對鄧豁渠一流人物（包括李贄）十分痛切之處。其憂世之心（也可能包括他擔心自家子侄被帶壞的家長之心）讓他「時時怨憾鄧和尚」〔註81〕，並以一篇異人傳將鄧豁渠釘在了恥辱柱上。而李贄則通過極力為鄧豁渠辯護，為他洗刷惡名，對耿定向也反唇相譏。這充分地反映出李贄「好與前輩出氣」〔註82〕俠儒的思想和性格特點。當然，他這樣做又不僅僅是為鄧豁渠一個人出氣，實際上也是在為社會上鄧豁渠式的人物進行辯護，為他自己作辯護。

〔註77〕《答鄧石陽》見《焚書》卷一，第11頁。
〔註78〕同上書，第11～12頁。
〔註79〕李贄《復鄧石陽》，《焚書》卷一，第12頁。
〔註80〕李贄《寄答留都》，《焚書》增補一，第258頁。萬曆十五年十一月，耿定向由北京刑部左侍郎升南京都察院右副都御史，便道還里，萬曆十六年五月才赴任。從「今彼回矣」一句看，此信月寫於萬曆十六年初，耿定向「衣錦還鄉」不久。
〔註81〕李贄《寄答留都》，《焚書》增補一，第258頁。
〔註82〕李贄《與焦漪園太史》，《續焚書》卷一，第28頁。

第四節　論爭第三階段：意氣之爭

學者已經指出，李贄的前半生基本上採取的是與世無爭的態度，其人生哲學的內核是佛家的生命解脫，其政治觀則主要是道家的自然無爲。〔註83〕他棄官歸隱，本想專心讀書、探討性命之道的，渴望「從容於禮法之外，務以老而自佚」〔註84〕，本不想對他人有何妨礙。然而，事情並沒有那麼簡單，他棄官棄家的行爲本身，就已經對其他人造成影響了。

而耿定向的批評和攻擊，也激起了他性格中的剛直不屈的一面。早在萬曆九年，他就認識到自己性格的缺點在：「予性剛使氣，患在堅強而不能自克也」〔註85〕，他讀《老子》並爲之注解，也有用老子思想改善自己性情的目的。然而，幾十年的性格很難改變，他本想與世無爭，可是耿定向卻定要與他相爭。在耿定向的步步緊逼下，李贄的「狂狷」人格也逐漸形成。

李贄棄官後隱居黃安、麻城，前幾年是與家眷同住的。李贄已矢志不歸，〔註86〕但家人（尤其是妻子黃氏）思念故鄉，於是於萬曆十五年秋，李贄將家屬送回泉州，獨身在楚。

拋棄了官職和家庭責任的李贄，可以不再受相應倫理規範的束縛，做自己想做的事，說自己想說的話。於是言行更加激進，人格也開始向「異端」發展。

遣送家眷之前，李贄寫了《與耿司寇告別》一信，信中用「失人」與「失言」分析了自己與耿定向矛盾的根源，說：「新邑明睿，唯公家二三子姪，可以語上。可與言而不與之言，失人，此則不肖之罪也。」而有些人「不可與言而與之言，則爲失言」。因爲「寧可失言，不可失人」，所以他不僅對「可以語上」的耿家子姪講三聖之道，對不可與言者也「盡忠告之誠，欲以納之於道」，沒想到反而因此引起耿定向之徒的不滿。不過，李贄並不後悔，他說：「蓋論好人極好相處，則鄉愿爲第一；論載道而承千聖絕學，則捨狂狷

〔註83〕參見左東嶺《耿、李之爭與李贄晚年的人格心態巨變》，載《北方論叢》1994年第 5 期（總第 127 期），76～82 頁。

〔註84〕李贄《又答石陽太守》，見《焚書》卷一，第 5 頁。

〔註85〕李贄《老子解序》，見《李贄文集》第七卷，社會科學文獻出版社 2000 年版，《老子解》卷首。

〔註86〕李贄不回家的原因，主要是「不愛屬人管」：「棄官回家，即屬本府本縣公祖父母管矣。來而迎，去而送，出分金，擺酒席，出軸金，賀壽旦。一毫不謹，失其歡心，則禍患立至，其爲管束至入木埋下土未已也，管束得更苦矣。我是以寧飄流四外，不歸家也。」見《豫約‧感慨平生》，《焚書》卷四，第 173 頁。

將何之乎？」「有狂狷而不聞道者有之，未有非狂狷而能聞道者也。」〔註87〕

　　按：李贄此信並沒有指斥耿定向爲「鄉愿」之意，而是表明自己不做鄉愿，也提示耿定向不要做鄉愿，且要放寬胸懷，容納狂狷，捨狂狷不取便是「失人」。末尾稱「僕今將告別矣，復致意於狂狷與失人、失言之輕重者，亦謂惟此可以少答萬一爾。」語氣還是很懇切的。

一、「狎妓」風波

　　李贄從萬曆十四年丙戌（1686）春開始病脾，一年多都沒好。遣送家眷後，感覺自由了好多，每日除了閉門讀書、著述，也開始「恣意所適」。「或時飽後，散步涼天，箕踞行遊，出從二三年少，聽彼俚歌，聆此笑語，諧弄片時，亦足供醒脾之用，可以省卻枳木丸子矣。及其飽悶已過，情景適可，則仍舊如前，鎖門獨坐而讀我書也。」〔註88〕這樣不到半年，脾病就好了。「家屬既歸，獨身在楚，時時出遊，恣意所適。然後飽悶自消，不須山查導化之劑；鬱火自降，不用參著扶元之藥：未及半載而故吾復矣。」李贄由此意識到，很多疾病都是由於顧及他人耳目，壓制自己內心需要，不能自適的結果：「乃知眞藥非假金石，疾病多因牽強」，於是他便「到處從眾攜手聽歌，自是吾自取適，極樂眞機，無一毫虛假掩覆之病，故假病自瘳耳」。〔註89〕

　　遣眷之後，附近有一老嫠婦經常來維摩庵供佛，並給李贄送茶饋果。李贄將她當做「十方諸供佛者」同等看待，受其供奉並無芥蒂。沒想到後來「事聞縣中，言語頗雜」。爲了避嫌，李贄便「叱去不受彼供」。但是對流言感到奇怪：「其人既誓不嫁二宗，雖強亦誓不許，專心供佛，希圖來報，如此誠篤，何緣更有如此傳聞事？」於是率僧眾到嫠婦家訪問，「乃知孤寡無聊，眞實受人欺嚇也。」李贄對她深表同情，「自報德而重念之，有冤必代雪，有屈必代伸」，沒想到傳言更多，竟有「卓吾曾率眾僧入一嫠婦之室乞齋，卒令此婦冒帷簿之羞，士紳多憾之」之說。〔註90〕

　　有學者已經指出，李贄遣眷後的諸般「不檢點」行爲，是受到《維摩詰

〔註87〕李贄《與耿司寇告別》，《焚書》卷一，第25頁。

〔註88〕李贄《答李見羅先生》，《焚書》卷一，第6頁。

〔註89〕李贄《答周柳塘》，《焚書》增補一，第254頁。信中有「念我入麻城以來，三年所矣」之語，按因李贄徙居麻城在萬曆十三年，故推算此信寫於萬曆十六年。

〔註90〕李贄《答周柳塘》，《焚書》增補一，第254頁。

經》「遊戲神通」思想的啓發。〔註91〕《維摩詰經》，全稱《維摩詰所說經》，又稱《不可思議解脫經》，敘述毗耶離（吠捨離）城居士維摩詰，十分富有，深通大乘佛法。通過他與文殊師利等人共論佛法，闡揚大乘般若性空的思想。經中維摩詰「雖處居家，不著三界；示有妻子，常修梵行；現有眷屬，常樂遠離；雖服寶飾，而以相好嚴身；雖復飲食，而以禪悅爲味；若至博弈戲處，輒以度人；受諸異道，不毀正信。」〔註92〕認爲「菩薩行於非道，是爲通達佛道」，雖「示有資生，而恆觀無常，實無所貪；示有妻妾采女，而常遠離五欲污泥」，〔註93〕即只要心中有佛，即使「行於非道」也可「通達佛道」，眞正的「菩薩行」可以讓非道之人也通曉佛理。於是在李贄看來，只要心中有佛而無魔，世界無處不可往。他自稱「到麻城，然後遊戲三昧，出入於花街柳市之間，始能與眾同塵矣。」所謂「遊戲三昧」即用遊戲之心，放下一切名數束縛，超然自在地遊化世間。

　　然而，李贄出入酒樓歌肆、不避惡名的形跡，卻引起了道德之士的側目。再加上當地人添油加醋的道聽途說，到了耿定向那裡，李贄的行爲便近於好色、好淫了。且看耿定向給周柳塘的信中對李贄的指責：

> 耿老與周書云：「往見說卓吾狎妓事，其書尚存，而頃書來乃謂弟不能參會卓吾禪機。昔顏山農於講學會中忽起就地打滾，曰：『試看我良知！』士友至今傳爲笑柄。卓吾種種作用，無非打滾意也。第惜其發之無當，機鋒不妙耳。」又謂：「魯橋諸公之會宴鄧令君也，卓吾將優旦調弄，此亦禪機也，打滾意也。蓋彼謂魯橋之學，隨身規矩太嚴，欲解其枷鎖耳。然魯橋之學，原以恭敬求仁，已成章矣。今見其舉動如是，第益重其狎主辱客之憾耳。未信先橫，安能悟之令解脫哉！」又謂：「卓吾曾強其弟狎妓，此亦禪機也。」又謂：卓吾曾率眾僧入一嫠婦之室乞齋，辛令此婦冒帷薄之羞，士紳多憾之，此亦禪機也。〔註94〕

〔註91〕 參見許建平《李贄思想演變史》，第215～222頁。
〔註92〕 《維摩詰所說經・方便品第二》，後秦鳩摩羅什譯。
〔註93〕 《維摩詰所說經・佛道品第八》，後秦鳩摩羅什譯。
〔註94〕 李贄《答周柳塘》，《焚書》增補一，第253頁。李贄此信兩千多字，對耿定向所指出的「禪機」、「狎妓」、「嫠婦」、「山農打滾」、「魯橋恭敬」等事一一做了詳細解釋。李贄與周思久都住在麻城，可以經常見面，本不用書信往來。李贄費力氣寫此信，意在廣而告之麻城、黃安諸友，澄清事實，爲自己闢謠。

耿定向一方面認爲李贄有諸般醜行，一方面又用「禪機」爲其粉飾遮護，對此李贄頗不以爲然，明白地說「我則皆眞正行事，非禪也；自取快樂，非機也。」〔註95〕所謂「到處從眾攜手聽歌（並非狎妓）」，是爲了調適自己身體；所謂「強其弟狎妓」是出於對弟體念之情，「弟輩何故棄妻孥從我於數千里之外乎？心實憐之，故自體念之耳。」〔註96〕至於「牽眾僧入一嫠婦之室」等事，李贄在給周柳塘的信中都講得明白（見上文），如果平心靜氣去看，都是正常的事，並不像耿定向理解和轉述的那樣不堪。但耿定向由於對李贄抱有成見，不去瞭解事情原委，而簡單地認爲這都是傷風敗俗的醜事，且「士紳多憾之」。

然而，耿定向一方面批評李贄「著魔已甚」〔註97〕，一方面也通過各種努力，儘量減少其言行的影響。他對周柳塘說：「至於攜妓之事，在卓吾則可，在兄則不可……卓吾之學只圖自了，原不管人，任其縱橫可也。兄茲爲一邑弟子宗者，作此等榜樣，寧不殺人子弟耶？……惟兄僅一子，孤注耳，血氣尚未寧也，兄若以此導之，忍耶？」〔註98〕

耿定向看來，李贄的行爲有任情縱慾的危險，所以不得不警惕。耿定向深感於朱熹「世上無如人欲險，幾人到此誤平生」〔註99〕之語，故對於「情慾」與「性命」問題，強調「以命率性」：

> 卓吾云：佛以情慾爲性命，此非杜撰語。孟子原說口之於味，目之於色等，性也。但曰有命焉，君子不謂性也，不知卓吾亦然否？愚嘗謂《中庸》不言性之爲道，而曰率性之謂道，學人誤以任情爲率性，而不知率性之率，蓋猶將領統率之率也。目之於色，口之於味等，若一任其性而無以統率之，如潰兵亂卒四出擄掠，其害可勝言哉？曰有命焉，所以率之也。〔註100〕

值得注意的是，關於「狎妓」問題，未見耿定向與李贄直接提及此事，

〔註95〕李贄《答周柳塘》，《焚書》增補一，第254頁。

〔註96〕同上。

〔註97〕耿定向《答友人問》（二），《耿天台先生全集》卷六，第201頁。

〔註98〕耿定向《與周柳塘》第十九書，《耿天台先生文集》卷三，第99頁。

〔註99〕朱熹《宿梅溪胡氏客館觀壁間題詩自警》。朱熹《晦庵集》晦庵先生朱文公文集卷第五，四部叢刊景明嘉靖本。原文曰：「十年湖海一身輕，歸對黎渦卻有情。世路無如人欲險，幾人到此誤平生。」

〔註100〕耿定向《與周柳塘》第二十一書，《耿天台先生文集》卷三，第101頁。

其對李贄指責、厭惡的話語，包括「邪淫猖狂」之類的流言中傷，都是通過周圍友人而傳至李贄的。這是耿定向的特點，也是很多中國士人的特點，即批評指責某人的言語一般不當其面講，而是對第三人說。這種當面溫和、背後非議中傷的行為，讓李贄非常反感，甚至憤怒，難再保持與世無爭的平和心態。李贄對耿定向的態度，漸漸地由退讓、辯解變為鋒芒畢露的反唇相譏，心態上更加憤世嫉俗，行事上也更加縱狂自恣。

其實，李贄對於自己和耿定向的論爭本質也有清醒的認識。在寫於萬曆十六年初的《寄答留都》〔註101〕中，李贄分析了二人論爭的原因，不妨全引如下：

> 我以自私自利之心，為自私自利之學，直取自己快當，不顧他人非刺。故雖屢承諸公之愛，誨諭之勤，而卒不能改者，懼其有礙於晚年快樂故也。自私自利，則與一體萬物者別矣；縱狂自恣，則與謹言慎行者殊矣。萬千醜態，其原皆從此出。彼之責我是也。

> 然已無足責矣。何也？我以供招到官，問罪歸結，容之為化外之民矣。若又責之無已，便為已甚，非「萬物一體」之度也，非「無有作惡」也，非心肝五臟皆仁心之蘊蓄也，非愛人無己之聖賢也，非言為世法、行為世則、百世之師也。故余每從而反之曰：

> 吾之所少者，萬物一體之仁也，作惡也。今彼於我一人尚不能體，安能體萬物乎？於我一人尚惡之如是，安在其無作惡也？屢反責之而不知痛，安在其有惻隱之仁心也？彼責我者，我件件皆有，我反而責彼者亦件件皆有。而彼便斷然以為妄，故我更不敢說耳。

> 雖然，縱我所言未必有當於彼心，然中間豈無一二之幾乎道者？而

〔註101〕林海權《李贄年譜考略》（福建人民出版社 2005 年版，第 190 頁）認為此信寫於萬曆十四年，是看了耿定向給李世達（號漸庵）信後的回信，但今存耿定向文集中不見寫給李世達的信，李贄此信也沒有給出足夠的證據顯示是給李世達的，故存疑。林海權先生從末段「今彼回矣」斷定此信寫於萬曆十四年三月耿定向扶其妻之櫬還里之後。然而，耿定向回家不只這次。萬曆十五年十一月，耿定向由北京刑部左侍郎升南京都察院右副都御史，後還里，十六年五月才赴任。信中「今彼回矣，試虛心一看，一時前呼後擁，填門塞路，趨走奉承，稱說老師不離口者」這樣的「盛況」不大可能發生在耿定向妻子剛死去後，而應當發生在耿榮升之後「衣錦還鄉」之時。再加上此信李贄自稱「縱狂自恣」「萬千醜態」，且耿定向「千書萬書罵鄧和尚」可知此信當寫於萬曆十五年李贄遣送家眷既而「遊戲三昧」後。故本文認為，此信當寫於萬曆十六年初。

皆目之爲狂與妄，則以作惡在心，固結而難遽解，是以雖有中聽之言，亦並棄置不理。則其病與我均也，其爲不虛與我若也，其爲有物與我類也；其爲捷捷辯言，惟務己勝，欲以成全師道，則又我之所不屑矣。而乃以責我，故我不服之。使建昌先生以此責我，我敢不受責乎？何也？彼眞無作惡也，彼眞萬物一體也。〔註102〕

耿定向站在正統儒家的立場，重視人倫道德，提倡「謹言愼行」，力求做到「言爲世法、行爲世則、百世之師」，所以對李贄「縱狂自恣」的言行很不滿，本著「萬物一體之仁」，「成己成物」，對李贄屢屢責備。

而李贄站在自家性命的立場，故自稱「自私自利之心，爲自私自利之學，直取自己快當，不顧他人非刺」，故有他人眼中的「萬千醜態」出現，但是李贄受人勸告而不改之，因爲改之便是違背自己的性命之眞，從而「有礙於晚年快樂」；更重要的是，李贄認爲自己的行爲無害於他人，也不必改。而耿定向卻又諸多缺點，如「作惡在心」「執己自是」等病，雖經李贄多次指出，也並未認識並改正。所以二人雖爭論日久，往來辯難書信頗多，卻誰也未能說服對方。

其實，耿定向也時常對自己缺點有反省。《天台集》有《警言》七首，其中有言「學者恆言曰：『萬物一體。』實識此理，天下更有何人不容？乃遇些小違忤，便懷嗔恚，而猶號於人曰『爲學，爲學』，吾恥之矣。」〔註103〕甚至夢中也與同志論學云：「不作好，不作惡，平平蕩蕩，觸目皆是，此吾人原來本體與百姓日用同然者也。」〔註104〕只是很多時候道理明白，但實際生活中卻難完全做到。

二、關於「好察邇言」

萬曆十六年夏，耿定向弟子劉元卿將其兩封疏稿寄耿定向，耿看後回信表示讚賞，在信的末尾有這樣一段話：

「大舜善與人同」一章，更須理會。學惟捨己從人，樂取諸人

〔註102〕李贄《寄答留都》，見《焚書》增補一，第257頁。

〔註103〕耿定向《警言》（三），《天台集》卷十九，第573頁。

〔註104〕耿定向《警言》（四），《天台集》卷十九，第573頁。該條後注曰：「此余萬曆丁丑（即萬曆五年）元日夜夢中與同志論學語也。寤而反身循省，昏庸頹垢，猶然故吾。時馳歲去，枯落遂成。撫枕諮嗟，汗出浹背。因自札記，用代箴銘。冀我同心，矢相規勉。」

便是與人爲善處。此等才是虛無妙用，大開眼孔，徹無上法者。若世談虛無者，最不虛無，此從見諦入，可爲深省。一省，彼亦我師矣。〔註105〕

這段話，一方面說要「捨己從人」、「樂取諸人」、「與人爲善」，一方面又批評李贄等人「世談虛無者，最不虛無」，這引起李贄不滿。李贄回信批評耿定向「教人以捨己，而自不能捨」，同時談了自己對「舍己從人」的理解：

夫知己之可能，又知人之皆可能，是己之善與人同也，是無己而非人也，而何己之不能捨？既知人之可能，又知己之皆可能，是人之善與己同也，是無人而非己也，而何人之不可從？此無人無己之學，參贊位育之實，扶世立教之原，蓋眞有見於善與人同之極故也。今不知善與人同之學，而徒慕捨己從人之名，是有意於捨己也。有意捨己即是有己，有意從人即是有人，況未能捨己而徒言捨己以教人乎？若眞能捨己，則二公皆當捨矣。今皆不能捨己以相從，又何日夜切切以捨己言也？〔註106〕

李贄認爲，人要虛心，知己知人，自己能的，人皆可能，如此才能捨己從人：

今不知己而但言捨己，不知人而但言從人，毋怪其執客不捨，堅拒不從，而又日夜言捨己從人以欺人也。人其可欺乎？徒自欺耳。毋他，扶世立教之念爲之崇也。扶世立教之念，先知先覺之任爲之先也。先知先覺之任，好臣所教之心爲之驅也。〔註107〕

〔註105〕耿定向《與劉調甫》（六），見《耿天台先生全集》卷四，第122頁。《李贄年譜考略》認爲此信寫於萬曆十六年春夏間，由信中耿定向稱與其弟讀過劉元卿的兩封奏疏稿（《朝儀疏》和《從祀疏》）可知。（1）據《明神宗實錄》卷一九七載，萬曆十六年四月丁巳，南京國子監祭酒趙用賢條上申飭南雍七事，其中「修遺賢薦用之典」一事中有「請錄用舉人鄧元錫、劉元卿、王之任」之議，而「部復允行」。（2）《江西通志》卷一四九《劉元卿傳》：「劉元卿，字調父，……既累被薦，召爲國子博士。擢禮部主事，疏請早期勤政，又請從祀鄒守益、王艮於文廟。」耿定向《觀生紀》載：「萬曆十六年戊子，我生六十五歲。便還里。以二月葬仲弟，三月葬彭淑人。……五月之任。……是歲春，叔子晉閩督學，還里，七月之任。」由此可知，耿定向與其弟反覆玩讀調甫二疏稿的時間當在萬曆十六年劉調甫被薦用的四月之後，耿定向「之任」的五月之前。

〔註106〕李贄《寄答耿大中丞》，《焚書》卷一，39～40頁。

〔註107〕李贄《寄答耿大中丞》，《焚書》卷一，40頁。

　　李贄認爲，不知己，不知人，徒言「捨己從人」，其結果只能流於自欺欺人。而其根源，則在「扶世立教」之念作祟，其根本則是耿定向的「先知先覺之任，好臣所教之心」。

　　李贄可謂知耿定向者。耿定向的確以「扶世立教」爲己任，以「先知覺後知」的伊尹爲榜樣。《孟子·萬章上》記載伊尹之言曰：「天之生此民也，使先知覺後知，使先覺覺後覺也。予，天民之先覺者也；予將以斯道覺斯民也。非予覺之，而誰也？」孟子贊其「思天下之民匹夫匹婦有不被堯舜之澤者，若己推而內之溝中。其自任以天下之重如此。」〔註108〕耿定向對此章深有感觸，並曾與友人談論「伊尹先覺」：

　　　　友問：昔伊尹以天民之先覺自任，不知其所覺者何事？余曰：
　　　撻市之恥、納溝之痛，此是伊尹覺處，非若世學者承藉影響依稀之
　　　知見以爲覺也。夫君民與吾一體，此理人人本同，顧未肩其任便覺
　　　之不先。譬彼途人傍視負重擔者，其疲苦艱辛，自與闊隔。惟伊尹
　　　任之重，故覺之先，其恥其痛若此也。友曰任然後覺耶？抑覺然後
　　　任耶？曰：惟覺故任，惟任益覺矣。夫人之麻木不覺者，固不任；
　　　虛浮不任者，亦不覺，均蔽於欲故耳。〔註109〕

　　伊尹樂堯舜之道，以斯道覺斯民。耿定向也認爲「君民與吾一體，此理人人本同」，於是便志於以其所服膺之堯舜孔孟之道教化後知後覺之人。

　　教化，是建立在對人性的認識基礎上的，然而，耿定向和李贄對人性的理解迥然不同。李贄認爲，對人性的求索當立足於對現實的虛心體察，此即「好察邇言」，李贄曾在給麻城縣令鄧應祈（也是耿定向學術）的信中說：

　　　　生猬隘人也，所相與處，至無幾也。間或見一二同參，從入無
　　　門，不免生菩提心，就此百姓日用處提撕一番。如好貨，如好色，
　　　如勤學，如進取，如多積金寶，如多買田宅爲子孫謀，博求風水爲
　　　兒孫福蔭，凡世間一切治生產業等事，皆其所共好而共習、共知而
　　　共言者，是眞邇言也。於此果能反而求之，頓得此心，頓見一切賢
　　　聖佛祖大機大用，識得本來面目，則無始曠劫未明大事，當下了畢。
　　　此予之實證實得處也，而皆自於好察邇言得之。故不識諱忌，時時
　　　提唱此語。〔註110〕

〔註108〕《孟子·萬章上》。
〔註109〕耿定向《伊尹先覺》，見《天台集》卷十，第322頁。
〔註110〕李贄《答鄧明府》，《焚書》卷一，第38頁。鄧明府，即鄧應祁，字永清，號

李贄經過對歷史（李贄剛到黃安時，就開始讀史，曾說「《貨殖傳》誠不可不讀也」〔註111〕）和現實的觀察，認為好貨、好色、讀書求功名等一切「治生產業」，都是人們所「共好而共習、共知而共言者」，是「邇言」，肯定了私欲的合理性，並「不識忌諱，時時提唱此語」。這讓重視倫理道德、抵制人心私欲耿定向頗為擔心，認為這是「害人」，「誆誘後生小子」〔註112〕。李贄一方面辯解說自己不會害人，另一方面也批評耿定向「扶世立教」的用心，因為背離人的真實性情而變得不可行，並揭露出「假道學」的原因：

> 凡今之人，自生至老，自一家以至萬家，自一國以至天下，凡邇言中事，孰待教而後行乎？趨利避害，人人同心，是謂天成，是謂眾巧，邇言之所以為妙也。大舜之所以好察而為古今之大智也。今令師之所以自為者，未嘗有一釐自背於邇言；而所以詔學者，則必曰專志道德，無求功名，不可貪位慕祿也，不可患得患失也，不可貪貨貪色，多買寵妾田宅為子孫業也。視一切邇言，皆如毒藥利刃，非但不好察之矣。審如是，其誰聽之？〔註113〕

耿定向看了信後，認為李贄的言論是「邪見罔（妄）談」，並重申了自己對「好察邇言」的理解，並對鄧豁渠、李贄等「以食色為性」的觀點提出批評：

> 竊謂善察邇言者莫如舜，舜察邇言已，隱惡而揚善；即善矣，又且擇而用其中，其審也如此。父子有親，君臣有義，此邇言也。舜察之而用以命契，敷教如是耳，不聞曰君臣父子是假合，而以忠孝為剩談也。夫婦有別，長幼有序，此邇言也。舜察之而用以命契，敷教如是耳；不聞惟以食色為性，謂見境即動，動即為人，至極無廉恥，乃性真也。舜不惟察邇言，且明庶物矣。如豺虎之暴有父子，蜂蟻之細有君臣，鴻雁鷗鴉之有序有別，牛羊魚鳥之樂群，是皆天機之不容已者。舜明此機以盡性、盡倫，萬世為天下道，為法，為

鼎石，四川內江（今四川內江）人。李贄早年朋友鄧石陽的長子。萬曆十四年（1586）進士，同年，授麻城（今湖北麻城）知縣。唐宋以後，多尊稱知縣為明府。故稱鄧明府。

〔註111〕李贄《與焦弱侯》第三書，《李卓吾先生遺書》卷一。見張建業主編《李贄全集注》第26冊《附錄四‧集外集》，第511頁。北京市：社會科學文獻出版社，2010年。

〔註112〕李贄《答鄧明府》，《焚書》卷一，第36頁。

〔註113〕李贄《答鄧明府》，見《焚書》卷一，第38頁。

則，不聞以是爲情緣淺事，而別有明明德之無上玄道也。〔註114〕

李贄認爲好貨、好色是「眞邇言」，要人於此百姓日用之邇言「反而求之，頓得此心，頓見一切賢聖佛祖大機大用，識得本來面目」；而耿定向強調「隱惡而揚善」，故認爲「父子有親，君臣有義」「夫婦有別，長幼有序」才是更重要的。信後還說：「世眞有一人開眼，的的確確尋著孔孟血脈，明明白白走著孔孟路徑，諸種種邪見罔（妄）談，直如梟鳴狐號，安敢紛紛呶呶橫逞如此哉！余爲是仰屋而歎，撫膺而嗟，伏枕而流涕者，不知幾矣。」〔註115〕正所謂「天台重名教，卓吾識眞機」，這是二人論爭的本質所在。二人分別強調「眞」與「善」兩端。關於「眞」與「善」兩種價值的衝突與調和，本文第三章還將有詳細論述。

三、剃髮事件

萬曆十六年夏，李贄在維摩庵落髮。關於落髮的原因，李贄說：

> 其所以落髮者，則因家中閒雜人等時時望我歸去，又時時不遠千里來迫我，以俗事強我，故我剃髮以示不歸，俗事亦決然不肯與理也。又此間無見識人多以異端目我，故我遂爲異端，以成彼豎子之名。〔註116〕

李贄落髮，一是表示堅決出家，不再理家中俗事而專心求道；二則是出於對世俗假道學的憤激，就是要做「異端」。剃髮之前他就曾寫信給焦竑說「今世俗子與一切假道學，共以異端目我，我謂不如遂爲異端，免彼等以虛名加我，何如？」〔註117〕

其實，李贄落髮，並不像袁中道所說「一日惡頭癢，倦於梳櫛，遂去其髮，獨存鬢鬚」〔註118〕那樣簡單輕鬆，儒家倫理認爲「身體髮膚，受之父母，不敢毀傷」，一個四品退休官員，要剃髮，在當時無疑是個驚世駭俗的舉動，要做出如此舉動，是需要很大勇氣的。李贄講自己落髮的過程說：

> 我在此落髮，猶必設盡計校，而後刀得臨頭。鄧鼎石見我落髮，泣涕甚哀，又述其母之言曰，「爾若說我乍聞之整一日不吃飯，飯來

〔註114〕耿定向《與鄧令君》，《耿天台先生全集》卷六，第194頁。
〔註115〕同上，第195頁。
〔註116〕李贄《與曾繼泉》，《焚書》卷一，第48頁。
〔註117〕李贄《答焦漪園》，《焚書》卷一，第7頁。
〔註118〕袁中道《李溫陵傳》，見《續焚書》附錄，第132頁。

亦不下嚥，李老伯決定留髮也。且汝若能勸得李老伯蓄髮，我便說爾是個眞孝子，是個第一好官。」嗚呼！余之落髮，豈容易哉！余唯以不肯受人管束之故，然後落髮，又豈容易哉！寫至此，我自酸鼻，爾等切勿以落髮爲好事，而輕易受人布施也。〔註119〕

李贄落髮的過程，並不像某些人理解的那樣瀟灑，而是充滿辛酸的，他公然以「異端」的身份示人，其內心的痛苦也是常人難以理解的。其實，儒家強調人倫，有其深刻的人性基礎。倫理規範給人以限制，同時也給人心靈的依靠與慰藉。而父子、君臣、夫婦、兄弟、朋友之間和諧有序的倫理關係，是一個社會和諧發展的基礎。李贄雖然離開家庭，但對家人的情感也是相當深厚的。他談及妻子黃氏說「夫婦之際，恩情尤甚，非但枕席之私，亦以辛勤拮据，有內助之益。」〔註120〕棄官棄家，給李贄帶來了「自由」，但與此同時，他的內心時時能感覺到一種難言的孤獨、辛酸和痛苦。尤其妻子黃氏回泉州僅年餘即病逝，無論如何卓吾會將其與不久前的離別聯繫起來。他得知妻子病逝後，曾告知其婿莊純夫：「我雖鐵石心腸，能不慨然！況臨老各天，不及永訣耶！」並說「自聞訃後，無一夜不入夢，但俱不知是死。」〔註121〕所以，當得知友人曾繼泉也要落髮出家時，李贄去信勸阻，言辭極爲懇切：

> 聞公欲剃髮，此甚不可。公有妻妾田宅，且未有子。未有子，則妻妾田宅何所寄託；有妻妾田宅，則無故割棄，非但不仁，亦甚不義也，果生死道念眞切，在家方便，尤勝出家萬倍。今試問公果能持缽沿門丐食乎？果能窮餓數日，不求一餐於人乎？若皆不能，而猶靠田作過活，則在家修行，不更方便乎？……如公壯年，正好生子，正好做人，正好向上。……何必落髮出家，然後學道乎？我非落髮出家始學道也。千萬記取！〔註122〕

從這封信看，李贄並沒有「以佛法害人」，並不會叫人「棄人倫」，而是苦口婆心地勸人當好好做人、好好過日子，否則無辜拋棄妻妾田宅便是不仁不義。

周思久寫信給耿定力，請他勸耿定向不要再對李贄進行「彈射」。耿定向回信表白，也對自己和李贄的論爭做了解釋說明：

〔註119〕李贄《豫約・感慨平生》，見《焚書》卷四，第174頁。
〔註120〕李贄《與莊純夫》，《焚書》卷二，第41頁。
〔註121〕同上。
〔註122〕李贄《與曾繼泉》，見《焚書》卷二，第48頁。

家弟傳兄教云「卓吾已薙髮，屬余更弗彈射」云云。吁，是何言歟！是何言歟！夫彈射之與切切劘，跡同而實異也。彈射云者，有物於此，衷懷殺機，而欲致之死地也。切劘云者，有玉於此，相愛重而期成爲圭璋也。余往與卓吾往復書俱在，兄試取而覆觀之，殺機耶，抑亦效他山之石意耶？即中語涉粗屬不遜處，亦不直則道不見意耳，豈若世俗角勝爭雄、攘名奪利者哉！如以傚他山之石者爲彈射，則余之於兄彈射尤多，兄倘實以爲彈射，余後當箝口捲舌矣。〔註123〕

的確如耿定向所說，他對李贄的批評攻擊，並非惡意「彈射」，而是「相愛重而期成爲圭璋也」。（殊不知，李贄並不想成爲耿定向期望的「圭璋」。）接下來，耿定向表達了自己對李贄剃髮的看法：

此中士紳聞卓吾薙髮，或束名教，駭而異之者；或欽佛教，喜而樂聞之者，即兄援古宰官出家之陳跡爲解，似亦未得卓吾心髓也。彼世求富貴利達者，或刺股懸樑，亦有剃髮閉門者。此老心雄，其薙髮也，原是發憤求精進耳，亦如博士家欲中之極如此。吾儕悠悠度日，自謂學已有見有得，視之可深省矣。昔文成見九華岩居之僧初書石壁，誚之謂在黑漆筒裏看山，是猶有彼己見在，越後見之，便有「吾儕真切幾人如」之詠。此文成良知浸明不昧處，不知兄睹卓吾薙髮時胸中作何景象？若不是自省自憤，行居坐臥時求討自己安身立命處，而徒在卓吾頭髮上辨儒釋，較是非，竊不取也。〔註124〕

耿定向認爲李贄剃髮，「原是發憤求精進耳」，此乃以己度人之見，表明他還是不知李贄之學與李贄之人。不過，耿定向的目的，本也不在「知人」，而在「教人」，所以他說吾儒也當「自省自憤，行居坐臥時求討自己安身立命處。」最後又忍不住說：

雖然，平常中原自玄妙，粗淺中更是精微，聖學如是，佛學亦如是。佛降而禪，聖降而儒，道斯岐（歧）矣。卓吾發憤如此，計當必透此一關，透此一關，便是人天師矣。若由是益騖玄奇，只在禪家見趣上盤桓，吾恐不免墮入十二天魔中去也。嗟嗟。發言及此，又似彈射矣。雖然，計卓吾如此發憤，後必有大徹處，即余前後種

〔註123〕耿定向《與周柳塘》第二十書，《耿天台先生文集》卷三，第100～101頁。
〔註124〕同上。

種呈説，意當以余爲他山石，不予罪也。兄試傳語之如何？〔註125〕

這段話仍然流露出對李贄「鶩玄奇」「禪家見趣上盤桓」的批評。耿定向對李贄的不滿，終究難以釋懷。

剃髮後，李贄於萬曆十六年秋，搬入麻城縣多三十里的龍潭芝佛院，與僧人無念爲伴。在這前後，李贄在寫給友人的信中，對自己和耿定向的論爭有所反思：

> 自今思之，辯有何益？祇見紛紛不解，彼此鋒鋭益甚，光芒愈熾，非但無益而反涉於呇驕，自蹈於宋儒攻新法之故轍而不自知矣。豈非以不知爲己，不知自適，故不能和光，而務欲以自炫其光之故歟？靜言思之，實爲可恥。故決意去髮，欲以入山之深，免與世人爭長較短。蓋未能對面忘情，其勢不得不復爲閉戶獨處之計耳。〔註126〕

雖然認識到彼此爭論、意氣用事並不能解決問題，但李贄還是堅持自己的意見，不願妥協。於是想通過剃髮出家並「入山之深」，「閉戶獨處」遠離是非之地。

這封信中，李贄還提出了「士貴爲己，務自適」的觀點，甚至因「務自適」而引起他人的厭惡也不怕：

> 士貴爲己，務自適。如不自適而適人之適，雖伯夷、叔齊同爲淫僻；不知爲己，惟務爲人，雖堯、舜同爲塵垢秕糠。……老子曰：「挫其鋭，解其紛，和其光，同其塵。」「處眾人之所惡，則幾於道矣。」僕在黃安時，終日杜門，不能與眾同塵；到麻城，然後遊戲三昧，出入於花街柳市之間，始能與眾同塵矣，而又未能和光也。
>
> 自愧勞擾一生，年已六十二，風前之燭，曾無幾時，況自此以往，皆未死之年，待死之身，便宜歲月日時也乎！若又不知自適，更待何時乃得自適也耶？且遊戲玩耍者，眾人之所同，而儒者之所惡；若落髮毀貌，則非但儒生惡之，雖眾人亦惡之矣。和光之道，莫甚於此，僕又何惜此幾莖毛而不處於眾人之所惡耶？非敢自謂庶幾於道，特以居卑處辱，居退處下，居虛處獨，水之爲物，本自至

〔註125〕耿定向《與周柳塘》第二十書，《耿天台先生文集》卷三，第100～101頁。
〔註126〕李贄《答周二魯》，《焚書》增補一，第251頁。此信解釋自己落髮原因，且有「年已六十二」之語，故可知此信寫於萬曆十六年（1588）。

善，人特不能似之耳。僕是以勉強爲此舉動，蓋老而無用，尤相宜
也。〔註127〕

李贄所言，可謂憤世嫉俗、玩世不恭。《老子》第八章曰「上善若水。水
善利萬物而不爭，處眾人之所惡，故幾於道。」李贄遊戲玩要，又落髮毀貌，
已處於「處眾人之所惡」的境地。雖然他自認爲「居卑處辱，居退處下，居
虛處獨」，像水那樣「善利萬物而不爭」，但是他不能忘懷世事的熱心腸，還
是讓他無法遠離是非之爭。

四、對歷史人物的是非評價

李贄辭官到黃安，本想「求勝己之友」，共同商量學問的，然而，來之
後卻發現有些失望。超然世外的耿定理，因爲身體原因，無力再深研學問，
李贄只能遺憾地歎道：「楚倥極聰明，極有力量，惜歇手太早。」〔註128〕耿
定向等人積極用世，李贄學有所得的佛教出世之學，難與相商；李贄數次寫
信給好友焦竑，然他忙於科考，只在萬曆九年年底來過一次，十日而別。李
贄眼光極高，一般人又難當其意，所以大部分時間，李贄都是孤獨的。正如
他寫信給駱問禮的信中所說「若爲學道計，則豪傑之難久矣，非惟出世之學
莫可與商證者，求一超然在世丈夫，亦未易一遇焉」。〔註129〕在現實中找不
到「勝己之友」，李贄便轉向從史書中尋求，於是「則其勢自不得不閉戶獨
坐，日與古人爲伴侶矣」。〔註130〕

李贄在黃安、麻城，主要時間與精力都投入了讀書、研究、著述之中。
其求「性命之道」，一方面是思考人的本性，一方面便是人的價值的實現。而
李贄認爲，實現其自我價值的方式就是著述。

〔註127〕李贄《答周二魯》，《焚書》增補一，第251頁。

〔註128〕見袁中道《珂雪齋集》外集卷十五《拾遺》。明萬曆四十六年刻本。該書記載：
「楚倥在外多年，歸而一哭，幾絕，自是之後更不復商量學問。」

〔註129〕《答駱副使》，《續焚書》卷一，第23頁。此信寫於萬里十一年底或十二年初。
萬曆十一年十月，駱問禮由福建左參議升湖廣按察司分巡武昌道兼兵備副
使，黃安爲其管轄區域。李贄此信中道：「乃過辱不忘，自天及之，何太幸！
何太幸！」由此語觀之，當是駱問禮上任前，不忘舊誼，來函通情。又從信
結尾語：「不知何時按臨此土，俾小於復遂摳趨之願」，可知駱問禮尚未上任。
駱問禮上任時間爲萬曆十二年二月。駱問禮《萬一樓集》卷三十《遊廬山記》
云：「萬曆十二年二月，人楚臬。」故推測李贄此封信的寫作時間當在萬曆十
二年一月前後。

〔註130〕同上。

李贄自述一開始讀史書時心情與情況說：

> 山中寂寞無侶，時時取史冊披閱，得與其人會靚，亦自快樂，
> 非謂有志於博學宏詞科也。嘗謂載籍所稱，不但赫然可紀述於後者
> 是大聖人；縱遺臭萬年，絕無足錄，其精神巧思亦能令人心羨。況
> 真正聖賢，不免被人細摘；或以浮名傳頌，而其實索然。自古至今
> 多少冤屈，誰與辨雪？故讀史時真如與百千萬人作對敵，一經對壘，
> 自然獻俘授首，殊有絕致，未易告語。〔註131〕

李贄要爲千百年來歷史上的一些冤案辨雪，把那些「被人細摘」的「真
正聖賢」樹立起來，把那些以「浮名傳頌」，而其實索然無能之徒的真正面目
暴露出來，這正是李贄反傳統思想的一個突出表現。李贄抱著「與百千萬人
作對敵」的態度，對自己的這一戰鬥充滿必勝的信心。在這種思想指導下，
李贄寫了部分的讀史文章，自稱「近有《讀史》數十篇，頗多發明」〔註132〕，
這就是《焚書》、《藏書》的部分初稿。

萬曆十五年，李贄已經在撰寫《藏書》。他在寫給李材（號見羅）的信中
說：「閒適之餘，著述頗有，嘗自謂當藏名山，以俟後世子云。」〔註133〕萬曆
十六年夏，李贄將《藏書》初稿寄給焦竑，信中說：

> 竊以魏、晉諸人標緻殊甚，一經穢筆，反不標緻。真英雄子，
> 畫作疲軟漢矣；真風流名世者，畫作俗士；真啖名不濟事客，畫作
> 襃衣大冠，以堂堂巍巍自負。豈不真可笑！因知范曄尚爲人傑，《後
> 漢》尚有可觀。今不敢謂此書諸傳皆已妥當，但以其是非堪爲前人
> 出氣而已，斷斷然不宜使俗士見之。……何也？今世想未有知卓吾
> 子者也。……中間差訛甚多，須細細一番乃可。若論著則不可改易，
> 此吾精神心術所繫，法家傳爱之書，未易言也。〔註134〕

《藏書》是李贄幾年心血所成，時跨戰國至元代，錄載了八百多個人物，
總計六十八卷。分爲《世紀》與《列傳》兩大部分。他認爲此書「繫千百年
是非」、「堪爲前人出氣」，乃其「精神心術所繫」，所以對這部書很重視。在
《世紀列傳總目前論》，也就是李贄自撰的《藏書》總序中，李贄提出了自

〔註131〕李贄《與焦弱侯》，《續焚書》卷一，第39頁。此信寫於萬曆九年冬。

〔註132〕同上。

〔註133〕李贄《答李見羅先生》，《焚書》卷一，第6頁。此信寫於萬曆十五年秋。

〔註134〕李贄《答焦漪園》，《焚書》卷一，第7頁。此信寫於萬曆十六年，李贄落髮
之前。

己的是非觀：

> 李氏曰：人之是非，初無定質；人之是非人也，亦無定論。無
> 定質，則此是彼非並育而不相害；無定論，則是此非彼亦並行而不
> 相悖矣。然則，今日之是非，謂予李卓吾一人之是非，可也；謂爲
> 千萬世大賢大人之公是非，亦可也；謂予顚倒千萬世之是非，而復
> 非是予之所非是焉，亦可也。則予之是非，信乎其可矣。前三代，
> 吾無論矣。後三代漢唐宋是也。中間千百餘年，而獨無是非者，豈
> 其人無是非哉？咸以孔子之是非爲是非，故未嘗有是非耳！然則，
> 予之是非人也，又安能已？夫是非之爭也，如歲時然，晝夜更迭，
> 不相一也。昨日是而今日非矣，今日非而後日又是矣。雖使孔子復
> 生於今，又不知作如何非是也，而可遽以定本行罰賞哉！〔註135〕

李贄認爲，世間沒有什麼永恆的、終極的眞理，「是非無定質、無定論」。
對同一事物，不同人會有不同的判斷；時代變了，人們的認識和觀點也會變。
每個人都可以有自己的是非判斷，「此是彼非並育而不相害」「是此非彼亦並
行而不相悖」，反對「咸以孔子之是非爲是非」。

李贄《藏書》挑戰傳統歷史觀，對歷史人物的評價多異於前人，考慮到
當世「未有知卓吾子者」所以取名「藏書」，意爲以待後世知己者。雖然李
贄囑咐焦竑「斷斷然不宜使俗士見之」，但「無奈一二好事朋友，索覽不已」，
〔註136〕於是李贄的很多史論便在朋友間傳開了。其中人們談論最多的是李
贄關於五代馮道的評價。

馮道（882～954），字可道，五代瀛州景城（今河北滄州西）人。歷經桀
燕皇帝劉守光、後唐莊宗李存勖、後唐明宗李嗣源、後唐閔帝李從原、後唐
末帝李從珂、後晉高祖石敬瑭、後晉出帝石重貴、遼太宗耶律德光、後漢高
祖劉知遠、後周太祖郭威，歷仕四朝十君，拜相二十餘年，自號「長樂老」，
周世宗顯德元年（954）四月卒，年七十三歲。歐陽修《新五代史》、司馬光
《資治通鑑》以「正女不從二夫，忠臣不侍二君」爲由，指斥其爲「無廉恥」
的「姦臣」。如歐陽修說：「予讀馮道《長樂老敘》，見其自述以爲榮，其可謂
無廉恥者矣，則天下國家可從而知也。」〔註137〕而李贄則在《藏書》卷六十

〔註135〕《藏書·世紀列傳總目前論》，《李贄文集》第二卷《藏書（上）》卷首，社會
　　　　科學文獻出版社，2000年。
〔註136〕同上。
〔註137〕（宋）歐陽修《新五代史》卷五四，《雜傳第四十二》。

八《吏隱外臣》，對馮道表示了讚賞：

> 卓吾曰：馮道自謂長樂老子，蓋眞長樂老子者也。孟子曰：「社
> 稷爲重，君爲輕。」信斯言也，道知之矣。夫社者所以安民也，稷
> 者所以養民也；民得安養而後君臣之責始塞。君不能安養斯民，而
> 後臣獨爲之安養斯民，而後馮道之責始盡。今觀五季相禪，潛移嘿
> 奪，縱有兵革，不聞爭城。五十年間，雖經歷四姓，事一十二君並
> 耶律契丹等，而百姓卒免鋒鏑之苦者，道務安養之之力也。〔註138〕

> 譙周之見，亦猶是也。嗚呼！觀於譙周《仇國》之論，而知後
> 世人士皆不知以安社稷爲悦者矣。然亦必有劉禪之昏庸，五季之淪
> 陷，東漢諸帝之幼沖，黨錮諸賢之互爲標幟乃可。不然，未可以是
> 而藉口也。

在改朝換代之際，是氣節爲重還是社稷百姓爲重，這是擺在很多儒家士人面前的很現實的問題。儒家歷來崇尚忠直氣節之士，對折節從人之「貳臣」往往持批評態度，但李贄卻看到，君臣之責在「安養斯民」，而五代時政局動盪不安，君主惟務奪權而不能安養百姓，而馮道居相位，盡其力使「百姓卒免鋒鏑之苦」，其功大矣。李贄同時讚揚了三國時勸蜀國後主劉禪降魏的譙周，認爲他們都是「以安社稷爲悦者」。李贄異乎常人的言論引起了很多朋友的認同。

李贄雖然希望人「無以定本行罰賞」，但是耿定向卻是既有是非規範的堅定捍衛者，強烈的「衛道」情懷讓他不能對此類「危險」言論放任不管。他在寫給友人的信中，盡可能限制、削弱李贄的影響。例如，萬曆十七年春，焦竑考中一甲進士第一名（狀元），耿定向寫信給他，勉勵他責任重大、不可懈怠：「即一念一語，便繫斯道明晦，便繫天下國是從違。」〔註139〕「其稱譏贊毀，須一稟於道，通之天下萬世，足爲立心立命始得。」〔註140〕這實際上便是針對李贄《藏書》中的言論而發的：

> 又南中諸子傳某甚贊馮道爲有道，惟昔蘇子由援管、晏恕之，
> 已爲邪說，乃至以爲有道，何亂道亦至此耶？此種議論起於矜異
> 炫博，自侈爲新特高奇，能超出流俗之見，而不知其拂經亂道，

〔註138〕《李贄文集》第三卷，《藏書》（下），第1299頁。北京市：社會科學文獻出版社，2000年。
〔註139〕耿定向《與焦弱侯》第一書，見《耿天台先生文集》卷三，第77頁。
〔註140〕耿定向《與焦弱侯》第二書，見《耿天台先生文集》卷三，第78頁。

實邪慝之極也！賢聞此，毋亦狃余寡聞固陋，溺於迂腐之常談云
耳，此實關世教不小。總之是學術不明，彼未始一自揆之本心，
殆不殆、疑不疑也。余茲冀賢，諸凡言論，必通於天下後世者，
豈故騖爲闊遠高談哉！性原通於天下萬世，實知性者，便以其身
爲天下萬世立心立命之身，諸惟言論，豈肯徒矜異炫博，不爲天
下後世念耶？〔註141〕

　　中國傳統思想歷來重視歷史，史學是儒學的一個分支，不僅記載歷史事
實，更通過褒貶進退的史書筆法來對歷史事件與人物進行是非善惡的評判。
孟子言：「孔子成《春秋》而亂臣賊子懼。」（《孟子・滕文公下》）歷朝歷代
的正史成爲人們對歷史進行事實評判與道德評判的最權威依據，因此也承擔
了道德教化的作用。

　　然而，歷史是複雜的，對歷史人物和事件的評價也不可能人人相同。李
贄讀史書，其出發點是「自娛自樂」，在歷史中求「勝己之友」，探索性命之
道與治平之方，所以對待歷史人物和事件，「一切斷以己意，不必合於儒者相
沿之是非。」〔註142〕然而耿定向以維護世教爲己任，重視傳統歷史的教化作
用，認爲對歷史的評價應當足爲天下萬世立心立命。李贄站在個人角度，尊
重人的個體自由，所以認爲「是非無定質、無定論」；而耿定向站在社會道德
教化角度，認爲應當有社會公認的是非善惡標準，即「經」與「道」。如果人
人有其是非，社會價值觀將會混亂，民眾也將無所適從，所以他認爲李贄《藏
書》中的新論爲「拂經亂道」。耿定向未嘗不知馮道等負面人物身上也有可取
之處，但是從歷史上孔孟精神來看，統一的道德教化更重要：

　　　　蓋嘗疑楊朱墨翟，亦古之賢人也，孟子逆其流至於無父無君，
比之禽獸，爲苛刻。由今以譚，孟子眞是能學孔子，非苛也。蓋
孔孟實是知性知命，以其身爲天下萬世立心立命之身，故其庸言
之信不敢不謹如此。觀孔子一生精神，乾乾兢兢，明大一統；孟
子一生精神，嘵嘵喋喋，要息邪慝而反經。此是何見，可深長思
矣。〔註143〕

〔註141〕耿定向《與焦弱侯》第二書，見《耿天台先生文集》卷三，第78頁。
〔註142〕《藏書》梅國楨序，《李贄文集》第二卷《藏書（上）》卷首。
〔註143〕耿定向《與焦弱侯》第二書，見《耿天台先生文集》卷三，第78～79頁。

五、抨擊「假道學」

　　李贄隱居龍湖後，寫了很多率性甚至激進的文章，如《三教歸儒說》，提倡「聞道以出世」之學，對「陽爲道學，陰爲富貴，被服儒雅，行若狗彘」的假道學之流進行抨擊：

　　　　夫世之不講道學而致榮華富貴者不少也，何必講道學而後爲富貴之資也？此無他，不待講道學而自富貴者，其人蓋有學有才，有爲有守，雖欲不與之富貴，不可得也。夫唯無才無學，若不以講聖人道學之名要之，則終身貧且賤焉，恥矣，此所以必講道學以爲取富貴之資也。然則今之無才無學，無爲無識，而欲致大富貴者，斷斷乎不可以不講道學矣。今之欲眞實講道學以求儒、道、釋出世之旨，免富貴之苦者，斷斷乎不可以不剃頭做和尚矣。〔註144〕

　　　　今之所謂聖人者，其與今之所謂山人者一也，特有幸不幸之異耳。幸而能詩，則自稱曰山人；不幸而不能詩，則辭卻山人而以聖人名。幸而能講良知，則自稱曰聖人；不幸而不能講良知，則謝卻聖人而以山人稱。展轉反覆，以欺世獲利。名爲山人而心同商賈，口談道德而志在穿窬。〔註145〕

　　萬曆十七年，黃安二上人（二上人師事李壽庵，壽庵師事鄧豁渠。）「欲以求出世大事」，到龍潭從李贄學佛。針對「今世齷齪者，皆以予猖隘而不能容，倨傲而不能下」的現狀，李贄作《高潔說》，對自己的性格和與人交往的情形進行描述：

　　　　予性好高，好高則倨傲而不能下。然所不能下者，不能下彼一等倚勢仗富之人耳；否則稍有片長寸善，雖隸卒人奴，無不拜也。予性好潔，好潔則猖隘而不能容。然所不能容者，不能容彼一等趨勢諂富之人耳；否則果有片善寸長，縱身爲大人王公，無不賓也。……殊不知我終日閉門，終日有欲見勝己之心也。終年獨坐，終年有不見知己之恨也。……然天下之眞才眞聰明者實少也。往往吾盡敬事之誠，而彼聰明者有才者終非其眞，則其勢又不得而不與之疏。且不但不眞也，又且有姦邪焉，則其勢又不得而不日與之遠。〔註146〕

〔註144〕李贄《三教歸儒說》，《續焚書》卷三，第72～73頁。
〔註145〕李贄《又與焦弱侯》，《焚書》卷二，第45頁。
〔註146〕李贄《高潔說》，《焚書》卷三，第98頁。

李贄一方面求友如命，一方面又好高好潔，所以當其意者甚少，李贄對此不無遺憾。

第五節　論爭的結果：決裂與和解

一、公開決裂：《焚書》刊行

萬曆十八年，李贄《說書》、《焚書》和《藏書》的部分論著相繼在麻城刊行。《焚書》是李贄的主要著作之一，收錄了他萬曆十八年之前所寫的書信、雜述、史論、詩歌等，其中就包括和耿定向論爭期間的書信等內容。李贄在《焚書自序》中說：

> 一曰《焚書》，則答知己書問，所言頗切近世學者膏盲，既中其痼疾，則必欲殺之，言當焚而棄之，不可留也。……夫欲焚者，謂其逆人之耳也；欲刻者，謂其入人之心也。逆耳者必殺，是可懼也。然余年六十四矣，倘一入人之心，則知我者或庶幾乎！余幸其庶幾也，故刻之。〔註147〕

李贄之所以不顧「逆耳者必殺」的危險，依然選擇在論敵耿定向告退之後在麻城刻行，是因爲此書集中反映了他的思想，且「頗切近世學者膏盲」，能夠「入人之心」，對社會人心大有裨益。果然，《焚書》的刊行在當地，尤其是李贄友人中引起了強烈反響，楊起元（1547～1599，號復所）寫信其師周柳塘，贊道：

> 近讀《李氏焚書》，益覺此老是眞休歇漢，世上難覓。此人我老能與之相朝夕，豈非大眼界大緣分哉！……起聞之：大開眼人，一咳欬一唾皆是神解，乃至所居一莖一塊皆是丹頭，今老師倘有所聞於此老，願不惜示。幸甚，幸甚！〔註148〕

梅國楨寫信給李贄說：

> 目病一月，未大愈，急索《焚書》讀之，笑語人曰：「如此老者，若與之有隙，只宜捧之蓮花座上，朝夕率大眾禮拜，以消折其福，不宜妄意挫抑，反增其聲價也！」〔註149〕

〔註147〕見李贄《焚書》卷首。
〔註148〕楊起元《周柳師（二）》，《楊太史家藏文集》卷六。轉引自廈門大學歷史系編《李贄研究參考文獻》第二輯，第39頁。
〔註149〕《焚書》卷二《與梅衡湘》所附。

耿定向於去年冬天告退，本年三月到達黃安家中。六月，他看到公開刻行的《焚書》，十分惱火，說是「聞謗」。《觀生紀》載：「萬曆十八年庚寅，我生六十七歲。……六月聞謗，作《求儆書》，蔡弘甫序梓之，以告同志。」《求儆書》內容如下：

> 惟衛五年九十猶求儆於國人。余犬馬齒幾古稀矣，相知者忍毫餘棄予不為儆耶？昔夫子得子路，惡聲不至於耳。非子路奮於勇過絕，天下之惡聲不至也，意必有以救夫子之失而補其缺，惡聲無自至也。予茲不免惡聲至，是亦同心恥也！何以振我而刷浣我者？余初省致詬之由，茫然不得其端，近檢笥牘稿，始解所自云。惟伊學術已大發洩於此。顧念予年七十尚不免集詬，恥矣！諸所訛詆，羞置一喙，謹以牘稿數草，錄寄相知者一覽。高賢按此，諗予之缺而箴儆之，是望。〔註150〕

此所謂「聞謗」、「謗書」，均指李贄萬曆十八年刊出的《焚書》。「謗書」之說一出，麻城很快上演了驅逐李贄的事件，對李贄以後的生活和命運產生了很大影響。

這裡有一個問題，耿定向為什麼看到《焚書》後如此氣急敗壞？按理說，李贄與耿定向的書信、彼此觀點的不同和互相指責，耿定向早已心知肚明，對李贄因思想學術的不同乃至對立而提出的辯難，在今存《與李卓吾》七通書信以及別的一些文章中作了具體回應，這些文章從未指控李贄的論說是什麼誹謗。而我們從耿定向看到《焚書》後寫的《求儆書》及《求儆書後》兩篇文章，卻看到滿篇都是激憤之語，如《求儆書》說：「予茲不免惡聲」「諸所訛詆，羞置一喙」「余初省致詬之由」等；《求儆書後》說：「夫揭詬乃近俗薄惡之極」「至其中訛詆余者，猜疑余者，閭閻三尺之童能辨之，即渠輩本心當亦自明之，余何容喙？」等。

那麼，耿定向究竟在什麼含義上稱《焚書》為「謗書」「訛詆」「揭垢」？

學者鄔國平在分析了李贄和耿定向論爭的代表作《答耿司寇》後，認為這篇長達萬言的書信，不是單一信件，而是作於萬曆十四年到十六年的七封書信的集合，李贄在《焚書》刻行時對這些信件作了「集束化」處理。〔註151〕

〔註150〕耿定向《耿天台先生文集》卷六《求儆書》，《四庫全書存目叢書》第 131 冊，
　　　　第 172～173 頁。
〔註151〕見鄔國平：《李贄〈答耿司寇〉是一封「集束型」書信》，載程章燦編：《中國

耿定向用「謗書」一詞，「實際是指《焚書》一書中毀損他個人形象和聲譽的激烈譏誚之辭，並非泛指李贄對耿定向堅持的儒家思想學說或道學所展開的批評或抨擊」。〔註152〕耿定向尤其惱恨的，是李贄針對耿定向個人道德品格特別是針對他與個人家事有關的言行所作的一系列尖銳譏誚。〔註153〕

如《答耿司寇》有一段提到了耿定向的家事：

> 每思公之所以執迷不返者，其病在多欲。古人無他巧妙，直以寡欲爲養心之功，誠有味也。公今既宗孔子矣，又欲兼通諸聖之長：又欲清，又欲任，又欲和。既於聖人之所以繼往開來者，無日夜而不發揮，又於世人之所以光前裕後者，無時刻而不繫念。又以世人之念爲俗念，又欲時時蓋覆，只單顯出繼往開來不容已本心以示於人。分明貪高官厚祿之足以尊顯也，三品二品之足以襃寵父祖二親也，此公之眞不容已處也，是正念也，卻迴護之曰：「我爲堯舜君民而出也，吾以先知先覺自任而出也。」是又欲蓋覆此欲也，非公不容已之眞本心也。
>
> ……分明憾克明好超脫，不肯注意生孫，卻迴護之曰：「吾家子侄好超脫，不以嗣續爲念。」乃又錯怪李卓老曰：「因他超脫，不以嗣續爲重，故兒傚之矣。」吁吁！生子生孫何事也，乃亦效人乎！且超脫又不當生子乎！即兒好超脫，故未有孫，而公不超脫者也，何故不見多男子乎？
>
> ……分明憾克明好超脫，不肯注意舉子業，卻迴護之曰：「吾家子侄好超脫，不肯著實盡平常分內事。」乃又錯怪李卓老曰：「因他超脫，不以功名爲重，故害我家兒子。」吁吁！卓吾自二十九歲

〔註152〕見上書，第 456 頁。

〔註153〕今人鄔國平注意到，如果耿定向讀過李贄給自己的信，爲何當時不認爲是誹謗並自辯，爲什麼要待到萬曆十八年《焚書》刊行以後才說「聞謗」呢？鄔國平認爲，很可能李贄寫下這封書信後，當時並沒有把它投出。寫下是因爲這些話在心頭竄撞，不吐不快；不投寄則是考慮這些內容具有的殺傷力，並顧及與耿定向種種複雜的關係以及可能造成的後果……後來李贄認爲不必再繼續掩藏自己眞實的想法和某部分事實，於是選擇在刊刻《焚書》的時候公開了這封以前未曾寄出的書信。」見鄔國平：《李贄〈答耿司寇〉是一封「集束型」書信》，載程章燦編：《中國古代文學文獻學國際學術研討會論文集》，鳳凰出版社，2006 年版，第 459 頁。此觀點可供參考。

（上接註 153 之出處）古代文學文獻學國際學術研討會論文集》，鳳凰出版社，2006 年版，第 446～459 頁。

做官以至五十三歲乃休，何曾有半點超脫也！克明年年去北京進
場，功名何曾輕乎？時運未至，渠亦未嘗不堅忍以俟。而翁性急，
乃歸咎於舉業之不工，是而翁欲心太急也。〔註154〕

以上內容多涉耿定向家人家事，不屬於一般的辯學範圍，它們是李贄在
與耿定向激烈論爭過程中，在難以平靜的情緒支配下，對耿定向數惡揭短，
抖爆內幕。李贄語言犀利，且對耿定向其人其事看得透徹，故句句都擊中對
方痛處，令其毫無還手之力。但此類言語，關乎耿定向名譽、隱私，作為私
人通信直接交流本無不可，然而李贄將之公之於眾，卻足以損害耿定向社會
聲譽，令素以「扶世立教」、「繼往開來」自任的耿定向顏面盡失。所以難怪
耿定向讀到《焚書》之後，反應極其強烈，對李贄惱恨之極，作《求儆書》
和《求儆書後》痛斥李贄，並為自己辯白。

平心而論，李贄所言當屬實情，但以此種方式揭人痛處，實在是不夠厚
道。耿定向為了挽回自己的名譽，也不得不指其為「誹謗」、「誣詆」，所謂
「夫揭訐乃近俗薄惡之極，市井無賴者所為」云云，也不無道理。連李贄好
友焦竑也對他的行為進行了嚴厲批評，焦竑在《耿天台行狀》雖隻字未提論
爭之事，但在文章結尾卻寫道：「先生之道如日中天，天下莫不知，而有為
先生手劾者，至造作謗書，以恣其唇吻，雖浮妄不根，眾所簡斥，而無忌憚
亦已甚矣。」〔註155〕

「無忌憚」的確是李贄人格特點之一。李贄極度自信、放言高論，能不
拘於世俗陳見，甚至突破名教的藩籬。雖能切中世人病痛，足以啟發人的心
智，但卻對社會秩序具有很大的破壞力，同時也將自己推向為人所惡的危險
境地。

耿定向及其弟子對《焚書》的不滿和指控，還有一個原因是書中李贄對
「假道學」的抨擊。李贄書中多處提到了陽談道德學問、陰為富貴名利的「假
道學」面目，而其中影射最多的就是耿定向了。如：

不論其敗而論其成，不追其跡而原其心，不責其過而賞其功，
則二老（指何心隱和張江陵）者，皆吾師也。非與世之局瑣取容，
埋頭顧影，竊取聖人之名，以自蓋其貪位固寵之私者比也。〔註156〕

彼其含怒稱冤者，皆其未嘗識面之夫；其坐視公之死，反從而

〔註154〕李贄《答耿司寇》，見《焚書》卷一，第33～34頁。
〔註155〕焦竑《耿天台行狀》，見《澹園集》卷三十三，第534頁。
〔註156〕李贄《答鄧明府》，見《焚書》卷一，《李贄文集》第一卷，第14～15頁。

下石者，則盡其聚徒講學之人。然則匹夫無假，故不能掩其本心；

談道無真，故必欲剗其出類。〔註157〕

《焚書》的刻行，使得李贄和耿定向的論爭公之於眾，假道學的虛僞面目也被揭露得淋漓盡致。李贄慷慨激昂的文字、詭異的思想，宛如一顆重磅炸彈，在晚明思想界引起了強烈反響。當時士人讀到此書，無不驚異，有讚歎的，有驚駭的，有畏懼的。耿定向出於為自己辯白，對李贄的批評也更加嚴厲；耿定向弟子為維護乃師名譽，也對李贄大加攻擊。耿李二人的論爭發展到了兩人難以控制的局面。當地統治者害怕李贄的言行危及自身地位，開始對李贄進行驅逐、迫害。袁中道《李溫陵傳》記載：

公氣既激昂，行復詭異，斥異端者日益側目。與耿公往復辯論，每一札，累累萬言，發道學之隱情，風雨江波，讀之者高其議，欽其才，畏其筆，始有以幻語聞當事，當事者逐之。〔註158〕

錢謙益《卓吾先生李贄》也說：「卓吾所著書，於上下數千年之間，別出手眼，而其掊擊道學，抉摘情僞，與耿天台往復書，累累萬言，胥天下之為僞學者，莫不膽張心動，惡其害己，於是咸以為妖為幻，噪而逐之。」〔註159〕

需要指出的是，學者多認為李贄遭驅逐、遭迫害，是耿定向所為，如林海權說「耿定向又勾結官府，驅逐李贄」〔註160〕，但從目前的文獻資料來看，李贄本人和當時好友都沒有說是耿定向所為。沈鈇《李卓吾傳》說：「黃郡太守及兵憲王君，亟榜逐之。謂黃有左道，誣民惑世。捕曹吏持載贄急，載贄入衡州，過武昌。其入衡州，予方為衡丞，來過之。」〔註161〕明確指出，驅逐李贄的主使，並非耿定向。然而，不可否認的是，雖然李贄屢遭驅逐和迫害非耿定向所為，但與耿定向也並非一點關係都沒有。

二、走向和解——兩捨則兩從

李贄刊刻《焚書》，導致和耿定向關係惡化，之後很快便後悔。耿定向畢

〔註157〕李贄《何心隱論》，見《焚書》卷三，《李贄文集》第一卷，第84頁。《答鄧明府》和《何心隱論》對假道學的指責皆暗指耿定向。

〔註158〕袁中道《李溫陵傳》，見《李贄研究參考資料》第一輯，第12頁。原載《珂雪齋集》。

〔註159〕見《李贄研究參考資料》第一輯，第24頁。原載《列朝詩集小傳》閏三。

〔註160〕林海權《李贄年譜考略》第25頁。

〔註161〕見《李贄研究參考資料》第一輯，第21頁。原載何喬遠：《閩書》卷一百五十二《畜德志》上。

竟是他相交多年的朋友，又對自己家人頗爲照顧，彼此之間還是有感情的，傷害對方也不是自己的本意。萬曆十九年春，李贄得知耿定力將回黃安，寫信給周友山，流露了願與耿定向和解的意向，希望借助周、耿兩家的親友關係，爲自己和耿定向調停。耿定向《觀生紀》載：「十九年辛卯，我生六十八歲……蔡弘甫著《焚書辨》。先是，謗者自悔愧，書來。」李贄信中說：

> 楚侗回，雖不得相會，然覺有動移處，所憾不得細細商榷一番。
>
> 彼此俱老矣，縣中一月間報赴閻王之召者遂至四五人，年皆未滿五十，令我驚憂，又不免重爲楚侗老子憂也。蓋今之道學，亦未有勝似楚侗老者。叔臺想必過家，過家必到舊縣，則得相聚也。」〔註162〕

目前未見耿定向對李贄的態度有正面回應，但從本年他和友人的信中，可見他對佛教的態度有所改觀。本年，他寫《大事譯》〔註163〕，面對「朋舊凋謝」的現實，對性命之道有所反思，對佛學的態度也大有改觀。《大事譯》涉及的問題，便是他之前與李贄論爭中涉及的問題之一；而這種態度的改變，與李贄的影響不無關係。作爲一個眞誠志在修齊治平的儒家學者，《焚書》給他的衝擊，也是讓他靜下心來，探求性命之道的一個契機。〔註164〕此時他退休在家，一切功名利祿、經濟事業已成過眼煙雲，閒居無事，便有更多時間關注自己的內心，關注自己的生命。

《大事譯》記錄自己和學生徐思中關於儒佛二教的對話，開頭便問：「釋子家恆言明大事、明大事，事孰爲大哉？」通過和徐思中的反覆問答，耿定向指出，所謂事之大者，不是富貴榮耀，也不是功業文章，而是人之爲人、安身立命的心性之學——「惟是此心此理，爲視爲聽，爲言爲動，這些子橫

〔註162〕李贄《答周友山》，見《焚書》卷一，《李贄文集》第一卷，第24頁。

〔註163〕耿定向《觀生紀》載：「（萬曆）十九年辛卯，我生六十九歲。……冬初，著《大事譯》，寄白下諸友。」

〔註164〕耿定向寫《大事譯》，與焦竑等友人弟子的啓發也不無關係。《天台集》卷四《又與劉調甫》（第三書）說「昔大慧謂張子韶將佛語改頭換面說向儒門去，頃徐思中將吾家語改頭換面說向釋門去」，又說「唐祠部近輯程子闢佛語一編，焦弱侯中多駁異」。焦竑《答耿師》說：「學者誠有志於道，竊以爲儒、釋之短長，可置勿論，而第反諸我之心性。苟得其性，謂之梵學可也，謂之孔孟之學可也，即謂非梵學、非孔孟學，而自爲一家之學，亦可也。蓋謀道如謀食，藉令爲眞飽，即人目其餒，而吾腹則果然矣。不然，終日論人之品味，而未或一嘗其蔵，不至枵腹立斃者幾希。」（《澹園集》卷一二，第82頁。）這封信針對程顥闢佛的言論而發，程顥堅持的是嚴格的儒、佛界限，而焦竑則主張儒佛會通，打破學術的門戶之見而關注自家性命。」

無邊際、豎無古今，參兩天地、拍塞宇宙，是我之所以爲我，大莫踰於此矣！」
〔註165〕如果不能明此大事，則雖「雖富垺素封、位極人臣、功蓋天下、文
冠一世」也只能是「悢悢然、憒憒然」的小人。《大事譯》認爲釋家和儒家
有很多共通之處。如：

> 其（釋家）曰明大事，即吾家（儒家）致知求仁之別名也。
>
> 然則其心與吾孔氏之欲明明德於天下不殊也。
>
> 或曰：「孔氏之所謂明明德者，曰孝曰弟曰慈，由家及國，由
> 國以及天下，言舉斯心，實見之行也，故其宗曰仁。彼釋氏所云大
> 事，則虛寂已爾。」徐生曰：「否。世豈有明此大事，而不孝不弟不
> 慈者乎？抑豈有不孝不弟不慈而能明此大事者乎？」……予喟然
> 曰：「以談釋氏大指，無非欲人同歸於爲善耳。子輿曰『君子莫大乎
> 與人爲善』，如此則釋之明大事，信大矣乎。彼譏其虛寂而已者，其
> 猶堂聞見耶！」〔註166〕

文中，有學生提到之前耿定向所著的《譯異編》（萬曆十四年，批判鄧豁
渠和李贄之作，裏面對佛教多批判否定之語。）二書的對佛教的態度差別巨
大，爲何如今「推佛而附之吾孔子也」，難道「孔釋其參同耶」？耿定向回答
說：「道一而已。余未嘗爲佛學，未多研佛乘，第省之自心自性如是，仰思尼
父之心之性如是，惟文中子稱佛聖矣，度其心其性亦必如是。」〔註167〕可見
耿定向此時放棄了之前以儒學爲正統、以佛教爲異端的成見，承認佛教的積
極意義。但是，在文章末尾有這麼一段話，「比見近世之談佛學者，迷蔽本心
矣，以是亂教傷化滋甚。藉令釋迦有靈，亦自三太息也。凡爲學佛者，諸如
徐生語，是得我心同然者，予又何異焉？」〔註168〕說明耿定向仍舊站在「教
化」的立場，肯定佛教也是在它與儒家有共通之處、「欲人同歸於爲善」的意
義上說的。而對「近世之談佛學者」「亂教傷化」的批評，說明他對對李贄、
鄧豁渠的不滿仍未消除。

萬曆十九年春，公安袁宏道來龍湖問學，與李贄甚相得，留住三月餘，
臨走彼此依依不捨，李贄一直送他到武昌。五月間，當李贄與袁宏道同遊黃

〔註165〕耿定向《大事譯》，見《天台集》卷八，第256～257頁。
〔註166〕同上書，第256～259頁。
〔註167〕同上書，261頁。
〔註168〕同上。

鶴樓時，被誣以「左道惑眾」而遭到驅逐。李贄寫信給周友山，表達了自己
的苦楚境況，並表示願「加冠蓄髮」、「服善從教」。

> 不肖株守黃、麻一十二年矣，近日方得一覽黃鶴之勝，尚未眺
> 晴川，遊九峰，即蒙憂世者有左道惑眾之逐。弟反覆思之，平生實
> 未曾會得一人，不知所惑何人也：然左道之稱，弟實不能逃焉。……
> 即日加冠畜髮，復完本來面目，二三侍者，人與圓帽一頂，全不見
> 有僧相矣。如此服善從教，不知可逭左道之誅否？想仲尼不為已甚，
> 諸公遵守孔門家法，決知從寬發落，許其改過自新無疑。〔註169〕

如此放低姿態，謙恭改過的樣子，實在不像往日那個自信狂怪的李贄。他後
來又寫信給楊定見，將其中苦心和盤托出：

> 我不可殺，則我自當受天不殺之祐，殺我者不亦勞乎！然則我
> 之加冠，非慮人之殺和尚而冠之也。侗老原是長者，但未免偏聽。
> 故一切飲食耿氏之門者，不欲侗老與我如初，猶朝夕在武昌倡為無
> 根言語，本欲甚我之過，而不知反以彰我之名。恐此老不知，終始
> 為此輩敗壞，須速達此意於古愚〔註170〕兄弟。不然或生他變，而令
> 侗老坐受主使之名，為耿氏累甚不少也。小人之流不可密邇，自古
> 若是，特恨此老不覺，恐至覺時，噬臍又無及。〔註171〕

所為「飲食耿氏之門者」，指的是耿定向某些弟子們。他們為了討好耿定
向而不擇手段，或宣佈留言詆毀李贄名聲，或糾集打手驅逐李贄。李贄知道
耿定向是個有涵養的人，不至於迫害自己，但門下那些趨炎附勢的弟子們就
難說了。「不然或生他變」可能是「飲食」耿門的人自告奮勇，要搗毀他在麻
城的住居，也可能還有其他的陰謀，要對李卓吾本人下手。不論什麼變故，
由於之前耿李二人的激烈論爭，人們都很容易指耿定向為主使，惟耿府是攻，
對耿定向聲譽和他們家的政治前途非常不利。

雖然《焚書》的刊行導致與耿定向矛盾公開化，往日好友的疏遠、當道
小人的迫害讓李贄處境艱難，但他卻並沒有對耿定向懷恨，而是時時不忘與
耿修好關係。萬曆二十年秋，耿定力陞官，冬將從河南返里。〔註172〕李贄聽
到這個消息，再次寫信給周友山，表達了願與耿定向和解的強烈意願。

〔註169〕李贄《與周友山書》，見《焚書》卷二，《李贄文集》第一卷，第50頁。
〔註170〕古愚，耿定向長子，名汝愚，字克明，號古愚。
〔註171〕李贄《與楊定見》，見《焚書》卷二，《李贄文集》第一卷，第60頁。
〔註172〕耿定向《觀生紀》：「（萬曆）二十年壬辰……秋，叔子晉奉常。冬，歸自汴。」

令師想必因其弟高遷抵家，又因克念自省回去，大有醒悟，不
復與我計較矣。我於初八夜，夢見與侗老聚，顏甚歡悦。我亦全然
忘記近事，只覺如初時一般，談説終日。……我想日月定有復圓之
日，圓日即不見有蝕時跡矣。果如此，即老漢有福，大是幸事，自
當復回龍湖，約兄同至天台無疑也。若此老終始執拗，未能脱然，
我亦不管，我只有盡我道理而已。諺曰：「冤讎可解不可結。」渠縱
不解，我當自有以解之。〔註173〕

萬曆二十一年秋，在友人沈鈇的調停下，李贄到黃安會見耿定向，二人
重敘舊情，開始走向和解。沈鈇《李卓吾傳》曰：「劉公入掌內臺〔註174〕，而
載贄歸麻城。鈇招耿公曰：『李先生信禪，稍戾聖祖，顧天地間自有一種學問，
逃墨歸楊，歸斯受焉，此聖賢作用也。』於是耿、李再晤黃安，相抱大哭，
各叩首百拜，敘舊雅，歡洽數日而別。」〔註175〕

耿李二人雖見面握手言和，但雙方並沒有放棄自己的學術觀點和見解。
李贄回到龍湖以來，著書論道，聽講者日眾，其學說的社會影響也越來越大。
又因接受婦女問法受業，李贄大受攻擊。沈鈇《李卓吾傳》曰：「載贄抵麻城，
卜居龍湖寺中。鳩率好義者，大修佛殿，飾如來諸祖像。日著書談道，聽說
者日益夥。間有室門女流，持齋念佛，亦受業焉。雖不躬往，訂於某日某時
受戒，先致筐帛，甫反，候宦女在家合掌拜，載贄在寺亦答受之。坐是喧闐
郡邑。」〔註176〕

萬曆二十二年（1594），耿定向臥病在床，不顧身體虛弱，〔註177〕著《學
彖》和《馮道論》，重申孔孟心性之學，對「異學」與李贄進行了猛烈攻擊。
《學彖》曰：

今高明賢俊自負爲心性學者，吾尤惑焉。蓋歸宗於蘆渡東來之

〔註173〕李贄《與友山》，見《焚書》卷二，《李贄文集》第一卷，第64頁。

〔註174〕「劉公」指原湖廣布政使劉東星，李贄在武昌遭驅逐後，劉慕名前來拜訪，並
　　　　迎接到武昌會城，保護、供養並商討學問。「入掌內臺」指萬曆二十一年劉東星
　　　　升任都察院左副都御史，入理院事（《明神宗實錄》，卷二六四）。本年春，李贄
　　　　自武昌回到麻城龍湖。參見林海權《李贄年譜考略》第257～259，第287頁。

〔註175〕見《李贄研究參考資料》第一輯，第21頁。原載何喬遠：《閩書》卷一百五
　　　　十二《畜德志》上。

〔註176〕同上書，第21～22頁。

〔註177〕《耿天台先生文集》卷四《又與劉調甫》（第六書）：「近因貴鄉郭青螺公祖見
　　　　教，病中決性命著《學彖》一篇，幾萬言。親友皆大恚，謂奈何忘生爲此然……
　　　　《馮道論》亦是病危時著，手字草草，具見余時病狀也。」

教，沉酣於百家非聖之書……蓋不惟敗化傷風，亦且傷人螫物，蔑
不至矣。亡論此，即其品騭古昔也，譽馮道，伸秦檜，才章惇與呂
惠卿、韓佗冑，而故掊擊程、朱，訾議孔子。其橫議若此，豈世運
至此，是非不在人心邪！彼下流淺根，懵懵然以方便情慾，足恣胸
臆，吠聲逐塊，無足異也。乃高明者亦往往溺焉，何也？蓋胡賈街
方物足以釣奇，畫工圖鬼易於爲工，彼蓋謂非是不足以摧倒一切豪
雄，凌駕往代儒先也。〔註178〕

予以性命萬派無能異，但盡與不盡則吾與二氏異耳。吾儕惟盡
性，故有禮樂刑政三千三百，精微中庸。人得其理，物得其所，故
謂之裁成輔相，範圍曲成。豈若二氏之棄捨倫物，小道淺學之得其
一曲已哉？〔註179〕

又著《馮道論》強調禮義廉恥，批判佛教「恃性空之見以自解脫，稔其
貪生戀榮之念耳」。

以馮道爲有道，是可指孀婦而謂之曰人盡夫也，何以節爲云
爾？由此推之，故亦可曰人盡君也，惟榮利之要，朝委質而夕勸進
焉，弗恤矣。將亦曰人盡父也，惟勢位之急，朝伏膝而夕操戈焉，
弗恤矣。子焉而弗父其父？臣焉而弗君其君？婦焉而弗夫其夫？則
是天柱蹶而地維裂也，棼亂離潰，竟成何世哉！〔註180〕

從耿定向的文章看，他對李贄「傷風敗俗」的言行仍懷有很深的芥蒂。
而此後，麻城又掀起一場迫害李贄的風波。麻城一些士人與地方官員勾結，
揚言要拆毀芝佛院。〔註181〕萬曆二十三年（1595）初，新任湖廣僉事兼湖北
分巡道史旌賢抵任。經過麻城時，曾揚言要對李贄「以法治之」、驅逐出境。
〔註182〕由於史旌賢與耿定力是故交，在京時還曾以門生禮拜見耿定向，故有
傳言說此次驅逐李贄是耿氏兄弟所指使。李贄則認爲這些傳言是挑撥離間、
嫁禍於人。他堅信耿氏兄弟爲人，《答來書》曰：

耿叔臺爲人極謹慎，若謂史道有問，叔臺不辨有無則可，若說

〔註178〕見《耿天台先生文集》卷九，第233～234頁。

〔註179〕同上書，第235頁。

〔註180〕《馮道論》見《耿天台先生文集》卷七，第216～219頁。

〔註181〕李贄《答周友山》：「我因人說要拆毀湖上芝佛院，故欲即刻蓋閣於後，使其
便於一時好拆毀也。」《續焚書》卷一，第23頁。

〔註182〕參見林海權《李贄年譜考略》第313頁。

叔臺從而落井下石害我，則不可。蓋彼皆君子路上人，決無有匿怨
友人，陽解陰毒之事。又我與天台所爭者問學耳。既無辨，即如初
矣，彼我同爲聖賢，此心事天日可表也！〔註183〕

在史旌賢揚言要對李贄「以法治之」時，耿定向方面也對李贄有所關照。
耿定理之子耿克念多次寫信邀請李贄到黃安，當是與耿定向有所商議。李贄
在兩封回信中都表示，爲了避嫌而決定暫不赴邀，同時表示了對耿定力與耿
定向的謝意。如說：「前書悉達矣，嫌疑之際，是以不敢往，雖逆尊命，不敢
辭。幸告叔臺與天台恕我是感！」〔註184〕「我欲來已決，然反而思之，未免
有瓜田之嫌，恐或以爲我專往黃安求解免也，是以復輟不行，煩致意叔臺並
天台勿怪我可。」〔註185〕從這些信件，可以看出李贄與耿定向之間的和解態
度。

萬曆二十三年（1595）底，李贄到黃安會見耿定向，雙方最終和解。李
贄寫《耿楚倥先生傳》，感念耿定理，並自述與耿定向衝突與和解的始末：

（耿定理去世後）既已戚戚無歡，而天台先生亦終守定「人倫
之至」一語在心，時時恐余有遺棄之病；余亦守定「未發之中」一
言，恐天台或未窺物始，未察倫物之原。故往來論辯，未有休時，
遂成扞格，直至今日耳。今幸天誘我衷，使余捨去「未發之中」，而
天台亦遂頓忘「人倫之至」。乃知學問之道，兩相捨則兩相從，兩相
守則兩相病，勢固然也。兩捨則兩忘，兩忘則渾然一體，無復事矣。
余是以不避老，不畏寒，直走黃安會天台於山中。天台聞余至，亦
遂喜之若狂。志同道合，豈偶然耶！〔註186〕

《耿楚倥先生傳》寫好後，李贄又抄寫三份，分別給耿定向、耿定理之
子、耿定力，以示鄭重。當時關心耿、李和解的周友山，讀到李贄寄來的《耿
楚倥先生傳》後，非常感慨，隨即題寫跋語並付刻（見《焚書》卷四《耿楚
倥先生傳》及所附周思敬跋）。

至此，李贄和耿定向冰釋前嫌，徹底和解，重歸於好。

〔註183〕李贄《答來書》，見《續焚書》卷一，第16頁。
〔註184〕《與耿克念》，《續焚書》卷一，第22頁。
〔註185〕《與耿克念》，《續焚書》卷一，第18頁。
〔註186〕見《焚書》卷四，第133頁。

第三章 耿李論爭相關問題分析

第一節 從耿李論爭看明代中後期道德與性命之學的分離

一、耿李論爭中道德與性命的矛盾

在耿定向和李贄論爭中，一個核心的爭論點是道德之學和性命之學的關係。

道德之學的根據是孔孟心性之學，其內容是四書五經等儒家經典等規定的禮教、名教和倫理規範，其目的是個人德性的提升和社會的秩序與和諧。正如耿定向認爲，孔孟的學術是天下萬世規矩準繩：「（五經）孔子從而贊之、修之、刪定之，便垂爲萬世成憲，吾人遵之則得，違之則失。天下國家由之則治，戾之則亂。若食飲之於饑渴，若規矩準繩之於方圓平直，末之能違者。」
〔註1〕

明代中後期，經濟的發展、人們欲望的膨脹衝擊著原有的社會道德秩序，同時陽明心學風靡天下，在流傳過程中出現了空虛不實、任情恣肆等流弊。面對種種學術流弊和社會問題，耿定向深感憂慮，故時時處處以正學術正人心、挽救世風、維護世教爲己任。他說：

> 生比年目擊近日學術之弊，每拊膺長籲而繼之流涕……今談學
> 者至有以恣情縱慾爲眞性，以反身克己爲鈍下，以頑鈍無恥爲解脫，

〔註1〕耿定向《與周柳塘》第九書，見《耿天台先生文集》卷三，《儒藏》本第 90 頁。

以篤倫盡分爲情緣，其說蓋祖異教，而益滋其橫議，蓋不獨掊擊周、
程，亦且弁髦孔、孟矣。……生庸虛老矣，無能副賢厚望，惟遵聞
守道，不重得罪於名教，是則所自盟者也。〔註2〕

耿定向具有強烈的衛道意識，其弟子管志道（東溟）曾說：「師生平多苦
心，競競衛道，可貫天日。……立人達人一脈，姚江、泰州、盱江俱努力爲，
然未必如師之浸浸有味，發揮明盡若此。此有功於世道不淺矣。」〔註3〕當日
大文豪王世貞（1526～1590，字元美，號鳳洲，又號弇州山人，江蘇太倉人）
也曾贊道：「楚老（按，即耿定向）有實見實力，又勇於衛道，確然迴瀾之柱
也。」〔註4〕

李贄從小便就有極強的個性。二十多年的宦遊生活，使他深感受人管束
之苦。他晚年回顧生平時說：

余唯以不受管束之故，受此磨難，一生坎坷，將大地爲墨，難
盡寫也。爲縣博士，即與縣令、提學觸。爲太學博士，即與祭酒、
司業觸。……司禮曹務，即與高尚書、殷尚書、王侍郎、萬侍郎盡
觸也。……最苦者爲員外郎，不得尚書謝、大理卿董並汪意。……
又最苦而遇尚書趙。趙於道學有名。孰知道學益有名，而我之觸益
又甚也。最後爲郡守，即與巡撫王觸，與守道駱觸。……此余平生
之大略也。〔註5〕

這是李贄多年居官生活的總結，處處與上司「觸」，倒並非有什麼矛盾衝突，
實則是李贄在心理上感受到的不自由和苦悶。這種牴觸，實質上是李贄「不
愛屬人管」的性格和爲官必然受人管束的現實之間的矛盾，也是當時社會中
的明規則、潛規則和李贄內心感受之間的矛盾。

這種矛盾，讓李贄深感人生的艱辛和痛苦，也讓對性命之道的追求日益
迫切。他說：「凡爲學者，皆爲窮究自己生死根因，探討自家性命下落。是故
有棄官不顧者，有棄家不顧者，又有視其身若無有，至一麻一麥，雀巢其頂
而不知者。無他故焉，愛性命至極也。」〔註6〕

〔註2〕耿定向《與蕭給舍》，《耿天台先生文集》卷六，《儒藏》本192頁。

〔註3〕《惕若齋集》卷一《問候先生道體書・乙未》，轉引自吳震《陽明後學研究》，
上海人民出版社2003年版，373頁。

〔註4〕王世貞《弇州山人四部續稿》卷二百一《管僉憲》，清文淵閣四庫全書本。

〔註5〕李贄《豫約・感慨平生》，見《焚書》卷四，第174頁。

〔註6〕李贄《答馬歷山》，見《續焚書》卷一，第1頁。《李贄文集》第一卷，社會

李贄和耿定向有著完全不同的爲學目的和人生取向。耿定向致力於維護儒家道統，維護既有的社會倫理秩序；而李贄則拒絕自己認爲不合理的既有觀念，如饑似渴、義無反顧地追求自己的性命之道。二人的分歧難以彌合，爭論也就難以避免了。爭論過程中，李贄的辭鋒也越來越激烈。李贄回顧和耿定向的論爭說：

> 我以自私自利之心，爲自私自利之學，直取自己快當，不顧他人非刺。故雖屢承諸公之愛，誨諭之勤，而卒不能改者，懼其有礙於晚年快樂故也。自私自利，則與一體萬物者別矣；縱狂自恣，則與謹言愼行者殊矣。萬千醜態，其原皆從此出。彼之責我是也。然已無足責矣。何也？我以供招到官，問罪歸結，容之爲化外之民矣。……吾之所少者，萬物一體之仁也，作惡也。今彼於我一人尚不能體，安能體萬物乎？於我一人尚惡之如是，安在其無作惡也？屢反責之而不知痛，安在其有側隱之仁心也？彼責我者，我件件皆有，我反而責彼者，亦件件皆有。〔註7〕

耿定向站在正統儒家的立場，重視人倫道德，提倡「謹言愼行」，力求做到「言爲世法、行爲世則」，所以對李贄「縱狂自恣」的言行很不滿，本著「萬物一體之仁」，「成己成物」的原則，對李贄屢屢責備。而李贄站在自家性命的立場，自稱「以自私自利之心，爲自私自利之學，直取自己快當，不顧他人非刺」，故有他人眼中的「萬千醜態」出現。李贄雖然知道自己的言行被耿定向看不慣，但是仍選擇受人勸告而不改之，因爲改之便是違背自己的性命之眞，從而「有礙於晚年快樂」。

道德之學注重社會和諧有序，而性命之學注重個體自由安樂。儒家的理想是二者的合一，即「內聖外王」，成己成物。然而，二者在耿定向和李贄之間卻產生了難以調和的矛盾。爲什麼會出現這種情況呢？

其實，二人的矛盾，正反映了社會秩序和個人自由之間的矛盾。這是一個由來已久的問題，也是一直存在於中國哲學和文化中的問題。儒家思想特別強調人倫道德，認爲人與禽獸的區別就在於人的道德理性，通過克己復禮，建立一個「父子有親，君臣有義，夫婦有別，長幼有序，朋友有信」（《孟子·滕文公上》）的和諧有序的社會。然而「克己復禮」一語，便隱含著社會秩序

科學文獻出版社2000年版。
〔註7〕李贄《寄答留都》，見《焚書》增補一，第257頁。

和個人自由的矛盾。在先秦時期，道家對儒家的批判，主要就是認為儒家的仁義道德損害了人的自由。如老子說：「禮者，忠信之薄而亂之首也。」（《老子》三十八章）莊子莊子認為，追求道德名譽和追求物質利益一樣，對自身天性的傷害。「自三代以下者，天下莫不以物易其性矣。小人則以身殉利，士則以身殉名，大夫則以身殉家，聖人則以身殉天下。」（《莊子・駢拇》）

　　到了明代，由於特殊的政治、社會、思想文化背景，秩序與自由、道德與性命的矛盾顯得尤其突出。下文我們借耿李論爭，對這個問題的作一番觀察和分析。

二、王陽明：道德之學與性命之學的融合

（一）心學對理學的改造

　　程朱理學講「性即理」，而「理」的主要內涵則是倫理道德。儒家士人通過道德修養，成德成身，成己成物，達到「萬物一體」的境界。在宋儒那裡，道德與性命是合一的，不僅個人的價值、人格的完滿在於道德修養，而且社會的治理、人心的安頓也通過道德教化來實現。儒家士大夫對於「得君行道」和「新民」都持樂觀態度。這與宋代儒學復興、士大夫受優待處境有關。明代中期丘濬說：「宋有天下，先後三百餘年。考其治化之污隆，風氣之離合，雖不足以擬倫三代，然其時君汲汲於道藝，輔治之臣莫不以經術為先務，學士縉紳先生談道德性命之學不絕於口，豈不彬彬乎進於周之文哉？」〔註8〕

　　然而，明初朱元璋以程朱注疏為科舉的標準，永樂年間詔頒《五經大全》、《四書大全》、《性理大全》程朱理學取得了獨尊的地位。對於程朱理學的拘執，導致了明代前期思想的僵化，出現「成說在前，此亦一述朱，彼亦一述朱，宜其學者之愈多而愈晦也」〔註9〕的狀況。程朱理學成為社會的主導思想後，逐漸僵化、教條化，也衍生出許多問題。其中最重要的是，外在於人的

〔註8〕（明）丘濬《大學衍義補》卷九十四，（清）文淵閣四庫全書本。丘濬（1421～1495年），字仲深，號瓊山，別號深庵，諡文莊，後人稱丘文莊或丘瓊山。明朝大臣，瓊山（今海口）人。景泰五年（1454年）進士，憲宗成化年間累官至禮部尚書，加太子太保，兼文淵閣大學士，參預機務；孝宗弘治七年（1494年）加封太子少保兼武英殿大學士、戶部尚書。丘濬為官多年，熟悉當朝典故，對歷代政治、經濟、文化、教育、司法、軍事有較深的研究。晚年，他以真德秀《大學衍義》為藍本，博採群書加以補充，寫成《大學衍義補》160卷，系統論述了他的經濟思想。

〔註9〕黃宗羲《孟子師說・題辭》。

「天理」與人心的主觀感受之間有難以彌合的鴻溝。

　　朱子講「格物窮理」,「有一物便有一理,窮得到後,遇事觸物皆撞著這道理。事君便遇忠,事親便遇孝,居處便恭,執事便敬,與人便忠,以至參前倚衡,無往而不見這個道理。……豈有學聖人之書,為市井之行,這個窮得個甚道理?而今說格物窮理,須是見得個道理親切了,未解便能脫然去其舊習。其始且見得個道理如此,那事不是亦不敢為;其次見得分曉,則不肯為;又其次見得親切,則不為之,而舊習都忘之矣。」〔註10〕「格物窮理」不僅窮究事物的道理,如忠、孝、恭、敬等,更重要的是將此道理內化於自己行為,落實於道德實踐中,從「不敢為」、「不肯為」,最後自然「不為之」,是一個主體逐漸與外在倫理規範合一的過程。

　　然而,朱子將「心」與「理」二分,則勢必在「心」與「理」劃出了一條難以逾越的鴻溝。其問題主要有三:一是對於外在規範(理)不假思索地盲目遵守,而不經過理性求其所以然,這種不負責任的態度無益於道德修養;正如陽明所說「若只是那些儀節求得是當,便謂至善,即如今扮戲子,扮得許多溫凊奉養的儀節是當,亦可謂之至善矣。」(《傳習錄上》)二是注重遵守外在行為合於規範,容易導致外守天理、內含私欲的偽君子,「如五伯攘夷狄,尊周室,都是一個私心,便不當理。人卻說他做得當理。只心有未純,往往悅慕其所為,要來外面做得好看,卻與心全不相干。分心與理為二,其流至於伯道之偽而不自知。」(《傳習錄下》)三是,當外在之規範與主體內心感受不合時,容易引起表裏不一、內心的撕裂與不安。

　　王陽明提出「心即理」之說,認為,「理」在心不在物:「心即理也。此心無私欲之蔽,即是天理,不須外面添一分。以此純乎天理之心,發之事父便是孝,發之事君便是忠,發之交友治民便是信與仁。」

　　陽明思想的核心是「致良知」。「良知」出自孟子:「人之所不學而能者,其良能也;所不慮而知者,其良知也。孩提之童,無不知愛其親者;及其長也,無不知敬其兄也。」(《孟子‧盡心上》)根據這個說法,良知指人不依賴於環境、教育而自然具有的道德意識和道德情感。陽明繼承了孟子之說,認為人人皆有良知,主體內心的良知,是道德行為和道德判斷的依據。他對陳九川說:

　　　　爾那一點良知,是爾自家的準則。爾意念著處,他是便知是,

〔註10〕《朱子語類》卷十五,中華書局1994年版,第289～290頁。

非便知非，更瞞他一些不得。爾只不要欺他，實實落落依著他做去，善便存，惡便去。他這裡何等穩當快樂。此便是格物的真訣，致知的實功。〔註11〕

相對朱子學，陽明學最大特點之一就是將一切合法性與合理性的根源從外在的天理轉化爲內在的良知，以後者所代表的道德主體性取代前者的權威。王陽明可能也承認朱子學所說之理，但構成理之條件都必須透過心體本身（良知）確認。這就是所謂的「致吾心之良知於事事物物」，這樣主體才能對每一行爲負起徹底的責任。

雖然陽明講「良知即是天理」，但「天理」的內容卻不是固定的。有弟子問孟子的「執中無權猶執一」時，陽明回答曰：「中只是天理，只是易，隨時變易，如何執得？須是因時制宜，難預先定一個規矩在。如後世儒者要將道理一一說得無罅漏，立定個格式，此正是執一。」（《傳習錄上》）「因時制宜，難預先定一個規矩在」，表明道德判斷的標準，一切合法性與合理性的根據，皆在於個人良知的因時制宜。

在與弟子關於「去花間草」的討論中，陽明還提出了「無善無惡」之說：

（陽明）曰：「天地生意，花草一般，何曾有善惡之分？子欲觀花，則以花爲善，以草爲惡；如欲用草時，復以草爲善矣。此等善惡，皆由汝心好惡所生，故知是錯。」曰：「然則無善無惡乎？」曰：「無善無惡者理之靜，有善有惡者氣之動。不動於氣，即無善無惡，是謂至善。」曰：「佛氏亦無善無惡，何以異？」曰：「佛氏著在無善無惡上，便一切都不管，不可以治天下。聖人無善無惡，只是無有作好，無有作惡，不動於氣。然遵王之道，會其有極，便自一循天理，便有個裁成輔相。」〔註12〕

陽明的意思是說，善惡的標準不在於客觀世界，而是繫於人之一念。人往往以自己的好惡來判斷事物之善惡，所以要警惕，自己的好惡是否當理：「循理便是善，動氣便是惡」。是否應當去草，本來與人心的善惡無關。重要的不是在外物（如花草）上追究善惡，而應當反省自己的心態意念，即：「此須汝心自體當。汝要去草，是甚麼心？周茂叔窗前草不除，是甚麼心？」〔註13〕

〔註11〕《傳習錄》下，《王陽明全集》卷三，上海古籍出版社，1992年，第92頁。

〔註12〕《傳習錄》上，《王陽明全集》卷一，上海古籍出版社1992年，第29頁。

〔註13〕同上，第30頁。

在宋明理學，道德和性命的矛盾，主要引起了「戒慎恐懼」與「和樂」或「敬畏」與「灑落」的爭論。敬畏，代表一種恭順整肅、言行不苟的心理狀態；而灑落，則代表一種不為道理格式所拘束、不為世俗名利所累心，自由灑脫的境界。過於敬畏，則個體心靈享受不到順適的愉悅與自由；而脫離了對於道德敬畏的灑落，則容易流入禪或道家者流。陽明曾經贈詩與其同時代的朱子學者夏尚樸（字敦夫，號東岩，1466～1538）云：「鏗然捨瑟春風裏，點也雖狂得我情」，夏尚樸答詩則曰「孔門沂水春風景，不出虞廷敬畏情」，可謂鮮明地反映了敬畏天理與自信良知兩者間的差別。

對此王陽明有一番論述，代表了二者相容的理想：

> 夫謂「敬畏日增，不能不為灑落之累」，又謂「敬畏為有心，如何可以無心而出於自然，不疑其所行」，凡此皆吾所謂欲速助長之病也。夫君子所謂敬畏者，非有所恐懼憂患之謂也，乃「戒慎不睹，恐懼不聞」之謂耳。君子之所謂灑落者，非曠蕩放逸，縱情肆意之謂，乃其心體不累於欲，無入而不自得之謂耳。夫心之本體，即天理也。天理之昭明靈覺，所謂良知也。君子之戒慎恐懼，惟恐其昭明靈覺者或有所昏昧放逸，流於非僻邪妄而失其本體之正耳。戒慎恐懼之功無時或間，則天理常存，而其昭明靈覺之本體，無所虧蔽，無所牽擾，無所恐懼憂患，無所好樂忿懥，無所意必固我，無所歉餒愧作。和融瑩徹，充塞流行，動容周旋而中禮，從心所欲而不逾，斯乃所謂真灑落矣。是灑落生於天理之常存，天理常存生於戒慎恐懼之無間。孰謂「敬畏之增，乃反為灑落之累」耶？惟夫不知灑落為吾心之體，敬畏為灑落之功，歧為二物而分用其心，是以互相牴牾，動多拂戾而流於欲速助長。〔註14〕

在王陽明看來，「敬畏」並不是對於特定對象的畏懼，而是一種自覺的防檢和提撕。「灑落」並不是指肆意放蕩、無所顧忌，而是指心靈自由的一種特徵。敬畏為灑落之功，只有自覺警戒私欲、惡念對心靈的戕害，心之本體——良知才能充塞流行，從而達到「動容周旋而中禮，從心所欲而不逾」即主體的自由和外在規範的統一，這才是真正的灑落。

（二）心學對佛道思想的吸收

道德之學與性命之學的矛盾，還表現在對待佛道二教等「異端」思想的

〔註14〕《答舒國用》，《王陽明全集》卷五，第 190 頁。

態度。佛教傳入中國，之所以能廣泛傳播，一大原因就在於它適應了人們「脫離苦海」「度脫生死」的需要。同時，佛教的出世傾向，也對傳統儒家的倫理綱常造成了挑戰。於是，自唐代韓愈「闢佛」，儒家對於佛老思想的侵襲一直保持警惕，但同時現實中，很多儒家士大夫又難免受到佛學（尤其是禪宗）的影響。

陳來先生指出，從人生態度和精神境界來說，中國文化與哲學有兩種基本形態，「一種是以儒家為代表的強調社會關懷與道德義務的境界，一種是佛老代表的注重內心寧靜平和與超越自我的境界」。〔註15〕兩種境界既有某種緊張，又相互補充。

程朱理學和禪學的根本區別，在於是否承認外在「理」的權威。在程朱理學看來，「天理」無疑具有最高的權威性，而人心當「存天理，滅人欲」，在道德修養和實踐中達到與理合一「天理流行」的境界。

儒家強調是非善惡不可混淆，然而，佛家以「空」為究竟，反對執著、分別心，不可陷入一定的規矩，要摒除「理障」，超脫世俗，才能悟道。朱子點出儒佛區別，說「吾儒所以與佛氏異者，吾儒則有條理，有準則，佛氏則無此爾。」（《朱子語類》卷五十二）

荒木見悟先生指出，「朱子所發現的道，就是不管現實界具有如何醜惡的黑暗面，其中卻存在著支持人類共同生活場所的一定的條理與規範。而依此理之追求與實踐，人倫共同體之存立才有可能」。〔註16〕「但禪是唯一有實力能將朱子學之精華，從根柢予以攪亂的第一人，這可能是朱子最怕而最為警戒的」。〔註17〕所以朱子及其後學對佛教都持激烈的排斥態度。

宋代程朱學猖介的佛教觀，及至明代初期尚繼續不變地保持著其大勢。例如丘濬（1421～1495，號瓊山）云：「秦漢以來，異端之大者，在佛老。必欲天下之風俗皆同，而道德無不一，非絕去異端之教不可也。」（《大學衍義補》卷七十八）。彼又評佛教初傳中國之史實而歎曰：「嗚呼，自天地開闢以來，夷狄之禍，未有甚於此者也。」（《世史正綱》卷七）。對此，薛瑄（1389～1464，號敬軒）則憂世態而云：「如佛老之教，分明非正理，而舉世趨之。

〔註15〕 陳來《有無之境——王陽明哲學的精神》北京市：人民出版社，1991 年，第5 頁。

〔註16〕 荒木見悟《陽明學與明代佛學》，收入（日）牧田諦亮著；索文林譯《中國近世佛教史研究》附錄三（臺北：華宇出版社，1984）第 378 頁。

〔註17〕 同上，第 380 頁。

雖先儒開示精切，而猶不能袪其惑。」〔註18〕（《讀書錄》卷七）胡居仁（1434
～1484，號敬齋）而責言曰：「楊墨老佛莊列，皆名異端，皆能害聖人之道。
爲害尤甚者禪也。」〔註19〕

　　然而，自從陳獻章（1428～1500，字公甫，號石齋，晚號石翁，學者稱
白沙先生）而王陽明以降，儒家學者對於佛道二教，基本都持批判兼融合，
而非簡單否定的態度。明代中後期，由於政治的黑暗、綱常的崩壞，儒家士
人經常面臨仕途沉浮、利害得失，甚至生死關頭的考驗，所以對身心性命之
學非常關注。在這樣的條件下，佛道二教得到了進一步發展，對當時思想界
產生了重要影響。

　　王陽明一生中幾個重要轉折點上都有僧人、道士、方外異人出現，他終
其一生都爲道家的自然情趣所吸引，對道教懷有特殊的關懷和情感。〔註 20〕
陽明之於佛道，可以說是一個由好之而入其中，到漸覺其非而屛去，再到以
儒統合、融會佛道的過程。陽明早年曾出入佛老多年，如婚禮之日入鐵柱宮，
聞道士養生之說而悅之，相與對坐忘歸；格竹子得病後，習練道士養生之法，
有遺世入山之意；初任事遊九華山，訪道士蔡蓬頭論儒家最上乘；築室陽明
洞中行導引術至能「前知」等，大多出於青年人對於多種學問以及神秘事物
的好奇和探究欲望。後來在龍場等地的險惡環境、生死考驗，讓他對儒家學
說信從益堅，對佛道的出世無爲傾向進行了批判。學術成熟以後，陽明又從
性命的角度，主張以儒家聖人之學來融匯佛道之學。

　　道家學說的核心在重視生命，保養生命；佛家學說的核心在保持心的清
淨本體，不爲塵俗所染。陽明認爲，此皆儒家本有之義：

　　　　張元沖在舟中問：「二氏與聖人之學所差毫釐，謂其皆有得於
　　性命也。但二氏於性命中著些私利，便謬千里矣。今觀二氏作用，
　　亦有功於吾身者，不知亦須兼取否？」先生曰：「說兼取，便不是。
　　聖人盡性至命，何物不具，何待兼取？二氏之用，皆我之用：即吾
　　盡性至命中完養此身謂之仙；即吾盡性至命中不染世累謂之佛。但

〔註18〕　薛瑄《讀書錄》卷七，見《薛瑄全集》，太原市：山西人民出版社，1990 年，
　　　　　第 1214 頁。
〔註19〕　胡居仁《歸儒峰記》，《胡敬齋集》卷二，北京：中華書局，1985 年。
〔註20〕　關於陽明與佛道二教的關係，可參考秦家懿著《王陽明》第七章第三節《王
　　　　　陽明與佛道二教》，（臺北：東大圖書股份有限公司，1987.07），以及劉聰著《陽
　　　　　明學與佛道關係研究》（成都市：巴蜀書社），2009 年。

後世儒者不見聖學之全，故與二氏成二見耳。譬之廳堂三間共爲一
廳，儒者不知皆吾所用，見佛氏，則割左邊一間與之；見老氏，則
割右邊一間與之；而己則自處中間，皆舉一而廢百也。聖人與天地
民物同體，儒、佛、老、莊皆吾之用，是之謂大道。二氏自私其身，
是之謂小道。」〔註21〕

　　陽明一方面認爲二氏自私其身，不可以治天下，所以謂小道，一方面又
用佛道的理論來補充儒家的性命之學，成就儒學之大道。陽明提倡的「良知」
之學，便吸收了佛道在心性論和人生境界上的思想資源，如：

先生曰：「仙家說到虛，聖人豈能虛上加得一毫實？佛氏說到
無，聖人豈能無上加得一毫有？但仙家說虛，從養生上來；佛氏說
無，從出離生死苦海上來：卻於本體上加卻這些子意思在，便不是
他虛無的本色了，便於本體有障礙。聖人只是還他良知的本色，更
不著些子意在。良知之虛，便是天之太虛；良知之無，便是太虛之
無形。日月風雷山川民物，凡有貌象形色，皆在太虛無形中發用流
行，未嘗作得天的障礙。聖人只是順其良知之發用，天地萬物，俱
在我良知的發用流行中，何嘗又有一物超於良知之外，能作得障
礙？」〔註22〕

　　不過，陽明雖然心性論和在人生境界論上，對於佛道的虛無論有所吸
收，但在關於道德修養、社會安頓方面，仍然堅持儒家的倫理規範和積極有
爲論。

先生嘗言：「佛氏不著相，其實著了相。吾儒著相，其實不著
相。」請問。曰：「佛怕父子累，卻逃了父子；怕君臣累，卻逃了君
臣；怕夫婦累，卻逃了夫婦：都是爲個君臣、父子、夫婦著了相，
便須逃避。如吾儒有個父子，還他以仁；有個君臣，還他以義；有
個夫婦，還他以別：何曾著父子、君臣、夫婦的相？」〔註23〕

曰：「無善無惡者理之靜，有善有惡者氣之動。不動於氣，即
無善無惡，是謂至善。」曰：「佛氏亦無善無惡，何以異？」曰：「佛
氏著在無善無惡上，便一切都不管，不可以治天下。聖人無善無惡，

〔註21〕《王陽明全集》卷三十五《年譜三》，第1289頁。
〔註22〕《傳習錄》下，《王陽明全集》卷一，上海古籍出版社1992年，第106頁。
〔註23〕《傳習錄》下，《王陽明全集》卷一，上海古籍出版社1992年，第99頁。

> 只是無有作好，無有作惡，不動於氣。然遵王之道，會其有極，便
> 自一循天理，便有個裁成輔相。」〔註24〕

在陽明看來，儒佛都講無善無惡，但佛教的心之本體是空，儒家的心之本體是理。佛家超越善惡分別，是爲自己出離苦海，結果只成就了一個私。而儒家則循理遵道，以成就大眾利益爲目的。佛家出世，逃避父子君臣的倫理義務，恰恰是著了相。儒家則不著相，因爲它承認應盡的倫理義務而處之以埋，在倫理生活中完成理想人格。

三、王龍溪：性命之學對道德之學的超越

陽明之後，儒家學者對於佛道二教的涉入越來越深，對於性命哲學的追求越來越強烈。而陽明弟子龍溪便是一個典型的例子。

王畿（1498～1583），字汝中，號龍溪，山陰（今浙江紹興）人，明世宗嘉靖十一年（1532）進士，累官至南京兵部武選郎中，因其學術思想爲當時首輔夏言所惡而被黜。「林下四十餘年，無日不講學，自兩都及吳、楚、閩、越、江、浙，皆有講舍，莫不以先生爲宗盟。年八十，猶周流不倦。」〔註25〕龍溪學說影響很大，在中晚明陽明學的發展中居於相當重要的地位。

與陽明重道德之學，以師道自任不同，龍溪的學問則傾向於性命之學，他說：

> 學原爲了自己性命，默默自修自證，才有立門戶、護門戶之見，
> 便是格套起念，便非爲己之實學。
>
> 學者須識得與點之意，方是孔門學脈，方爲有悟，不然只成擔
> 死版。伊川平生剛毅，力扶世教，以師道爲己任，明道自以爲有所
> 不及。不知明道乃是巽言以教之，惜乎伊川未之悟也。學問到執己
> 自是處，雖以明道爲兄，亦無如之何，況朋友乎？〔註26〕

龍溪不同意伊川「力扶世教，以師道爲己任」的學問取向，主張「識得與點之意，方是孔門學脈」，認爲學問追求的目標，是達到曾點那樣超越道德的灑落境界。而「學原爲了自己性命」也是他的一貫宗旨，據不完全統計，「自

〔註24〕《傳習錄》上，《王陽明全集》卷一，上海古籍出版社 1992 年，第 29 頁。

〔註25〕黃宗義《明儒學案》卷十二《浙中王門學案二》，《郎中王龍溪先生畿》。中華
書局 2008 年，第 237 頁。

〔註26〕《撫州擬峴臺會語》，見《王畿集》卷一，第 17～18 頁。作於嘉靖四十一年
壬戌（1562）。

己性命」一詞，在龍溪全集中有近二十處。

正是因爲對性命之學的追求，龍溪八十歲高齡還出遊講學。有弟子擔心「往來交際，未免陪費精神，非高年所宜」，勸他「靜養寡出、息緣省事，以待四方之來學」。對此，龍溪解釋說，出外講學，不是「專以行教爲事」，也是爲了自己性命：

> 時常處家與親朋相燕昵，與妻奴佃僕相比狎，以習心對習事，因循隱約，固有密制其命而不自覺者。才離家出遊，精神意思便覺不同。與士夫交承，非此學不究；與朋儕酬答，非此學不談。晨夕聚處，專幹辦此一事，非惟閒思妄念無從而生，雖世情俗態亦無從而入，精神自然專一，意思自然沖和。教學相長，欲究極自己性命，不得不與同志相切劇、相觀法，同志中因此有所興起，欲與共了性命，則是眾中自能取益，非吾有法可以授之也。男子以天地四方爲志，非堆堆在家可了此生。〔註27〕

龍溪爲學，宗旨在於「欲究極自己性命」，與人會講，也是「欲與共了性命」，性命之學一直是他最關心的，而對於道德教化，則處在次要的地位。

正因爲這樣，李贄對龍溪極爲讚賞，稱其爲「聖代儒宗，人天法眼；白玉無瑕，黃金百鍊」〔註28〕。也正因爲龍溪、李贄專注於自家性命，對於既定的規範多有超越，才引起耿定向等憂世之人的批判。

（一）良知是安身立命之本

龍溪對「良知」的闡述，其落腳點也在於對自己性命的重要意義。如：

> 良知便是做人柄柄，境界雖未免有順有逆、有得有失，若信得良知過時，縱橫操縱，無不由我。如舟之有柂，一提便醒，縱至極忙迫紛錯時，意思自然安閒，不至手忙腳亂，此便是吾人定命安身所在。〔註29〕

在龍溪看來，良知是人安身立命之本，若「信得良知過」，面對一切順逆、得失的境遇，都可以保持心境的平和安閒，甚至生死也可以超越。

> 緣此一點靈明，窮天窮地，窮四海，窮萬古，本無加損，本無

〔註27〕《天柱山房會語》，《王畿集》卷五，第 120 頁。
〔註28〕李贄《王龍溪先生告文》，見《焚書》卷三，第 112 頁。
〔註29〕《留都會紀》，見《王畿集》卷四，第 96 頁。

得喪，是自己性命之根，盡此謂之盡性，立此謂之立命，生本無生，死本無死，生死往來，猶如晝夜，應緣而生，無生之樂；緣盡而死，無死之悲。方爲任生死，超生死，方能不被生死魔所忙亂。生死且然，況身外種種世法好事，又烏足爲吾之加損哉？〔註30〕

龍溪對良知的信仰，得自其師陽明。而陽明的良知之學，便是從百死千難的生命體驗中得來。被貶龍場，居夷處困，悟出「聖人之道，吾性自足，向之求理於事物者誤也」〔註31〕的道理。「吾性自足」即良知本具，這個與聖人相同的良知，支撐他度過一個個難關。後來經過平寧王叛亂、處忠泰之變，中間許多性命相關、生死搏鬥的曲折，對於心性、智慧的考驗，讓他對自己的學術越來越自信。《年譜》記載說：

自經宸濠、忠、泰之變，益信良知眞足以忘患難，出生死，所謂考三王，建天地，質鬼神，俟後聖，無弗同者。乃遺書守益曰：「近來信得致信得致良知三字，眞聖門正法眼藏。往年尚疑未盡，今自多事以來，只此良知無不具足。譬之操舟得舵，平瀾淺瀨，無不如意，雖遇顚風逆浪，舵柄在手，可免沒溺之患矣。」〔註32〕

（二）融通三教

與其師王陽明相比，王龍溪與佛道二教的關係更爲密切，〔註33〕在融通三教上走得更遠。

針對道家養生之說，陽明不大認同，而認爲「大抵養德養身，只是一事」，而養德爲養身之本：「果能戒謹不睹，恐懼不聞，而專志於是，則神住氣住精住，而仙家所謂長生久視之說，亦在其中矣。」〔註34〕而龍溪由於少年體弱，對道家養生之術研究頗多，並從中受用，自稱「予稟受素薄，幼年罹孱弱之疾，幾不能起，聞學以來，漸知攝養精神，亦覺漸復漸充。五六十以後，亦覺不減壯時。」〔註35〕並且他從不諱言自己對於道家養生術的興趣和實踐經

〔註30〕《留都會紀》，見《王畿集》卷四，第91～92頁。
〔註31〕《王陽明全集》卷三十三《年譜一》，第1228頁。
〔註32〕《王陽明全集》卷三十四《年譜二》，第1278～1279頁。
〔註33〕彭國翔的《良知學的展開》（三聯書店2005年）一書有專章考證王畿與佛道人士的交往經歷和他對佛教因果輪迴等理論的吸收；方祖猷的《王畿評傳》（南京大學出版社2001年）、曾召南的《佛道兼融的王畿理學》、《宗教學研究》1999年第1期）等，從不同角度論證了王畿理學具有濃厚的佛道兼融特色。
〔註34〕《王陽明全集》卷五，文錄二《與陸原靜（辛巳）》，第187頁。
〔註35〕《天柱山房會語》，《王畿集》卷五，第118頁。又見《龍溪會語》卷二《天

歷，據其自述，由於體弱，結婚之後十多年未能得子，後來偶遇異人，得授秘術，龍溪告知妻子張安人，並如法實踐，從而喜得數子。〔註36〕

龍溪不僅跟多名佛道人士交往，講學過程中也經常化用佛道二教的理論，甚至提出良知「範圍三教之宗」的說法：

> 五臺陸子問二氏之學，先生曰：「二氏之學與吾儒異，然與吾儒並傳而不廢，蓋亦有道在焉。均是心也，佛氏從父母交媾時提出，故曰『父母未生前』，曰『一絲不掛』，而其事曰明心見性。道家從出胎時提出，故曰『哇地一聲，泰山失足』，『一靈真心既立，而胎息已忘』，而其事曰修心煉性。吾儒卻從孩提時提出，故曰『孩提知愛知敬』，『不學不慮』，曰『大人不失其赤子之心』，而其事曰存心養性。夫以未生時看心，是佛氏頓超還虛之學，以出胎時看心，是道家煉精氣神以求還虛之學。良知兩字，範圍三教之宗。良知之凝聚為精，流行為氣，妙用為神，無三可住，良知即虛，無一可還。此所以為聖人之學。〔註37〕

在這裡，龍溪比較了三教的心性論和工夫論，三教都從人之初理論，主張一定程度的「虛」。佛氏講明心見性，道家講修心煉性，儒家講存心養性，都是為了對虛無本性的回歸。而「良知之凝聚為精，流行為氣，妙用為神，無三可住，良知即虛，無一可還」，說明龍溪認為良知之學可以將佛道二教融攝在內，即「範圍三教之宗」。龍溪吸收佛道二教在心靈境界方面虛無空寂的主體性智慧，並將其融入自己的良知說中。

（三）無善無惡

龍溪之學，注重對於良知本體的領悟，以達到心體無拘不滯的虛寂境界。所以他主張「四無說」。針對陽明四句教法：「無善無惡心之體，有善有惡意之動，知善知惡是良知，為善去惡是格物。」，龍溪提出了不同的看法：

〔註36〕 山答問》，《王畿集》附錄第776頁。
〔註36〕 《亡室純懿張安人哀辭》，《王畿集》卷二十，第648頁。原文：安人成婚十年不育，乃為置妾。又七八年，無就館之期。安人憂苦，幾成鬱疾。予偶受異人口訣，得其氤氳生化之機。萬物異類，與人皆然。施有度，受有期，氤氳有候。須賴黃婆入室，調和通諭，始中肯綮。予歸密語安人，欣然任之。如法練習，十餘年間，連舉八九子，或墮或傷，即禎兒與今斌、吉是也。人謂安人未嘗有子，安人笑曰：「淺哉見！螽斯百男，后妃一身，豈能自致？」惟其普惠於眾，故眾妾之子，皆其所生，一體之愛，未嘗有彼此之間也。
〔註37〕 《南遊會紀》，見《王畿集》卷七，第154頁。

　　夫子立教隨時,謂之權法,未可執定。體用顯微,只是一機;
心意知物,只是一事。若悟得心是無善無惡之心,意即是無善無惡
之意,知即是無善無惡之知,物即是無善無惡之物。蓋無心之心則
藏密,無意之意則應圓,無知之知則體寂,無物之物則用神。天命
之性粹然至善,神感神應,其機自不容已,無善可名。惡固本無,
善亦不可得而有也。是謂無善無惡。若有善有惡則意動於物,非自
然之流行,著於有矣。自性流行者,動而無動,著於有者,動而動
也。意是心之所發,若是有善有惡之意,則知與物一齊皆有,心亦
不可謂之無矣。〔註38〕

　　雖然陽明對龍溪的「四無(心意知物皆無善無惡)說」表示了肯定:「即
本體便是工夫,易簡直截,更無剩欠,頓悟之學也」,但同時指出,「四無
說」「只好接上根人」「不宜輕以示人」否則「徒增躐等之病」〔註39〕。而
龍溪之後雖然再未明確提「無善無惡」之說,但其「悟本體便是工夫」的
學問路向卻一直貫徹在講學中。比較突出的是「自信良知」和「無是無非」
說。

　　知者心之本體,所謂是非之心,人皆有之。是非本明,不須假
借,隨感而應,莫非自然。聖賢之學,惟自信得及,是是非非不從
外來。故自信而是,斷然必行,雖遯世不見是而無悶。自信而非,
斷然必不行,雖行一不義,殺一不辜,而得天下不為。如此方是毋
自欺,方謂之王道,何等簡易直截。後世學者,不能自信,未免倚
靠於外。動於榮辱,則以毀譽為是非;惕於利害,則以得失為是非。
攪和假借,轉折安排,益見繁難,到底只成就得霸者伎倆,而聖賢
易簡之學不復可見。(以上《答林退齋》)〔註40〕

　　為性命不真,總是棄世界不下。如今說著為善不是真善,卻是
要好心腸隨人口吻,毀譽得失之關不破,若是真打破,人被惡名埋
沒一世,更無出頭,亦無分毫掛帶,此便是真為性命。真為性命,
時時刻刻只有這裡著到,何暇陪奉他人,如此方是造化把柄在我,

〔註38〕《天泉證道紀》,見《王畿集》卷一,第1頁。
〔註39〕《天泉證道紀》,見《王畿集》卷一,第2頁。
〔註40〕黃宗羲《明儒學案》卷十二《郎中王龍溪先生畿》,中華書局 2008 年,第 244
　　　　頁。

橫斜曲直、好醜高低，無往不可。如今只是依阿世界，非是自由自
在。〔註41〕

王龍溪主張認取當下一念，直悟自己真性情，他要把世間種種凡心習態統
統斬斷，以自己的良知真我為主宰，獨往獨來。龍溪對於良知的自信，實際上
得自晚年的王陽明。陽明對自己早晚期的變化，曾有明確說明：「我在南都以前，
尚有些子鄉愿的意思在；我今信得這良知真是真非，信手行去，更不著些覆藏，
我今才做得個狂者的胸次，使天下之人都說我行不掩言也罷。」（《傳習錄》
下）龍溪崇奉王陽明的「狂者胸次」，痛恨世人鄉愿習氣。他認為當世以世風論，是
千百年隨俗習非；以人論，大半是倚入門戶，看人口眼。他提倡一種「超世情
漢子」，「將一種阿世心腸洗滌乾淨」，良知靈根才不為桔亡，真性才能常顯。

萬曆八年（1580）鄧以讚往訪龍溪，相與論學。對這次訪問，張元忭和
鄧以讚各作《秋遊記》記載其事〔註42〕。王畿有《龍南山居會語》，談到了良
知「無是無非」之說：

> 中夜，鄧子擁衾問曰：「良知渾然虛明，無知而無不知。知是
> 知非者，良知自然之用，亦是權法，執以是非為知，失其本矣。」
> 先生曰：「然哉！是非亦是分別相，良知本無知，不起分別之意，方
> 是真是真非，比之明鏡之鑒物，鏡體本虛，物之妍媸鑒而不納，過
> 而不留，乃其所照之影，以照為明，奚啻千里！孟氏云『是非之心，
> 知之端也』，端即是發用之機，其云性善，乃其渾然真體，本無分別，
> 此方謂之見性，此師門宗旨也。」〔註43〕

鄧以讚說，無是無非是心之本體，知是知非是良知之作用，「執以是非
為知，失其本矣」，其所說完全符合王畿「四無說」的本旨，故王畿欣然同
意，且補充說：「是非亦是分別相，良知本無知，不起分別之意，方是真是
真非。」至於王畿在後面所舉明鏡之喻以及過而不留，本書這是王陽明在《傳
習錄》中的比喻和觀點。鏡明（無是無非）為體，鏡照（知是知非）為用，
如果「以照為明」，即以作用為本體，這就有千里之別了。最後，他認為孟
子的「性善」，也是「本無分別」的「渾然真體」。

〔註41〕黃宗羲《明儒學案》卷十八，第411頁。亦見羅洪先《己亥冬遊記》。
〔註42〕鄧以讚之文見《明儒學案》卷二十一《文潔鄧定宇先生以讚》，張元忭文見《張
　　　　陽和文選》卷四《秋遊記》。
〔註43〕《王畿集》卷七《龍南山居會語》，第166～167頁。

　　耿定向看了鄧、張的《遊記》後，認爲「時龍溪所論，已失本宗」〔註44〕，並寫信給龍溪，表達自己的批評和不滿，他認爲「以照爲明，相去千里」之說「提掇似太重矣」。他引用孟子「無是非之心，非人也」的話，指出人人應皆有此心。

> 　　不寧如是，即是毀譽之心，亦原於羞惡，羞惡之心，生於是非。「聖人貴名教，亦是權法」。往聞丈教，欲人破除毀譽，此第可與高明好修者道，令之逼眞入微可也，若以爲訓，恐將使天下胥入於頑鈍無恥，不可振勵。然且不可，今並是非之心看作標末，不將使天下胥至昏昏懂懂耶？〔註45〕

　　「標末」即樹梢，他說，如果「是非之心從無是無非中來」，則把無是無非視作根本，把是非之心看作枝節了。他認爲王畿此說持論太高，隱含著對客觀道德原則的破壞，對於無眞志的凡人來說，尤其危險：「人有眞志，即令師致知一言，亦已終身受用不盡，不必別爲高論。否則即此極深入微之論，人且借爲藏慝蓄垢之資也。念此實斯道顯晦，人心淑慝、世道治亂之機，干涉最大。」〔註46〕

　　對於耿定向的批評，龍溪回答說「良知知是知非，原是無是無非，正發眞是眞非之義，非以爲從無是無非中來，以標末視之，使天下胥至於昏昏懂懂也。」耿定向「標末」之說，是對自己的誤解，無是無非是體，知是知非是用，眞是眞非是體用不二，強調是非之心得自然發用，而不是是非不分，「譬諸日月之往來，自然往來，即是無往無來」。〔註47〕

　　萬曆五年丁丑（1577），龍溪在爲徐階七十五歲壽辰所作的《原壽篇贈存齋徐公》中曾說道：

> 　　心體粹然，意則有善有惡；良知渾然，識則有是有非。善惡則好惡形，是非則取捨見。萬病皆起於意，萬緣皆生於識。心之良知・本無善惡・本無是非。……意根於心，則善惡自無所淆，而意爲誠意。識變爲知，則是非自無所眩，而識爲默識。無識則知亦忘，無意則心亦冥。譬諸太虛之體，不和諸相，而亦不拒諸相，萬象往來於太虛之中，而廓然無礙。……夫意與識非二也（案：由此可知心

〔註44〕《耿天台先生文集》卷六《與吳伯恒》（二），第172頁。
〔註45〕《耿天台先生文集》卷四《與王龍溪先生》（一），第125～126頁。
〔註46〕同上，第126頁。
〔註47〕《王畿集》卷十《答耿楚侗》，第242頁。

體與良知亦一），識有分別，意為之主，意有期必，識為之媒。是謂
一病兩痛，交相成也。〔註48〕

龍溪看來，心體、良知是沒有是非、善惡之分別的，而有分別的「意」
與「識」則會引起「萬病」、「萬緣」，妨礙心體的空靈。他強調「意根於心」
的「誠意」、「識變為知」的「默識」，一任良知流行，不為後天的善惡是非所
眩惑，表現出一種無所期必、不為物牽、圓應無方的品格。對於龍溪的觀點，
耿定向一直是不認同的，他後來在寫給朋友的信中說：「頃見王龍溪為存翁壽
文中多傷奇語，弟雖亦能解其說，然實惡聞之也。」〔註49〕

學者對這世上的善惡、是非應抱什麼態度？從儒家的基本精神來說，應
該好善惡惡，嫉惡如仇，然而王畿採取的是佛道超然物外的態度。他以明鏡、
太虛作比喻，明鏡鑒物，有孌妍、黑白之影，卻可以「應而無跡，過而不留」，
太虛之中萬象森羅畢具，但卻「廓然無礙」。正所謂「良知知是知非，而實無
是無非。知是知非者，不壞分別之相，無是無非者，無心之應也。」〔註50〕
不壞善惡、是非分別之相，然而又以「無心」應之，從其現實性來說，難免
有向現實的「非」和「惡」勢力妥協調和之可能。

> 遵岩子居鄉遇拂逆事，時有悄然不豫之色，甚至有怫然不平之
> 氣，方信以為同好惡、公是非，以問於先生。先生徐應之曰：「子甚
> 麼聰明，何未之早達也？吾人處世，豈能事事平滿，無不足之歎？
> 所貴於隨緣順應，處之有道耳。禪家謂之缺陷世界，違順好醜皆作
> 意安，只見在不平滿處，便是了心之法，方是當地灑然超脫受用。
> 才有悄然怫然之意，等待平滿時方稱心，吾之所自失者多矣。況人
> 無皆非之理，惟在反己自修、一毫不起怨尤之心，方是孔門家法。」
> 〔註51〕

王畿認為，對於世間不平之事，應當採取「隨緣順應」的態度。對於這
個「缺陷世界」，不是外向地積極改造，使其合理化，像孟子所說「文王一怒
而安天下之民」（《孟子・梁惠王》），而是內向地「反己自修，一毫不起怨尤
之心」，以達到自我心靈的「灑然超脫受用」，這顯示了當時儒家士人面對明
末政治現實的軟弱性與無奈感。

〔註48〕《原壽篇贈存齋徐公》，見《王畿集》卷十四，第386～387頁。
〔註49〕耿定向《與劉養旦（壬午）》，見《天台集》卷四，第135頁。
〔註50〕《從心篇壽平泉陸公》，《王畿集》卷十四，第395頁。
〔註51〕《三山麗澤錄》，《王畿集》卷一，第11頁。

值得注意的是，龍溪受佛道二教的影響，其以良知之學爲性命之學，重頓悟而忽略實修，對是非善惡採取超越的態度，已有背離傳統儒家道德之學之嫌，所以在當時和後來都引起了極大的爭議。黃宗羲批評說：「雖云眞性流行，自見天則，而於儒者之矩矱，未免有出入矣。」〔註52〕另《龍溪全集》四庫提要曰：「史又載，畿嘗言學當致知，見性而已，應事有小過，不足累。故在官不免干請，以不謹斥。蓋王學末流之恣肆，實自畿始。《明史》雖收入《儒林傳》，而稱士之浮誕不逞者，率自名龍溪弟子云云。深著其弊，蓋有由也。」〔註53〕

四、鄧豁渠：性命之學對道德之學的背離

明代中後期性命之學的勃興，對道德之學的逐漸超越，走到極致，便出現了鄧豁渠這樣脫離世情、一心求道的人物。鄧豁渠的著作《南詢錄》曾引起李贄和耿定向之間的激烈爭論，並成爲二人關係惡化的關鍵（參見本文第二章）。這本著作記載了鄧豁渠周遊四方求道的經歷和所得，取名「南詢錄」，源自《華嚴經》「入法界品」中善財童子的求法歷程。

（一）三十年求道之路

鄧豁渠（1498～約1569），四川內江人，屬內江右族，少時補邑庠弟子。從青少年時期到壯年時期，他只是一個普通的讀書人。其思想的轉變，是從嘉靖十八年（四十二歲）時師事同鄉趙貞吉（1508～1582，字孟靜，號大洲，謚文肅）後開始的。袁宏道曾贊說：「蜀中，高士藪澤也。近代性命之學，始於趙文肅公。嘗竊讀公書，出入禪儒，而去其膚，關閩所未及也。」（《袁宏道集箋校》卷五四《壽何孚可先生八十序》）。

大洲出入禪儒的性命之學，給鄧豁渠很大影響。拜趙大洲爲師後，鄧豁渠一意追求性命之學。他自稱：

> 渠自參師以來，再無第二念。終日終夜，只有這件事，只在摧羅這些子，漸漸開豁。覺得陽明良知，了不得生死；又覺人生都在情量中，學者工夫，未超情外，不得解脫。（《南詢錄》三）〔註54〕

〔註52〕黃宗羲《明儒學案》卷十二《郎中王龍溪先生畿》，中華書局2008年，第239頁。

〔註53〕《四庫全書總目提要》卷一七七，集部三十・別集類存目四，（清）永瑢，紀昀主編；周仁等整理，海口市：海南出版社，1999年，第953頁。

〔註54〕《南詢錄》共113條。爲了方便，以下引用《南詢錄》原文，在文中夾註條數。

　　大約通過趙大洲，他接觸了陽明的良知之學。雖然他讚賞「陽明振古豪傑，孔子之後一人而已」，其揭示良知「示人以學問關竅也」（《南詢錄》一○五）然而良知學並未讓他滿意，因為「覺得陽明良知，了不得生死」，「良知，神明之覺也。有生滅，縱能透徹，只與造化同運並行，不能出造化之外。」（《南詢錄》四）看來，鄧豁渠要追尋的是超出世情、造化之外，最高、最究竟的解脫之道。

　　為了求得終極之道，他離家出遊，遍訪海內學者。據《南詢錄》和耿定向《里中三異傳》，他的蹤跡大約如下：

己亥嘉靖十八年（1539 年），42 歲。拜趙大洲為師。不久赴青城山參禪。

丁未嘉靖二十六年（1547 年），50 歲。青城山參禪畢，出遊雲南，抵雞足山。

戊申嘉靖二十七年（1548 年），51 歲。在雲南，三月，剃度為僧。

己酉嘉靖二十八年（1549 年），52 歲。雲遊貴州。

庚戌嘉靖二十九年（1550 年），53 歲。春，登南嶽衡山。過慈化寺，往江西安福縣。

辛亥嘉靖三十年（1551 年），54 歲。至杭州。過南京，住錫鷲峰寺。往棲霞寺參雲谷。

壬子嘉靖三十一年（1552 年），55 歲。至泰州，訪王東涯。從王東涯指引，赴湖州府武康縣天池山禮月泉。

癸丑嘉靖三十二年（1553 年），56 歲。遊浙江崇福天清宮，蓄髮。

甲寅嘉靖三十三年（1554 年），57 歲。過紹興，拜謁陽明祠堂和陽明洞。泛舟錢塘。抵蘭溪。

丙辰嘉靖三十五年（1556 年），59 歲。過廣西八八嶺，第一次大徹大悟。遊廣西興安和全州。

丁巳嘉靖三十六年（1557 年），60 歲。登岳陽樓，遊呂仙亭，泛舟洞庭。抵武陵。

戊午嘉靖三十七年（1558 年），61 歲。居澧州，長達八年。

己未嘉靖三十八年（1559 年），62 歲。三月，遊荊州，拜謁張太和（即張居正）。

甲子嘉靖四十三年（1564 年），67 歲。離澧州，入湖北黃安，寄食耿氏兄弟家。

　　乙丑嘉靖四十四年（1565 年），68 歲。居黃安南塘山。聞雞啼狗吠，第
　　二次大徹大悟。

　　丙寅嘉靖四十五年（1566 年），69 歲。仍居黃安南塘山。〔註 55〕

　　約在隆慶初年（其元年為 1567 年）離開黃安，流浪北方（河南）衛輝府，
投靠時任衛輝府推官的族人鄧林材（號石陽）。在衛輝，鄧豁渠偶然與趙大洲
見面（《明史》卷一百九十三，列傳第八十一《趙貞吉傳》載大洲於隆慶初年
起復，任禮部左侍郎）。相見之時，趙大洲悔責道：「誤子者余也。余學往見
過高，致子於此，吾罪業重矣。……可亟歸，廬而父墓側終身，以補前愆，
吾割田租百石贍子」，隨即造券相贈。鄧豁渠拒絕了他的好意，並沒有歸家，
依然在齊魯間游蕩。（隆慶）三年（1569 年）秋，大洲入京為相，鄧豁渠赴京
造訪。大洲拒絕與其見面，卻心懷憐憫贈與其黃金十兩，指令同鄉赴四川為
官者攜其返鄉。然剛入河北涿州地界，鄧豁渠患病，赴任者著急趕路，將其
置放在一野寺中獨自而去，「竟死於野寺中，無所殯云」（《里中三異傳》）。

　　對於鄧豁渠的行蹤，黃宗羲概括道：「一旦棄家出遊，遍訪知學者，以為
性命甚重，非拖泥帶水可以成就，遂落髮為僧。訪李中溪元陽於大理，訪鄒
東廓、劉師泉於江右，訪王東涯於泰州，訪蔣道林於武陵，訪耿楚倥於黃安。」
〔註 56〕

　　在求道過程中，他對現有儒釋道三教的學問都不夠滿意，《南詢錄》中多
處提到他的一種求道而不得的饑渴感：

　　　　講聖學的，少上一著，所以個個沒結果。陽明透神機，故有良
　　知之學。此是後天生滅法，未到究竟處，還可以思議。故曰：「但有
　　名言，都無實義。」曰：「不離日用常行內，直造先天未畫前。」落
　　漸次，不免沾帶，如何了得？藕絲掛斷鹽船，使他不得解脫。二乘
　　在情念上做工夫，以求乾淨。這此（些）求做，便是情念，便不是
　　淨。安得情盡，反障妙明真心。（一六）

　　　　「乾坤分兩儀之理，坎離含二氣之華。金木成顛倒之義，鉛汞
　　妙交媾之神。龍虎諧會合之意，戊己結兩家之好。復後當一交之動，
　　屯蒙按火候之節。符火應周天之數，進退妙溫養之功。順則生成，
　　逆則丹成。」此神仙之術，可以長生，與天地同悠久，未能超出天

────────────────────

〔註 55〕以上見鄧紅：《〈南詢錄〉校注》，武漢理工大學出版社 2008 年，第 3～4 頁。
〔註 56〕《明儒學案》卷三十二，《泰州學案序》。

地之外，上智人根不屑爲也。（一七）

那鄧豁渠究竟要尋求什麼呢？他說「宇宙中一切有形有色皆爲五行造化管攝，不得自由。」所以「欲超出五行造化之外，得大休歇，得大安樂，豈易易哉！」（一○七）我們看他記錄自己在黃安時大徹大悟的經歷：

> 一日，坐楚倥茅亭，聞雞啼，得入清淨虛澄，一切塵勞，若浮雲在太虛，不相防礙。次早，聞犬吠，又入清淨，湛然澄沏，無有半點塵勞。此渠悟入大光明藏消息也。（七二）

> 遷居耿楚倥茅屋，林柏壹送供安養，兩月始達父母未生前的，先天天地先的，水窮山盡的，百尺竿頭外的，與王老師差一線的，所謂無相三昧，般涅槃，不屬有無，不屬眞妄，不屬生滅，不屬言語，常住眞心，與後天事不相聯屬。向日在雞足山所參人情事變的，豁然通曉，被月泉妨誤二十餘年，幾乎不得出此苦海，南柯夢中幾無醒期。渠在茅屋聞雞啼犬吠，兩次證入。（一○九條）

鄧豁渠所追求的性命之道，是脫離世情的，「人情事變外」的，乃至「父母未生前的，先天天地先的」最上乘之道，即「大光明藏消息」。悟道之後的感覺是「如今也沒有我，也沒有道，終日在人情事變中，若不自與；終日在聲音笑貌中，亦不自知。泛泛然如虛舟漂瓦而無著落。心之虛也，自不知其虛；心之靜也，自不知靜。凡情將盡，聖化將成，脫胎換骨，實在於此。」（一○九條）亦即最終極的自由與安樂。

（二）對道德之學的背離

鄧豁渠似乎求得了他所追求的性命之道，但同時也爲後人留下了更多的爭議。他被批評最多的，便是「滅棄人倫」和「恣情縱慾」。

耿定向批評說：「道經家門過不入。兒女子或見，邀之牽裾呱呱啼，勿顧也。時父年七十餘在堂，室有女逾笄未嫁，又有祖喪未舉，皆不顧。一旦髠髮出遊方外，父尋喪，亦不奔。」〔註 57〕其實，在鄧豁渠出遊期間，就已經有很多人責以人倫，勸其回鄉了，但他認爲，性命爲重，世情人倫都是性命之羈絆：

> 西山強渠還鄉。渠曰：「舜生於諸馮。遷於負夏，卒於鳴條，亦可以說他不還鄉乎？周濂溪，道州人，終九江。朱文公，建安人，

〔註 57〕耿定向《里中三異傳》，《耿天台先生文集》卷十六，第 498 頁。

居徽州。苟世情不了，皆有懷土之思。我出家人，一瓢雲水，性命
爲重。反觀世間，猶如夢中，既能醒悟，豈肯復去做夢？束蘆無實，
終不免爲寒灰；不思超脱，必定墮落。馬援，武人也，尚不肯死於
兒女子之手。大丈夫擔當性命，在三界外作活計，宇宙亦轉舍耳，
又有何鄉之可居，而必欲歸之也！」（二八）

　　性宗之學，如彼岸有殿閣，八寶玲瓏，迴出尋常。我原是那裡
頭人，不知何時誤到此岸來了。投宿人家臭穢不堪。忽有長者，指
我彼岸。八寶莊嚴處，是我家當。我未曾見，今得見之。一心只要
往那裡去，此岸臭穢，安能羈絆哉？（三六）

日本學者島田虔次認爲，鄧豁渠「可說是內向式的、求道者式的，甚至
是愚直的、一條道路走到底的人物。」而他對人倫的決絕，「其實都是求道者
的愚直。」〔註58〕

　　另外，關於「恣情縱慾」的指責，也不是沒有根據，鄧豁渠說：「渠之
學，謂之火裏生蓮，只主見性，不拘戒律。」（三二）《南詢錄》中就有很多
關於情慾的文字，鄧豁渠認爲，對於真實的情慾，不可能無視和阻止：

　　當機拂逆時，不容不怒。當感傷時，不容不哀。文王之赫怒，
孔子哭之慟，皆發而中節，天機不容自己也。學者不達孔、文這一
竅。當怒而怒，謂之動客氣；強執而不怒，謂之有涵養。與文之帝
則、孔之從心，大不侔矣。（四七）

　　癸丑重午後一日，養髮崇德縣天清宮朱見陽書樓。渠自戊申三
月落髮，每每夢梳頭，每夢吃肉。既禁髮則不復夢梳頭，既吃酒肉
則不復夢吃肉，神明之昭然，信可畏憚。開酒葷則在寧國府涇縣，
是夜夢人與雞肉吃，齒盡酸禁，腹中甚不堪。明日至涇寺，僧殺雞
煮酒相待，不覺了滿口牙齒果酸禁難堪。忽覺前夢則不安，強勉忍
耐，腹中響聲，隱隱擾攘，疼痛者數日。此一節，蓋爲書生之見所
惑，亦渠口腹之欲不了，至今慚愧。（一三）

其實，鄧豁渠也一度認爲，情慾是求道之障，「天下極尊榮者美官，妨誤人者
亦是這美官；人情極好愛者美色，斷喪人者亦是這美色，打得過這兩道關，
方名大丈夫。」（七七）所以也因「口腹之欲不了」而慚愧。然而後來他「見

〔註58〕〔日〕島田虔次《異人鄧豁渠傳略》，鄧紅譯，見《〈南詢錄〉校注》附錄，
　　　　第136頁。

性」之後，對於情慾反而看開了，他自贊曰：「質直似宋儒者，風流同晉世人豪，飄逸類唐人詩思，趨向在羲皇之上，以天地萬物為芻狗，以形骸容色為土苴，<u>七情六欲聽其使令</u>，一顰一笑是其變態，做出來驚天動地，收回去斂跡藏蹤。不在於人，不在於天，象帝之先。」（一○一）所以就難免受到他人的非議：「自透關人視之，謂渠在世界外安身，世界內遊戲，一切皆妙有也。未透關人視之，謂渠言在世界外，行在世界內，一切皆縱情也。其所以顛三倒四，世情中頗有操守者，尚不如此，安能免人之無議也？」（一○○）

據耿定向說：「其高筍塘寺之所為，有不可道者」〔註59〕並說鄧豁渠在黃安時的《南詢錄》中有「色欲性也，見境不能不動，既動不能不為。羞而不敢言，畏而不敢為者，皆不見性」云云，但在通州的刻本沒有這句話，可能是「渠自不得於心，刪去之」了。〔註60〕

本文認為，鄧豁渠以上關於情慾的文字，正反映了他直面自己性命本然的勇氣和求道之真誠。鄧豁渠對人倫的拋棄和對情慾的承認，正是基於對自己性命的真切關注。而他的性命之學，則顯然背離了儒家的道德之學，以及佛教的戒律。所以，他的言行引起趙大洲、耿定向等人的嚴厲譴責，也就不足為怪了。

（三）鄧豁渠之學的背景

為什麼會有鄧豁渠這樣的人物出現？他為什麼要那麼執著地追求性命之道，以致於剃髮出家，漂泊跋涉三十年？這與陽明心學的發展、人們渴望脫離既成規範的束縛，追求性命本然的思潮有關。

日本學者荒木見悟先生指出，明末各種形式的三教會通、三教合一論，便是與性命之學的興起有關。三教一致並非將三教串聯起來，也非三教長處的簡單湊集，而是從超越三教的根本源頭來重新估價三教。著名的三教一致論者林兆恩說：「竊以人之一心，至理咸具。欲為儒則儒，欲為道則道，欲為釋則釋，在我而已。而非有外也。」（《林子全集·林子續稿》卷四《答論三教》）。以為只要參照己心之本體，對三教的任何一教都可以融會貫通。〔註61〕

而鄧豁渠卻是不滿於三教既有的學問，也不滿足於三教的適當融和，而

〔註59〕耿定向《與吳少虞（二）》，《耿天台先生文集》卷四，第106頁。
〔註60〕耿定向《里中三異傳》，《耿天台先生文集》卷十六，第499頁。
〔註61〕〔日〕荒木見悟《鄧豁渠的出現及其背景》，鄧紅譯，見《〈南詢錄〉校注》附錄，第141頁。

是要超越三教，追求「向上之事」，「向上機緣」。鄧豁渠說：「三教之衰也，天下之人，隨業漂流，沉淪汨沒，如魚在沼中，生於斯，死於斯，能躍龍門者，有幾？」（《南詢錄》一四條）爲了免於「沉淪汨沒」，鄧豁渠就不得不「間關萬里，辛苦跋涉」三十年（李贄《敘南詢錄》）。

　　雖然鄧豁渠拋棄家族，行爲怪異，受到一些學者的譴責，但是我們卻看到，他幾十年所到之處，卻得到了更多人的幫助和支持，讓其有靜養、思索和講論學問的機會。他自述：

　　　　渠雲遊湖海，多得高人貴客扶持，無小人之害，得以專心致志

　　這件事，鬼神默祐之恩也，豈偶然哉！（三一）

　　扶持鄧豁渠的「高人貴客」，說穿了就是對他明裏暗裏示以理解的趙大洲、李中溪、羅念庵、王東涯、月泉法聚、耿楚倥等人，他們也可說是廣泛意義上的陽明學派人物。而豁渠本人，雖然不能用陽明學來套他，但他對性命之學的思考，可說是由陽明學引發的，故才稱陽明爲振古之豪傑。異人鄧豁渠之出現，其對性命之學的執著追求，可以說是「良知」說之發展，在明末混迷思想背景中湧現出的一個怪變現象。

　　然而，鄧豁渠所辛苦追求的性命之道，卻因爲太過背離世情、倫理而無法持久，也無法推廣。《南詢錄》記載了他的追隨者的情況：

　　　　鄧慶回鄪州，未及三月而返，不顧爲學。渠曰：「鄙哉！」叱

　　曰：「世情斷喪人，太煞容易。」化甫曰：「千古聖人命脈，豈是這

　　等人承受！」不久，化甫亦退席。渠曰：「世情斷喪人，太煞容易。」

　　（七一）

　　與其說「世情斷喪人，太煞容易」，不如說人要離開這個世界，太難。所以雖然對鄧豁渠持讚賞和支持態度的，不乏其人，但是眞正能追隨他腳步的，卻舉世難見。所以，鄧豁渠一直是孤獨的。這種孤獨，或許李贄深有同感，所以他爲《南詢錄》寫序，對鄧豁渠的求道之志進行了熱情的讚揚：

　　　　吾謂上人之終必得道也，無惑也，今《南詢錄》具在，學者試

　　取而讀焉，觀其間關萬里，辛苦跋涉，以求必得，介如石，硬如鐵，

　　三十年於茲矣，雖孔之發憤忘食，不知老之將至，何以加焉！予甚

　　愧焉。以彼其志萬分一，我無有也，故復錄而敘之以自警，且以警

　　諸共學者。〔註62〕

　　

〔註62〕《續焚書》卷二，第61頁。又見《〈南詢錄〉校注》第17頁。

第二節　眞與善的衝突與調和——李贄和耿定向關於 情慾的論爭

一、李贄和耿定向對於情慾問題的態度

（一）李贄：強調「眞」，肯定情慾

李贄重視人的感性、物質需求，認爲道德倫理不能脫離「穿衣吃飯」等日常生活，提出了「穿衣吃飯，即是人倫物理」〔註63〕的命題，並且指出，儒家不應空談道德理想，而應關注世人實實在在的需求，即「好察邇言」：

> 如好貨，如好色，如勤學，如進取，如多積金寶，如多買田宅
> 爲子孫謀，博求風水爲兒孫福蔭，凡世間一切治生產業等事，皆其
> 所共好而共習，共知而共言者，是眞邇言也。於此果能反而求之，
> 頓得此心，頓見一切賢聖佛祖大機大用，識得本來面目，則無始曠
> 劫未明大事，當下了畢。〔註64〕

中國傳統哲學歷來認爲，眞正的道理皆從日常生活中來，例如《周易·繫辭》論道時說「百姓日用而不知」；陸九淵云：「古人視道，只如家常茶飯。」（《陸九淵集·語錄上》）王陽明也說：「與愚夫愚婦同的，是謂同德；與愚夫愚婦異的，是謂異端。」（《傳習錄下》）；泰州學派創始人王艮又提出了「百姓日用即道」的命題，他說：「聖人之道無異於百姓日用，凡有異者，皆謂之異端。」「百姓日用條理處，即是聖人條理處。」（《語錄》，《王心齋先生遺集》卷一）

然而，和以往儒者對「百姓日用」的關注側重於倫理層面不同，明代儒者對「百姓日用」的內涵已經有了微妙的轉向。王艮的「百姓日用」已主要是指百姓維持生存的物質生活，而非百姓日常的倫理生活關係。王畿亦主張要「於日用貨色上料理」，說：「今人講學，以神理爲極精，開口便說性說命；以日用飲食、聲色財貨爲極粗，人面前便不肯出口。不知講解得性命到入微處，一種意見終日盤桓其中，只是口說，縱令婉轉歸己，亦只是比擬卜度，與本來性命生機了無相干，終成俗學。若能於日用貨色上料理經綸，時時以天則應之，超脫得淨，如明珠混泥沙而不污，乃見定力。極精的是極粗的學

〔註63〕李贄《答鄧石陽》，見《李贄文集》第一卷《焚書》卷一，第4頁。
〔註64〕《答鄧明府》，見《李贄文集》第一卷《焚書》卷一，第36頁。

問，極粗的是極精的學問。」〔註65〕

「百姓日用即道」的命題在明中葉以後被人們反覆議論，對於百姓日用的關注成爲陽明學的重要特點。雖然很多思想家都提到了物質生活的重要性，但到了李贄才如此大膽、直白、詳細地論述人的「治生產業」即人類對物質生活的需求，並在哲學意義上賦予其合理性。

李贄以「治生產業」（人的物質生活）爲「邇言」，並「不識忌諱，時時提唱此語」，讓重視倫理道德耿定向頗爲擔心，認爲這是「害人」，「誑誘後生小子」〔註66〕。李贄一方面辯解說自己不會害人，另一方面也批評耿定向：「今令師（指耿定向）之所以自爲者，未嘗有一釐自背於邇言；而所以詔學者，則必曰專志道德，無求功名，不可貪位慕祿也，不可患得患失也，不可貪貨貪色，多買寵妾田宅爲子孫業也。視一切邇言，皆如毒藥利刃，非但不好察之矣。審如是，其誰聽之？」〔註67〕李贄認爲，情慾是人之性命本有之事，學問如果背離人的眞實情性，容易流爲假道學，於世無用。

在肯定人有合理欲望的基礎上，李贄提出了「各從所好，各騁所長」的主張，要求自由發展人們的「自然之性」，順從其「富貴利達」的要求。

> 夫天下之民物眾矣，若必欲其皆如吾之條理，則天地亦且不能。是故寒能折膠，而不能折朝市之人；熱能伏金，而不能伏競奔之子。何也？富貴利達所以厚吾天生之五官，其勢然也。是故聖人順之，順之則安之矣。是故貪財者與之以祿，趨勢者與之以爵，強有力者與之以權，能者稱事而官，懦者夾持而使。有德者隆之虛位，但取具瞻；高才者處以重任，不問出入。各從所好，各騁所長，無一人之不中用。何其事之易也？〔註68〕

追求物質利益是人的本性，所以對「富貴利達」的追求也是自然的、合理的。李贄認爲統治者應當順應並合理利用人的欲望，使得「各從所好，各騁所長」，如此治理國家則會容易許多。

李贄肯定情慾的觀點，發前人所未發，令時人有耳目一新之感，所以影響很大，但同時極易被後人誤解，例如《明儒學案》記載說：

> 李卓吾倡爲異說，破除名行，楚人從者甚眾，風習爲之一變。

〔註65〕《沖元會紀》，見《王畿集》卷一，第3頁。
〔註66〕李贄《答鄧明府》，見《李贄文集》第一卷《焚書》卷一，第36頁。
〔註67〕《答鄧明府》，見《李贄文集》第一卷《焚書》卷一，第38頁。
〔註68〕李贄《答耿中丞》，見《李贄文集》第一卷《焚書》卷一，第16頁。

劉元卿問於先生曰：「何近日從卓吾者之多也？」曰：「人心誰不欲
爲聖賢，顧無奈聖賢礙手耳。今渠謂酒色財氣，一切不礙，菩提路
有此便宜事，誰不從之？」〔註69〕

其實，李贄卻並沒有說「酒色財氣，一切不礙」的意思，相反，他認爲
求學求道之人，對於情慾反而更應自律：

> 且愚之所好察者，邇言也。而吾身之所履者，則不貪財也，不
> 好色也，不居權勢也，不患失得也，不遺居積於後人也，不求風水
> 以圖福蔭也。言雖邇而所爲復不邇者何居？愚以爲此特世之人不知
> 學問者以爲不邇耳，自大道觀之，則皆邇也；未曾問學者以爲邇耳，
> 自大道視之，則皆不邇也。然則人人各自有一種方便法門，既不俟
> 取法於予矣；況萬物並育，原不相害者，而謂予能害之可歟？〔註70〕

李贄認爲，學道之人固然應當超越低級情慾，「不貪財也，不好色也」，
而追求更高的境界，但卻不能因此而要求他人皆遠離情慾，也不能認爲「如
好貨，如好色，如勤學，如進取，如多積金寶，如多買田宅爲子孫謀，博求
風水爲兒孫福蔭」都是不應當的，因爲「人人各自有一種方便法門」，承認並
尊重客觀事實，才能「萬物並育不相害」。

（二）耿定向：強調「善」、名教，情慾要接受天命之性的規範

對於李贄對「好察邇言」解釋，耿定向表達了不同意見：

> 竊謂善察邇言者莫如舜，舜察邇言已，隱惡而揚善；即善矣，
> 又且擇而用其中，其審也如此。父子有親，君臣有義，此邇言也。
> 舜察之而用以命契，敷教如是耳，不聞曰君臣父子是假合，而以忠
> 孝爲剩談也。夫婦有別，長幼有序，此邇言也。舜察之而用以命契，
> 敷教如是耳；不聞惟以食色爲性，謂見境即動，動即爲人，至極無
> 廉恥，乃性眞也。舜不惟察邇言，且明庶物矣。如豺虎之暴有父子，
> 蜂蟻之細有君臣，鴻雁鷗鶩之有序有別，牛羊魚鳥之樂群，是皆天
> 機之不容已者。舜明此機以盡性、盡倫，萬世爲天下道，爲法，爲
> 則，不聞以是爲情緣淺事，而別有明明德之無上玄道也。〔註71〕

〔註69〕《潁泉先生語錄》《明儒學案》卷十六，《江右王門學案一》。中華書局 1985
　　　年版，第 345 頁。
〔註70〕《答鄧明府》，見《李贄文集》第一卷《焚書》卷一，第 37～38 頁。
〔註71〕耿定向《與鄧令君》，《耿天台先生全集》卷六，第 194 頁。

李贄認為好貨、好色是「眞邇言」,是人之本性;而耿定向強調「隱惡而揚善」,故認為「父子有親,君臣有義」「夫婦有別,長幼有序」才是更重要的。

耿定向為學宗旨為「不容已」,何謂「不容已」呢?耿定向說:

> 蓋仲子之所揭不容已者,從無聲無臭發根,高之不涉虛玄;從庸言庸行證果,卑之不落情念。禹稷之猶饑猶渴,伊尹之若撻若溝,它若視親骸而泚親,遇呼嘰之食而不屑,見入井之孺子而怵惕,原不知何來,委不知何止,天命之性如此也,故曰「惟天之命,於穆不已」。

耿定向的「不容已」,是一種不可抑制的道德情感,它是天命之性的表現,自然具有,自然顯發,不容私意安排。一切道德行為皆是不容已之仁根的發用。

耿定向強調從「仁根」之性上說「眞機」、說「不容已」,與早期儒家的道德至上主義相近,他說:

> 近來自省於人倫日用,多少不盡分處,乃語學者云:吾人能於子臣弟友不輕放過,務實盡其心者,是其性眞之不容自己也。性眞之不容自己,原是天命之於穆不已也,非情緣也。故實能盡心,而知性知天一齊了徹矣。〔註72〕

耿定向的「不容已」是一種高度的道德自覺。他也注重人倫日用,但和李贄的傾向卻完全不同。他強調的還是儒家的人倫規範,作為「子臣弟友」應當「盡分」、「務實盡其心」符合倫理道德的要求,並且認為這是人性之不容已,也是天命於穆不已的表現。然而,耿定向的「不容已」實際上是將既有的倫理規範內化,形成自己的道德情感,進而支配自己的道德行為的過程,即「知其不可以已,而必欲其不已者」〔註73〕,其中有很強的理性精神,由理性的「知其不可以已」到感性行為的「不容已」。

與泰州學派很多學者對自然情慾的承認不同,耿定向更強調天命之性對自然人情的規範作用。他說:

> (鄧豁渠) 為之說曰「色欲之情,是造化工巧生生不已之機」云云。夫古先聖人亦既知此,故經之以夫婦之倫,正之以婚姻之禮,

〔註72〕《與周柳塘》之十一,《耿天台先生文集》卷三,第83頁。
〔註73〕語見李贄《答耿司寇》,見《焚書》卷一,第27頁。

謹之以同異之辨，嚴夫內外之防，若是其詳且周者，乃所以盡人之
性而正人之情也。

夫父子天性，彼以爲情念，斷絕之矣；乃男女之欲，即以爲天
性之至情，何也？男女之欲，固至情之不容已；惻隱羞惡，非至情
之不容已耶？〔註74〕

卓吾云佛以情慾爲性命，此非杜撰語。孟子原說口之於味、目
之於色等，性也，但曰有命焉，君子不謂性也。不知卓吾亦然否。
愚嘗謂《中庸》不言性之爲道，而曰率性之謂道，學人誤以任情爲
率性，而不知率性之率，蓋猶將領統率之率也。目之於色、口之於
味等，若一任其性而無以□率之，如潰兵亂卒，四出擄掠，其害可
勝言哉？曰有命焉，所以率之也。〔註75〕

耿定向站在儒家的立場，借用孟子的性命之辯，雖然承認人的自然情慾
是天性自然，但更強調的是「命」，是倫理綱常。他認爲，李贄的以情慾爲性
命，使人墮入任情縱慾的危險。

耿定向看到陽明後學空虛的學風隱含著對道德原則的破壞，導致了人情
縱慾的嚴重問題：「高者耽虛歸寂，至於遺物離倫；卑者任性恣情，至謂一切
皆是。淫縱恣睢，以訟悔爲輪迴，以遷改爲黏綴，以盡倫爲情緣。至謂見景
即動，既動即爲者爲見性，而以羞惡是非之本心爲塵障，盡欲抹殺，傷風敗
化，戕人蟊物，蔑不至已。乃劣質下根，樂其便於情慾，一倡百和，從之者
如流水，而且藉口謂文成宗旨原是如此。吁，豈非斯道一大厄哉！愚爲此日
常仰屋而吁，夕至撫枕而涕者，幾矣。」〔註76〕

面對以上種種流弊，耿定向甚爲憂慮，便以維護世教、批判異端爲己任，
並特別注重「禮」、「不逾矩」，即倫理規範的重要性。對於鄒守益（東廓）所
說「聖門志學，是志不踰矩之學」，「自戒自懼，顧諟明命，而順帝則，下學
上達，準四海、俟百聖，合德、合明、合序、合吉凶，惟是一矩」非常欣賞，
贊曰：

斯言也，徹上徹下，極顯極微矣，篤論哉！千聖復起，疇能
易之？挽近學者浸潘於泥洹之教而且失其眞。趨徑便劣修習託之

〔註74〕《與吳少虞》第二書，《耿天台先生文集》卷四。
〔註75〕《與周柳塘》，第二十一書，《耿天台先生文集》卷三。
〔註76〕耿定向《遇轟贊言》，《耿天台先生文集》卷八。

乎頓悟而蹦，踰此矩，恣情慾、忘檢柙，託之乎無礙而蕩，踰此
矩；騖玄虛、遺倫物，託之乎無方而離棄此矩。時非先生躬踐深
造而力絜以振之，孔氏之學之矩，不其重爲天下減裂也哉！向也
固蚤聞先生之學，即知向往；已疑世學見諦或亦有加於先生者。
邇賴天假年，亦七十近矣，涉世滋久，目懲世學貿亂之敝之極如
是，乃益篤信先生之學紹孔正脈，傳之無弊者，亦恃衷有此矩在
也。〔註77〕

二、從耿李論爭的事實看眞與善的衝突

（一）耿李不同的語言風格

值得注意的是，從現存文獻來看，耿定向寫給李贄的信，言辭也都很平
和；然而在友朋中指責李贄時，卻言辭激烈，不留情面，甚至有厭惡之情溢
於言表。例如：

> 耿老與周書云：「往見説卓吾狎妓事，其書尚存，而頃書來乃
> 謂弟不能參會卓吾禪機。昔顏山農於講學會中忽起就地打滾，曰：
> 『試看我良知！』士友至今傳爲笑柄。卓吾種種作用，無非打滾意
> 也。第惜其發之無當，機鋒不妙耳。」又謂：「魯橋諸公之會宴鄧
> 令君也，卓吾將優旦調弄，此亦禪機也，打滾意也。蓋彼謂魯橋之
> 學，隨身規矩太嚴，欲解其枷鎖耳。然魯橋之學，原以恭敬求仁，
> 已成章矣。今見其舉動如是，第益重其狎主辱客之憾耳。未信先橫，
> 安能悟之令解脱哉！」又謂：「卓吾曾強其弟狎妓，此亦禪機也。」
> 又謂：「卓吾曾率眾僧入一嫠婦之室乞齋，卒令此婦冒帷薄之羞，
> 士紳多憾之，此亦禪機也。（李贄《答周柳塘》，《焚書》增補一，
> 253頁。）〔註78〕

> 「觀兄所示彼書，凡百生事，皆是仰資於人者。」（李贄《寄
> 答留都》，《焚書》增補一，256頁。）

所謂「卓吾狎妓」「將優旦調弄」「強其弟狎妓」「率眾僧入一嫠婦之室」

〔註77〕耿定向《鄒文莊公年譜序》，見《天台集》卷十一，第348～349頁。
〔註78〕李贄《答周柳塘》，見《焚書》增補一，張建業主編《李贄文集》（第一卷），
　　　　社會科學文獻出版社，2000年05月第1版，第253頁。信中有「念我入麻城
　　　　以來，三年所矣」之語，按因李贄徙居麻城在萬曆十三年，故推算此信寫於
　　　　萬曆十六年。按：此書所引「耿老與周書」不見於耿定向文集。

等事，李贄在給周柳塘的信中〔註79〕做了詳細辯白，如果平心靜氣去看，都是正常的事，並不像耿定向理解和轉述的那樣不堪。但耿定向由於對李贄抱有成見，而不願去瞭解事情原委，而簡單地認為這都是傷風敗俗的醜事，且「士紳多憾之」。

耿定向對李贄指責、厭惡的話語，包括「邪淫猖狂」之類的流言中傷，都是通過周圍友人而傳至李贄的。這是耿定向的特點，也是很多中國士人的特點，即批評指責某人的言語一般不當其面講，而是對第三人說，並且指責時也不是直接言說，而是不斷遮掩迴護。這種委婉含蓄的語言風格，是一般士人「好面子」的共性使然。

然而，李贄對這種文風卻極不喜歡，甚至可以說深惡痛絕，他說：

> 余觀侗老此書，無非為我掩醜，故作此極好名色以代我醜耳。不知我生平吃虧正在掩醜著好，掩不善以著善，墮在「小人閒居無所不至」之中，自謂人可得欺，而卒陷於自欺者。幸賴真切友朋針砭膏肓，不少假借，始乃覺悟知非，痛憾追省，漸漸發露本真，不敢以醜名介意耳。在今日正恐猶在詐善掩惡途中，未得全真還元，而侗老乃直以我為醜，曲為我掩，甚非我之所以學於友朋者也，甚非我之所以千里相求意也。跡其用意，非不忠厚款至，而吾病不可瘳矣。〔註80〕

李贄正是見於「好面子」會導致自欺欺人的弊病，「掩醜著好，掩不善以著善」不利於人發現自己的缺點，所以他希望朋友對自己能夠「針砭膏肓，不少假借」即真言不諱地指出自己的缺點，如此才能「覺悟知非，痛憾追省」，對於改過修身才真正有裨益。

正是基於這樣的認識，李贄寫給耿定向的信，便對與耿的行事多有批評，且毫不客氣：

> 試觀公之行事，殊無甚異於人者。人盡如此，我亦如此，公亦如此。自朝至暮，自有知識以至今日，均之耕田而求食，買地而求種，架屋而求安，讀書而求科第，居官而求尊顯，博求風水以求福蔭子孫。種種日用，皆為自己身家計慮，無一釐為人謀者。及乎開口談學，便說爾為自己，我為他人；爾為自私，我欲利他；我憐東

〔註79〕《答周柳塘》，見《焚書》增補一，第254頁。
〔註80〕《答周柳塘》，見《焚書》增補一，第253頁。

家之饑矣，又思西家之寒難可忍也；某等肯上門教人矣，是孔、孟
之志也，某等不肯會人，是自私自利之徒也；某行雖不謹，而肯與
人爲善，某等行雖端謹，而好以佛法害人。以此而觀，所講者未必
公之所行，所行者又公之所不講，其與言顧行、行顧言何異乎？以
是謂爲孔聖之訓可乎？翻思此等，反不如市井小夫，身履是事，口
便說是事。作生意者但說生意，力田作者但說力田，鑿鑿有味，眞
有德之言，令人聽之忘厭倦矣。〔註81〕

　　每思公之所以執迷不返者，其病在多欲。古人無他巧妙，直以
寡欲爲養心之功，誠有味也。公今既宗孔子矣，又欲兼通諸聖之長：
又欲清，又欲任，又欲和。既於聖人之所以繼往開來者・無日夜而
不發揮，文於世人之所以光前裕後者，無時刻而不繫念。又以世人
之念爲俗念，又欲時時蓋覆，只單顯出繼往開來不容已本心以示於
人。分明貪高位厚祿之足以尊顯也，三品二品之足以褒寵父祖二親
也，此公之眞不容已處也，是正念也。卻迴護之曰：「我爲堯、舜君
民而出也，吾以先知先覺自任而出也。」是又欲蓋覆此欲也，非公
不容已之眞本心也。〔註82〕

李贄與耿定向的行事風格不同，甚至正好相反，他的書信直接揭露耿定向
的虛僞面目。但值得注意的是，他在信中直指對方病處，毫不隱瞞自己的眞實
想法，言辭雖然激烈，但並無惡意。袁中道《李溫陵傳》講「公爲人中熯外冷，
丰骨棱棱。性甚卞急，好面折人過，士非參其神契者不與言。」〔註83〕要知道，
這些指責的話都是通過私人書信直接對耿定向講的，是他「性甚卞急，好面
折人過」的直率性格的體現，也是出於自身對生命學問的極度眞誠。愛之深
而責之切，他也希望耿定向也能本著眞誠的態度，面對並承認自己的欲望，
不要做「僞道學」，一切激烈的言辭都是爲了指出對方病痛，使其長進。正
如李贄自述：「余性亦好罵人，人亦未嘗恨我。何也？以我口惡而心善，言
惡而意善也。心善者欲人急於長進，意善者又恐其人之不肯急於長進也，是
以知我而不恨也。」〔註84〕

〔註81〕《答耿司寇》，見《李贄文集》第一卷，《焚書》卷一，第28頁。
〔註82〕李贄《答耿司寇》，見《李贄文集》第一卷《焚書》卷一，第33頁。
〔註83〕《李贄研究參考資料》第一輯，第11頁。
〔註84〕《三蠢記》，見《焚書》卷三，第99頁。

－161－

另一方面，面對其他人時，李贄對耿定向又是秉持公允地維護的態度。例如他在寫給焦竑的信中講：

> 侗老作用，乃大聖人之作用，夫誰不信之者，縱非自心誠然，直取古人格式做去，亦自不妨，如隋王通氏豈非千古人豪乎！但欲以此作用教人，必欲人人皆如此作用，乃為聖人大用，則是本等闊大之樣翻成小樣去矣。〔註85〕

有學者指出，「從李卓吾的文字當中，可以看到不少卓吾向天台發出的近乎謾罵的攻擊。然而反過來，天台指向卓吾的攻擊性文字，較之來自卓吾方面的要少得多」〔註86〕。然而這只是表面現象，是由於兩人的性格不同、語言風格不同的緣故，並不能說明兩人的論爭是不對等的。

然而，從李贄和耿定向的論爭的語言風格及其效果，我們也看到了「眞」與「善」、出發點和結果的矛盾。耿定向對醜行的遮掩迴護，李贄認為「跡其用意，非不忠厚款至，而吾病不可瘳矣」。出發點是好的，但卻不能收到預期的結果。

李贄對耿定向以上的批判，今人多以此為據，認為耿定向是言行不一的「假道學」，如張建業言：「李贄對耿定向言行不一、口是心非進行了深刻的揭露和批判。在李贄辛辣鋒利的筆下，理學家的美麗畫皮被剝落了，醜惡靈魂被暴露出來了。」〔註87〕然而我們仔細閱讀文本，李贄所指耿定向的「多欲」，無非光宗耀祖、傳承香火之念，「種種日用，皆為自己身家計慮」這些自私自利的行為，皆是人之常情，即所謂「人盡如此，我亦如此，公亦如此」，並沒有什麼過錯，並不能稱為「醜惡」。李贄批評耿定向，不在「多欲」層面，而在於對這種「多欲」事實的否認。「多欲」本身沒有什麼可批判的，但這種遮掩（「迴護」）和否認（說謊）是李贄非常反感的。李贄將「眞」看做最高的德行，他認為那些否認自己私欲的所謂孔孟之徒，「反不如市井小夫」表裏如一，樸實有德。

然而，對於耿定向以及其他道學家而言，這些「私欲」都是「能做不能說」的。即使是一般的世俗常情，他們也很難毫不隱晦地承認其事。黃仁宇先生指出，文官集團具有雙重人格，即「陽」和「陰」兩面，人們口頭上公

〔註85〕《與焦弱侯太史》，見《續焚書》卷一，第 15 頁。
〔註86〕吳震《陽明後學研究・耿天台論》，上海人民出版社，2003 年，第 396 頁。
〔註87〕張建業《李贄評傳》，福建人民出版社，1992 年，第 81 頁。

認的理想為「陽」，而不能告人的私欲為「陰」。〔註88〕這兩者都是客觀存在的，然而在傳統社會，人們卻只以「陽」的一面示人，甚至口談道德也是為了一己私利。而李贄的言行則接觸到了這個根本的問題：「我們是否應該讓每個人公開承認自己的私心也就是自己的個人打算，以免口是心非而陰陽混淆？」〔註89〕

　　私心、欲望是人的生存在狀態之一，中國傳統社會對於健康的「私欲」並不反對，但把它限制在私生活的範圍內，只要不與公共道德秩序想矛盾，一定的「私欲」本無可厚非。雖然儒家士大夫以「修身明道」、「齊家治國平天下」為崇高理想，言語文章也是多談「性命道德」、「國計民生」，但另一方面，習舉業求功名、做官為名利、光宗耀祖、福蔭子孫、利用權勢謀取額外利益，在整個社會中都是心照不宣的正常現象。前者為陽，後者為陰，這兩方面的結合，構成了一個真實的儒家士大夫的生命形態。

　　然而在明代後期，一方面隨著社會經濟的發展，物質的繁榮，人們的私欲在膨脹；另一方面，儒家嚴格的道德哲學、「義利之辨」又讓士人羞於談利、談私欲。雖然「要消除文官中不願公開的私欲是不可能的，因為整個社會都認為做官是一種發財的機會……大多數人覺得在似合法又似非法之間取得一部分額外收入，補助官俸的不足，以保持他們士大夫階級的生活水準，於清操無損」〔註90〕，但作為意識形態的儒家倫理道德仍然被認為是治國的標準和行事的準則，社會的正常秩序也以此來維繫。雖然貪污受賄普遍化，吏治腐敗前所未有，而這些陰暗的事實卻都是在冠冕堂皇的幌子下進行的。故言行不一的「假道學」便成為明代社會的特有現象。在這種情況下，李贄強調「真」，揭露道學家即「多欲」又極力掩飾的事實，公開說出一般人不敢說的「大實話」，切中時弊，故能影響巨大。

　　正當的「私欲」本無可厚非，然正當與否的界限很難說清，一旦過度則容易危害社會秩序，所以一般學者對私欲都持謹慎態度。即使認為適當的私欲無損清操，也不好公開表達。而李贄公開宣揚私欲的普遍性、真實性，在很多人看來，便等於是宣揚私欲的合理性、正當性，這無異於向既有的道德底線的挑戰，所以才會引起「衛道者」如耿定向的不安。

〔註88〕（美）黃仁宇《萬曆十五年（增訂本）》，中華書局，2007年，第50頁。
〔註89〕同上書，第192頁。
〔註90〕同上書，第50～51頁。

如何來彌合個人眞實欲望和社會道德規範的差距，是李贄和耿定向都在思考的問題。然而兩人的思路和結論卻截然不同。李贄的思考向現實靠近，希望社會道德要基於眞實人性，承認並允許人的合理欲望的表達和發展。他在麻城「出入酒樓歌肆」，無疑也是以一種激進的行爲來標明自己的主張。而耿定向則有強烈的衛道意識，要重申儒家倫理道德的重要性。在他看來，一旦衝破名教的藩籬，則人性的私欲便會像洪水猛獸那樣失去控制，沖擊社會的秩序與穩定。

黃仁宇先生指出：「李贄和他同時代的人物所遇到的困難，則是當時政府的施政方針和個人的行動完全憑藉道德的指導，而它的標準又過於僵化，過於保守，過於簡單，過於膚淺，和社會的實際發展不能適應。本朝開國二百年，始終以『四書』所確定的道德規範作爲法律裁判的根據，而沒有使用立法的手段，在倫理道德和日常生活之間建立一個『合法』的緩衝地帶。……這種情況的後果是使社會越來越趨於凝固。……在道德的旌旗下，拘謹和雷同被視同高尚的教養，虛僞和欺詐成爲官僚生活中不可分離的組成部分。」〔註91〕這實際是貫穿中國傳統社會結構和文化結構的一個大問題。黃仁宇先生給出的解決之道是「在倫理道德和日常生活之間建立一個『合法』的緩衝地帶」，這也是現代西方文明給我們的啓示。

針對李贄《焚書》中對耿定向的揭露和攻擊，其好友、也是耿定向弟子的焦竑在《耿天台行狀》批評道：「先生之道如日中天，天下莫不知，而有爲先生手劾者，至造作謗書，以恣其唇吻，雖浮妄不根，眾所簡斥，而無忌憚亦已甚矣。」〔註92〕

「無忌憚」的確是李贄人格特點之一。李贄極度自信、放言高論，能不拘於世俗陳見，甚至突破名教的藩籬。雖能切中世人病痛，足以啓發人的心智，但卻對社會秩序具有很大的破壞力，同時也將自己推向爲人所惡的危險境地。

這便是「眞」與「善」矛盾的另一層面，單純執著於「眞」並不能導出善，反而容易讓人性中「惡」的一方面失去約束，即所謂「拆籬放犬」，對社會、對自身造成危害。

〔註91〕黃仁宇《萬曆十五年》，第 228～229 頁。
〔註92〕焦竑《耿天台行狀》，見《澹園集》卷三十三，第 534 頁。

（二）論爭中耿李風格不同的原因分析

1. 耿定向：委曲求全的在朝官僚

耿定向成長於書香門第，從小習舉業，然後參加科舉、做官，是中國典型的知識分子的「正途」。耿定向的仕途比較平淡，並無顯赫成就，也無重大挫折。

耿定向是一個溫和的人，在傳統儒家的教育下成為一個務實的官僚。黃宗羲云：「先生所歷首輔：分宜、華亭、新鄭、江陵、吳縣，皆不甚齟齬。」〔註93〕這五位首輔性格各異、立場各異，他們不斷上臺下臺，而耿定向與他們皆能和平共處，這種情形在政治鬥爭激烈的明代，是很少見的現象。明代政治舞臺上，互相彈劾、罷官請辭、貶官削職、廷杖繫獄等現象特別普遍，上下交爭、擾攘動盪是明代的政治文化的特點，趙園用「戾氣」來概括明代尤其明末的時代氛圍，是相當準確的。〔註94〕

不只是上層官僚，矯激的士風在民間也是愈演愈烈，《雲間據目抄》云：「士風之弊，始於萬曆十五年後。跡其行事，大都意氣所激，而未嘗有窮凶極惡存乎其間。」〔註95〕雖無「窮凶極惡」，但士人由於「意氣所激」所造成的動盪後果讓耿定向極為憂慮。

耿定向的政治態度是傾向溫和妥協的，他對於《論語》中被孔子批評的微生高〔註96〕，是很欣賞的，說「夫子即乞醯一事，見其與世酬物，亦周容篤厚。」〔註97〕他很瞭解政治活動不能簡單直率，為避免激烈的衝突，必須委曲婉轉。

耿定向雖然在政治活動中不免曲意逢迎，心口不一，但作為一個極具責任感的儒家知識分子，他「扶世立教」的決心卻是真誠的，在糾正王學流弊方面也做出了自己的努力。耿定向學生，同時也是李贄好友的焦竑，作《耿

〔註93〕《明儒學案》卷三十五，《泰州學案四·恭簡耿天台先生定向》。不過，黃宗羲的說法只是概言之，卻不十分準確，有學者考證，耿定向與嚴嵩的關係是先張後弛，對徐階始終以後學自居，與高拱之間則極不和，和張居正從親密至疏遠，與申時行則保持友善。參見遲勝昌：《耿定向與泰州學派》，臺灣師範大學碩士論文，1990年，第13頁。

〔註94〕參見趙園著：《明清之際士大夫研究》，北京大學出版社1999年版，第4～9頁。

〔註95〕（明）范濂《雲間據目抄》卷2《記風俗》。

〔註96〕《論語·公冶長第五》記載「子曰：孰謂微生高直？或乞醯焉，乞諸其鄰而與之。」論者多認為微生高用意委曲，非為直人。

〔註97〕《耿天台先生文集》卷十，《繹論語·微生高》。

天台行狀》，講耿「主持正學，先後凡累變，大都以反身默識爲先，以親師取友爲助，以範圍曲成爲徵驗，一言一動皆足爲學者法。」〔註98〕耿定向督學南畿期間，「他淫言詖行足以害教者，一無所容於其間。當是時，雨化風行，轉相教詔，士霍然悟仁之非遠，而矩之不可逾。庶幾道術不爲天下裂，厥功大矣。」〔註99〕

周柳塘曾評價耿李二人說：「天台重名教，卓吾識眞機」，耿定向「以繼往開來爲重」，而李贄「以任眞自得爲趣」。〔註100〕對此，李贄並沒有給予回應，但耿定向卻表示不認同，他一再強調，孔孟之學和自己維護名教都是以「眞」爲前提的。

> 夫孔孟之學學求眞耳，其教教求眞耳。捨此一「眞」，何以繼往？何以開來哉？近日學術，淆亂正原，以妄亂眞，壞教毒世，無以紹前啓後，不容已於呶呶者，亦其眞機不容已也。如不識眞而徒爲聖賢護名教，妄希繼往開來之美名，亦可羞已，不已與兄大隔藩籬耶？〔註101〕

李贄以「眞」來批評「假」，而耿定向則以「眞」來對治「妄」。「妄」即隨意、胡亂而帶來的不合理行爲。耿定向務實的性格，另他爲學「不尚玄遠」，謂「道之不可與愚夫愚婦知能，不可以對造化、通民物者，不可以爲道，故費之即隱也，常之即妙也，粗淺之即精微也」。〔註102〕作爲一個儒家學者，他同樣在眞誠地「竭力地探求一種既有形而上的根據，又能融合與日常生活的眞理。」〔註103〕

然而，耿定向這種委曲求全的性格，與明代學問「究性命之眞」的目標並不契合。無怪羅近溪批評他「世界心重，性命心未切」。〔註104〕耿定向雖心領神受，但也不無憂慮地說「世界如此寬大，實是爲世界耽心者無幾」。〔註105〕在近溪者來，世界心太重，則精力皆在世情上，對於性命未必能徹。

〔註98〕 焦竑《資德大夫正治上卿總督倉場戶部尚書贈太子少保諡恭簡天台耿先生行狀》，見《澹園集》卷三十三，第532頁。

〔註99〕 焦竑《先師天台耿先生祠堂記》見《澹園集》卷二十，第244頁。

〔註100〕 耿定向《與周柳塘》（十八），見《天台集》卷三，第97頁。

〔註101〕 同上。

〔註102〕 《明儒學案》卷三十五，《泰州學案四·恭簡耿天台先生定向》。

〔註103〕 （美）黃仁宇《萬曆十五年（增訂本）》，中華書局，2007年，第197頁。

〔註104〕 見耿定向《與劉養旦》（辛巳），《耿天台先生文集》卷四，第134頁。

〔註105〕 同上。

但耿定向卻認爲，世界心重雖或有礙於性命之體貼，但是當此之世，「爲世界耽心者無幾」之時，正宜有世界心，這體現了耿定向作爲一個儒者的擔當意識。

2. 李贄：直率無忌的在野文人

耿定向站在正統儒家的立場，重視人倫道德，提倡「謹言愼行」，力求做到「言爲世法、行爲世則、百世之師」，所以對李贄「縱狂自恣」的言行很不滿，也在情理之中了。本著「萬物一體之仁」，「成己成物」的責任感，他對李贄屢屢責備。

然而，耿定向並沒能眞正理解李贄，所以他的規勸和責備李贄並不服氣，反而讓李贄更加奮起爲自己辯護，並指出對方的病處。這是兩人論爭不斷的性格因素。

耿定向曾對李贄棄官棄家的行爲很不滿，然而，我們要看到，李贄在棄官棄家之前，他已經按照儒家的倫理原則完成了對家庭應盡的一切義務，所以對「棄人倫」的指責他並不接受。他在萬曆十五年前後寫給麻城好友鄧石陽的信中說了：

> 年來每深歎憾，光陰去矣，而一官三十餘年，未嘗分毫爲國出力，徒竊俸餘以自潤。既幸雙親歸土，弟妹七人婚嫁各畢。各幸而下缺衣食，各生兒孫。獨余連生四男三女，惟留一女在耳。而年逼耳順，體素羸弱，以爲弟姪已滿目，可以無歉矣，遂自安慰焉。蓋所謂欲之而不能，非能之而自不欲也。惟此一件人生大事未能明瞭，心下時時煩懣，故遂棄官入楚，事善知識以求少得。蓋皆陷溺之久，老而始覺，絕未曾自棄於人倫之外者。〔註106〕

李贄這段文字寫得入情入理，將自己的心路歷程展現了出來。在李贄看來，爲官三十餘年，他的家庭責任已經完全盡到，「可以無歉矣」，是時候解決自己的性命問題了。爲了專心解決此一「人生大事」，他不得不「棄官入楚」。而他此時棄官棄家，於國於家都不會造成損失，所以他認爲自己的做法是正當的，不應被指責。

耿定向作爲一個爲人矚目的官僚，說話習慣委婉而留有餘地，故我們看他寫給李贄的信件，言語都比較婉轉。而李贄作爲一個不再屬人管、主要爲自己而活的文人，便可理直氣壯地爲自己辯護而不必對太多人負責。所以我

〔註106〕李贄《復鄧石陽》，《焚書》卷一，第9頁。

們看到在二人的論爭過程中，文風完全不同。

正是因為李贄不必顧忌太多，所以他才能直面人性最本真的內容，敢於說出別人不敢說的大實話（如人皆有私欲），敢於做出別人不敢做的狂事（如在麻城「遊戲三昧」），所以他的言行在當時便引起巨大反響，有的人稱讚其膽識和眼光，為之歡欣鼓舞；另外一些人則惡其猖狂無忌憚。

耿定向以衛道者自居，對李贄不顧禮法的言行多有指責。而李贄則堅信自己無錯，他說：

> 我以自私自利之心，為自私自利之學，直取自己快當，不顧他人非刺。故雖屢承諸公之愛，誨諭之勤，而卒不能改者，懼其有礙於晚年快樂故也。自私自利，則與一體萬物者別矣；縱狂自恣，則與謹言慎行者殊矣。萬千醜態，其原皆從此出。彼之責我是也。然已無足責矣。何也？我以供招到官，問罪歸結，容之為化外之民矣。〔註107〕

李贄以「化外之民」自居，以自己「晚年快樂」為旨歸，故稱自己追求的是「自私自利之學」，如此便可「縱狂自恣」而「不顧他人非刺」，這與耿定向代表的儒家「萬物一體」之學是兩個路向。

儒家傳統提倡「己立立人」、「成己成物」，不僅強調自我修養，更著眼於安頓社會他人，如「修己以安人」，「修己以安百姓」（《論語・憲問》），最後做到「萬物一體」。另一方面，出於對社會人心的責任感，儒者又不遺餘力地「正人心，息邪說，距詖行，放淫辭」（《孟子・滕文公下》）」，對於走向邪路的人要規勸誨諭使其同歸於善。

而李贄，則拒絕耿定向的規勸，他強調了「我」的主體性意義，指出儒家「必使人同己」的不合理性：「公既深信而篤行之，則雖謂公自己之學術亦可也，但不必人人皆如公耳。故凡公之所為自善，所用自廣，所學自當，僕自敬公，不必僕之似公也。公自當愛僕，不必公之賢於僕也。」〔註108〕李贄其實並不否定儒家道學，只是更主張一種開放多元的價值觀，這與《中庸》所講「萬物並育而不相害，道並行而不相悖」的理想是一致的。

張鼐說：「卓吾疾末世為人之儒，假義理，設牆壁，種種章句解說，俱逐耳目之流，不認性命之源，遂以脫落世法之蹤，破人間塗面登場之習，事

〔註107〕李贄《寄答留都》，見《焚書》增補一，第 257 頁。
〔註108〕李贄《答耿中丞》，見《焚書》卷一，第 16 頁。

可怪而心則眞，跡若奇而腸則熱。」〔註 109〕這段話可謂知人之論，道出了李贄的行爲、心理特點。李贄目睹明代僞道學的盛行，以及世人障於道學而隨波逐流的情景，慨然於學術的墮落與世風的頹敗，立志挽頹風於一時，憑著一顆火熱的赤子之心，肆狂狷之行，揭道學之僞，故爲異端，縱逸於禮法之外，跡其思想行爲，雖顯露出其執拗任情的個性，卻出自於其濟世拯道的古道熱腸，看似怪異，實則用心良苦。

三、從耿李論爭的和解看眞與善的衝突與調和

（一）從耿李論爭的和解看

　　李贄刊刻《焚書》，導致和耿定向關係惡化，之後很快便後悔。耿定向畢竟是他相交多年的朋友，又對自己家人頗爲照顧，彼此之間還是有感情的，傷害對方也不是自己的本意。萬曆十九年春，李贄得知耿定力將回黃安，寫信給周友山，流露了對耿定向的思念之情，表達了願與耿定向和解的意向，李贄信中說：

> 楚倔回，雖不得相會，然覺有動移處，所憾不得細細商榷一番。
> 彼此俱老矣。縣中一月間報赴閻王之召者遂至四五人，年皆未滿五
> 十，令我驚憂，又不免重爲楚倔老子憂也。蓋今之道學，亦未有勝
> 似楚倔老者。叔臺想必過家，過家必到舊縣，則得相聚也。」〔註110〕

　　目前未見耿定向對李贄的態度有正面回應，但本年他寫《大事譯》〔註111〕，對性命之道有所反思，對佛學的態度也大有改觀。《大事譯》涉及的問題，便是他之前與李贄論爭中涉及的問題之一；而這種態度的改變，與李贄的影響不無關係。作爲一個眞誠志在修齊治平的儒家學者，《焚書》給他的衝擊，也是讓他靜下心來，探求性命之道的一個契機。〔註 112〕此時他退

〔註 109〕《讀卓吾老子書述》，見《續焚書》卷首。
〔註 110〕李贄《答周友山》，見《焚書》卷一，《李贄文集》第一卷，第 24 頁。
〔註 111〕耿定向《觀生紀》載：「（萬曆）十九年辛卯，我生六十九歲。……冬初，著
　　　　《大事譯》，寄白下諸友。」
〔註 112〕耿定向寫《大事譯》，與焦竑等友人弟子的啓發也不無關係。《天台集》卷四
　　　　《又與劉調甫》（第三書）說「昔大慧謂張子韶將佛語改頭換面說向儒門去，
　　　　項徐思中將吾家語改頭換面說向釋門去」，又說「唐祠部近輯程子闢佛語一
　　　　編，焦弱侯中多駁異」。焦竑《答耿師》說：「學者誠有志於道，竊以爲儒、
　　　　釋之短長，可置勿論，而第反諸我之心性。苟得其性，謂之梵學可也，謂之
　　　　孔孟之學可也，即謂非梵學、非孔孟學，而自爲一家之學，亦可也。蓋謀道

休在家，一切功名利祿、經濟事業已成過眼煙雲，閒居無事，便有更多時間關注自己的內心，關注自己的生命。

萬曆二十一年秋，在友人沈鈇的調停下，李贄到黃安會見耿定向，二人重敘舊情，開始走向和解。沈鈇《李卓吾傳》曰：「劉公入掌內臺〔註113〕，而載贄歸麻城。鈇招耿公曰：『李先生信禪，稍戾聖祖，顧天地間自有一種學問，逃墨歸楊，歸斯受焉，此聖賢作用也。』於是耿、李再晤黃安，相抱大哭，各叩首百拜，敘舊雅，歡洽數日而別。」〔註114〕此次耿李二人雖見面握手言和，但雙方並沒有放棄自己的學術觀點和見解。

萬曆二十三年（1595）底，李贄到黃安會見耿定向，雙方最終和解。李贄寫《耿楚倥先生傳》，感念耿定理，並自述與耿定向衝突與和解的始末：

> （耿定理去世後）既已戚戚無懽，而天台先生亦終守定「人倫之至」一語在心，時時恐余有遺棄之病；余亦守定「未發之中」一言，恐天台或未窺物始，未察倫物之原。故往來論辯，未有休時，遂成扞格，直至今日耳。今幸天誘我衷，使余捨去「未發之中」，而天台亦遂頓忘「人倫之至」。乃知學問之道，兩相捨則兩相從，兩相守則兩相病，勢固然也。兩捨則兩忘，兩忘則渾然一體，無復事矣。余是以不避老，不畏寒，直走黃安會天台於山中。天台聞余至，亦遂喜之若狂。志同道合，豈偶然耶！〔註115〕

《耿楚倥先生傳》寫好後，李贄又抄寫三份，分別給耿定向、耿定理之子、耿定力，以示鄭重。至此，李贄和耿定向冰釋前嫌，徹底和解，重歸於好。這場論爭雖不乏意氣之爭的成分，但雙方始終都自認爲所爭的是關乎世道人心的學術問題。他們討論的是中國文化中由來已久的眞與善、德與禮的關係應如何安排，內心的需求和外在的規範如何協調的問題。

如謀食，藉令爲眞飽，即人目其餒，而吾腹則果然矣。不然，終日論人之品味，而未或一嚐其載，不至枵腹立斃者幾希。」（《澹園集》卷一二，第82頁。）這封信針對程顥闢佛的言論而發，程顥堅持的是嚴格的儒、佛界限，而焦竑則主張儒佛會通，打破學術的門户之見而關注自家性命。」

〔註113〕「劉公」指原湖廣布政使劉東星，李贄在武昌遭驅逐後，劉慕名前來拜訪，並迎接到武昌會城，保護、供養並商討學問。「入掌內臺」指萬曆二十一年劉東星升任都察院左副都御史，入理院事（《明神宗實錄》，卷二六四）。本年春，李贄自武昌回到麻城龍湖。參見林海權《李贄年譜考略》第257～259，第287頁。

〔註114〕見《李贄研究參考資料》第一輯，第21頁。原載何喬遠：《閩書》卷一百五十二《畜德志》上。

〔註115〕見《焚書》卷四，第133頁。

從《耿楚倥先生傳》看，李贄認爲耿定向執定於人倫規範，忽略了應以人內在的眞實性情爲其基礎；耿定向則以李贄放任自我，不受禮法，將導致猖狂恣肆的敗行。經過十幾年的往復論爭，以及曲折的人生閱歷，最後雙方獲得共識，眞與善、名教與眞機、「未發之中」與「人倫之至」是相輔相成的，不能各執一端。

萬曆二十四年初，僧人若無想離開龍湖遠遊，其母張氏來信勸阻，語言眞切感人。看了若無母親書信後，李贄非常感動，寫《讀若無母寄書》，認爲「念佛者必修行，孝則百行之先」。

> 若無母書云：「……世情過得，就是道情。莫說我年老，就你二小孩子亦當看顧他。你師昔日出家，遇荒年也顧兒子，必是他心打不過，才如此做。設使不顧，使他流落不肖，爲人笑恥，當此之時，你要修靜，果動心邪，不動心邪？若不動心，未有此理；若要動心，又怕人笑，又只隱忍過日。似此不管而不動心，與今管他而動心，孰眞孰假，孰優孰劣？如此看來，今時管他，跡若動心，然中心安安妥妥，卻是不動心；若不管他，跡若不動，然中心隱隱痛痛，卻是動心。你試密查你心：安得他好，就是常住·就是金剛。……你心不靜，莫說到金剛，縱到海外，益不靜也。」

> 卓吾子讀而感曰：恭喜家有聖母，膝下有眞佛，夙夜有心師。所矢皆海潮音，所命皆心髓至言，顚撲不可破。回視我輩傍人隔靴搔癢之言，不中理也。又如說食示人，安能飽人，徒令傍人又笑傍人，而自不知恥也。反思向者與公數紙，皆是虛張聲勢，恐嚇愚人，與眞情實意何關乎！乞速投之水火，無令聖母看見，說我平生盡是說道理害人去也。又願若無張掛爾聖母所示一紙，時時令念佛學道人觀看，則人人皆曉然去念眞佛，不肯念假佛矣。能念眞佛，即是眞彌陀，縱然不念一句「彌陀佛」，阿彌陀佛亦必接引。何也？念佛者必修行，孝則百行之先。若念佛名而孝行先缺，豈阿彌陀亦少孝行之佛乎？決無是理也。我以念假佛而求見阿彌陀佛，彼佛當初亦念何佛而成阿彌陀佛乎？必定亦只是尋常孝慈之人而已。言出至情，自然刺心，自然動人，自然令人痛哭，想若無必然與我同也，未有聞母此言而不痛哭者也。〔註116〕

〔註116〕李贄《讀若無母寄書》，《焚書》卷四，第130～132頁。

耿定向看了李贄的信，也非常感動，寫道：

> 母之念子，子之依母，直此本心，聖凡同也。試問天下善知識，
> 除卻此類慈孝心，別有本心否？除卻本心，更有別股聖學佛法否？
> 伏惟罔極之□，瞻依之詠，亡倫吾家之教爲然，即彼家慧能欲遠參
> 訪，弘忍亦必假貸賣金，顧養其母。弘忍說法終身，黃□不欲遠離
> 母也。趙州負母終身，織屨以養矣。瞿曇不產自空桑，諒其教必不
> 欲人滅絕此種性也。何以故？惟此本心，天所命也。

> 比吾黨見張媪書，大都漠然無味矣；乃李卓吾聞之便讚歎如
> 是，惟卓吾生平割恩愛、棄世紛，今年至七旬矣，乃能反本如是。
> 若予今乃彌留待盡之日，所謂人窮反本者，以此聞學者讚歎張媪言，
> 亦大生歡喜如是也。蓋即其欣賞張媪言如是，便知其持學已歸宗本
> 心矣。學知反求本心，更何說哉？〔註117〕

耿定向感歎李贄「持學已歸宗本心」，其實李贄的學問一直是根於「本心」，只是耿李二人關於「本心」有不同的理解，所以一直爭論不已。如今二人皆至老年，面對若無之母，一個普通的婦人，發自肺腑的眞情之言，剝落了一切虛僞的格套、刻意的標榜，觸動了二人最眞實的心靈情感。關於眞與善的爭論，二人在人之孝慈親情上達成了一致。

而孝慈親情，正是儒家倫理的起點，正是眞與善的統一。

其實，關於情慾與道德的問題，是儒家哲學最核心的問題之一。傳統儒家肯定人的情慾，並提倡以禮來節制情慾，使其一歸於正。《禮記・禮運》：

> 何謂人情？喜怒哀懼愛惡欲七者，弗學而能。何謂人義？父
> 慈、子孝、兄良、弟弟、夫義、婦聽、長惠、幼順、君仁、臣忠十
> 者，謂之人義。講信修睦，謂之人利。爭奪相殺，謂之人患。故聖
> 人所以治人七情，修十義，講信修睦，尚辭讓，去爭奪，捨禮何以
> 治之？飲食男女，人之大欲存焉；死亡貧苦，人之大惡存焉。故欲
> 惡者，心之大端也。人藏其心，不可測度也；美惡皆在其心，不見
> 其色也，欲一以窮之，捨禮何以哉？

眞實的情慾有善有惡，所以需要倫理道德的節制，其規範便是「禮」。而「禮」的制定，也必然要基於人性人情之眞，否則便會導致對人性的壓抑、

〔註117〕耿定向《讀李卓吾與王僧若無書》，《耿天台先生文集》卷十九，第567～569
頁。

「僞道學」的出現，其結果也會流入不善。

第三節　何心隱之獄與耿李論爭──兼論泰州學派的狂俠精神

　　黃宗羲在《明儒學案》中說：「乃卓吾之所以恨先生（指耿定向）者，何心隱之獄，唯先生與江陵厚善，且主殺心隱之李義河，又先生之講學友也，斯時救之固不難，先生不敢沾手，恐以此犯江陵不說學之忌。」（卷三十五）。而李贄論何心隱的文字，也時時流露出對耿定向等「假道學」的不滿。那麼何心隱之獄，耿定向究竟是否見死不救呢？耿定向和李贄分別是如何看待何心隱的？何心隱之獄與耿李論爭有什麼關係？

　　本文通過何心隱與耿定向的交往，以及其遭難時耿定向的表現，分析耿定向與何心隱之獄的關係，通過耿定向、李贄對何心隱以及泰州後學不同的態度，對以上問題進行探討，對泰州學派的「狂俠」精神及其歷史意義作反思。

一、耿定向與何心隱的交往

　　耿定向與何心隱的交往頗多，何心隱於萬曆七年被捕後，回顧一生所交之友，稱耿定向爲「以情相交相厚」者〔註 118〕，並將耿與羅近溪相提並論：「又有若羅近溪，又有若耿楚侗，亦與汝元交，其情其厚，亦不有先後也。然羅於汝元相交，則相忘而相敬也；其耿於汝元相交，則相敬而不相忘也。」〔註 119〕

　　然而，我們讀耿定向的《里中三異傳》，耿對何心隱的傳文，卻頗不厚。似乎耿定向在有意將何心隱與自己拉開距離，而以一種居高臨下的姿態記錄其言行，對何心隱的行爲頗不以爲然。說「余懲其行不中，而悲其志，故稱曰何狂云。」〔註 120〕

　　那麼，耿定向於何心隱有過哪些交往？在何心隱之獄中有何言行？爲何會被視爲見死不救？耿定向對何心隱的評論爲什麼會有巨大轉變？下文我們

〔註 118〕《上祁門姚大尹書》，《何心隱集》卷四，中華書局 1960 年版，第 78 頁。
〔註 119〕《又上湖西道吳分巡書》，《何心隱集》卷四，第 90 頁。
〔註 120〕耿定向《里中三異傳》，見《耿天台先生文集》卷十六，《儒藏》本，第 494 頁。

先從耿定向於何心隱的交往說起。

嘉靖三十九年庚申（1560），耿定向與何心隱相識於京師。何心隱說「而因程（學顏）以首交程之鄉同年者，則湖廣麻城耿楚侗（定向）其人也。」〔註121〕耿定向也說「余時官北臺，狂匿程君邸，即同里士紳避不見，間從比部羅汝芳氏遊。余故與程、羅兩君交善，時相往反，因晤之。」〔註122〕

當時耿定向和京中很多友朋對何心隱很讚賞，「大僕程子楚之英，四明錢子何忱恂，兩人視汝猶弟昆些。盱江羅子汝同門，居常目汝為天人些。余亦知汝故不群，況復千里來相因些。」〔註123〕

耿定向還介紹何心隱與張居正相見，當日相會的情況，耿定向之弟耿定力敘述頗詳：

> 嘉靖庚申，張江陵（居正）官少司成，先恭簡（耿定向）官御史，巡視東城，嘗約會僧舍中。日侍恭簡，聞其奇江陵，又奇心隱也。乘會日，偕心隱突入座。心隱、恭簡南面，江陵北面，大興令吳哲與予西隅坐。恭簡故令二公更相評品。江陵謂心隱「時時欲飛，但飛不起耳」。心隱氣少平，謂江陵「居大學，當知《大學》之道」云。心隱退而撫膺高蹈，謂予兄弟曰：「此人必當國，殺我者必此人也。」〔註124〕

耿定向奇江陵，又奇心隱，故引二人相見，並請他們互相品評。耿定向敘述當日之事頗傳神：

> 時張江陵為少司成，予挈之城東僧舍與晤。狂俯首凝睇，目江陵曰：「公居大學，知《大學》道乎？」江陵為勿聞者，遊目而攝之曰：「爾意時時欲飛，卻飛不起也。」江陵別去，狂捨然若喪，曰：「夫夫也，吾目所及不多見，異日必當國，殺我者必夫也。吾黨學應移別掉，不則當北面矣。」〔註125〕

從耿定向的敘述看，二人互不相讓，有劍拔弩張之感。對此，李贄認為「何公平生自許太過，不意精神反為江陵所攝，於是憮然便有懼色，蓋皆英

〔註121〕《上祁門姚大尹書》，《何心隱集》卷四，第77頁。

〔註122〕耿定向《里中三異傳》，見《耿天台先生文集》卷十六，《儒藏》本，第495頁。

〔註123〕耿定向《招梁子詞》，《耿天台先生文集》卷十二，第390頁。

〔註124〕耿定力《胡時中義田記》，見《何心隱集》附錄，第142頁。

〔註125〕耿定向《里中三異傳》，見《耿天台先生文集》卷十六，《儒藏》本，第495頁。

雄莫肯相下之實，所謂兩雄不並立於世者，此等心腸是也。」〔註126〕此分析是比較中肯的。雖然張居正、何心隱二人話不投機，言語不和，但對於何心隱「此人必當國，當國必殺我」等語，耿定向卻不以爲然，並笑言爲之開解：「此公腰不健，未必有官顯於首相也。毒何由肆？」〔註127〕

耿定向性格溫和，且與張、何都很欣賞，自不願二人起衝突。然二人的矛盾，卻是他難以開解的。

江陵謂心隱「時時欲飛」，眼光相當準確。何心隱是個不安分的人，「家累萬金，族眾數千指，少補邑庠弟子員，從永新顏鈞遊。與聞泰州王心齋立本指，悅之，遂芴然思自樹。」〔註128〕他家境富足，天資聰穎，嘉靖二十五年（1546）赴郡試，中第一名。然而，當他接觸到泰州學派的學說後，毅然放棄科舉仕途，走上布衣講學之路。

他在家鄉創辦「聚和堂」，進行理想社會實踐。他「捐貲千金，建學堂於聚和堂之旁，設率教、率養、輔教、輔養之人，延師禮賢，族之文學以興。計畝收租，會計度支，以輸國賦。凡冠婚喪祭，以治孤獨鰥寡失所者，悉裁以義，彬彬然禮教信義之風，數年之間，幾一方之三代矣。」〔註129〕聚和堂首先是一個教育組織，將原來上中下各族的私館合併爲一，總聚於宗祠，「延師禮賢」，宗族子弟於此接受寄宿制集體教育；其次是一個經濟組織，設置專人負責對內「計畝收租，會計度支」，對外則作爲一個整體向官府履行賦稅勞役義務。

何心隱所建的「聚和堂」，是要將《大學》「齊家」的理想付諸實踐，看起來似乎取得了很好的效果，家族的教育和生活條件都有很大改善。然而這種組織嚴密的團體，對地方統治者來說，無疑是一種麻煩或威脅。因爲作爲個體農民，很難有能力與政府抗衡，治理起來相對容易一些；而一旦組織起來，形成一個團體，則容易與官府發生衝突。再加上何心隱秉性剛直，則得罪於官府幾乎是不可避免的事。

耿定向記云：「一歲，邑下令督徵，狂謂中有非正供者，抗弗輸，爲書抵令。令怒，以狀白當道。當道故夙有聞也，趣捕逮下獄，擬遣。時制府績溪胡公宗憲，經略浙直，孝感程學顏氏在幕用事，說之，檄江省撫臺安陸何公，

〔註126〕李贄《答鄧明府》，《焚書》卷一，第14頁。
〔註127〕何心隱《上祁門姚大尹書》，《何心隱集》卷四，第78頁。
〔註128〕耿定向《里中三異傳》，見《耿天台先生文集》卷十六，《儒藏》本，第494頁。
〔註129〕鄒元標《梁夫山傳》，見《何心隱集》附錄，第120頁。

因得脫。」〔註130〕因爲拒絕繳納「賦外之徵」，何心隱與官府發生衝突，被逮捕入獄，判絞罪，後改爲充軍。幸有其友程學顏時在浙江總督幕府任職，從中斡旋，請求總督胡宗憲以調用何心隱爲名，移文江西巡撫，營救出獄。此事發生在嘉靖三十八年（1559年）。〔註131〕

何心隱在胡宗憲幕府呆了一年多，嘉靖三十九年庚申（1560），程學顏進官太僕寺丞，心隱與之同北上。何心隱在京師仍舊很不安分。「心隱在京師，闢各門會館，招來四方之士，方技雜流，無不從之。」〔註132〕當時嚴氏父子權傾朝野、把持朝政、翦滅異己，雖事實昭然，但由於嘉靖皇帝寵幸，朝中沒人能奈何之。嘉靖四十年辛酉（1561），何心隱與方士藍道行密謀計除嚴嵩，成爲一時傳奇。黃宗羲《泰州學案序》：

> 是時政由嚴氏（嵩），忠臣坐死者相望，卒莫能動。有藍道行者，以乩術幸上。心隱授以密計，偵知嵩有揭帖，乩神降語：「今日有一姦臣言事。」上方遲之，而嵩揭至，上由此疑嵩。御史鄒應龍因論嵩，敗之。〔註133〕

然而，耿定向對何心隱與方技雜流結交之事頗爲擔心，對何心隱與藍道行合謀，以密計去除嚴嵩的做法也不認同，曾勸何心隱謹慎交遊，但何心隱並不聽從。《里中三異傳》：

> 無何，程同丞（按：程學顏，時任太僕寺丞）卒於京邸，予有西夏之命，狂移館別邸，從之遊者，諸方技及無賴遊食者咸集焉。余瀕行謂之曰：「子慎所與哉！」應曰：「萬物皆備於我，我何擇也？」尋分宜子爲言官論敗，或曰：「狂有力焉。」蓋嘗授爲箕巫者，以密計因達宸聰也。其黨因張之。士紳中有遭抑而覬重用者，傾貲授室，

〔註130〕耿定向《里中三異傳》，見《耿天台先生文集》卷十六，《儒藏》本，第 495 頁。

〔註131〕容肇祖《何心隱及其思想》，《容肇祖集》，濟南：齊魯書社，1989 年，第 344~345 頁。按，鄒元標《梁夫山傳》認爲事件發生在嘉靖辛酉（1561），起因是當年流寇侵襲永豐，心隱反對縣令及其他鄉紳商議拆除「近城內外居民」之主張，結果「開罪貴勢，削名被毒，欲置之死」（《何心隱集》附錄，第 120 頁）。然而此事純屬誤傳，從嘉靖三十九年庚申（1560）到嘉靖四十一年壬戌（1562），何心隱都在北京。根據是心隱的自述，他以「庚申」（1560）作爲自己一生的前後分期（參見《何心隱集》卷四《又上湖西道吳分巡書》等。

〔註132〕黃宗羲著，沈芝盈點校《明儒學案》卷三十二《泰州學案一》，中華書局 2008 年 1 月第 2 版，704 頁。

〔註133〕同上。

館穀其徒，藉之運奇通奧援，禍蓋孕於此矣。〔註134〕

耿定向作爲正統士大夫、在朝官員，爲人處世比較持重謹慎，不屑於與方技雜流來往；但何心隱作爲一介布衣，卻認爲「諸方技及無賴遊食者」也各有各的才能，如果善於利用，也可以成爲實現自己抱負的助力。

耿定向的擔心是有道理的，何心隱最後被緝捕的罪名之一是「妖犯」，便與其反常、怪異之行爲，及結交旁門左道之人有關。

嘉靖四十一年壬戌（1562）五月，嚴嵩罷相。然而嘉靖帝仍顧念舊情，對其優待有加。嚴嵩雖致仕，但其勢力仍在。《明史》卷三○八《嚴嵩傳》曰：

> 帝降旨慰嵩，而以嵩溺愛世蕃，負眷倚，令致仕馳驛歸，有司歲給米百石。……特宥鴻爲民，使侍嵩……嵩既去，帝追念其贊玄功，意忽忽不樂。……嵩知帝念己，乃賂帝左右發道行陰事，繫刑部，俾引階。道行不承。坐論死，得釋。

黃宗羲《明儒學案》說「嵩黨遂爲嚴氏仇心隱。心隱逸去，從此蹤跡不常，所遊半天下。」何心隱避嚴黨迫害，離開京師，在友人的庇護下，講學四方。其蹤跡，何心隱《上祁門姚大尹書》自述甚詳：

> 又自北而南，則與錢懷蘇朝夕講所學，且同遊福建，訪於林。其林名號不暇上於書也。而錢其名則同文，其官則刑部郎也。時與錢又與丹徒朱錫號崳泉嘗官漳州教授者亦同南遊，而相與講學於林宅五十四日，即知林之所學非元所學也，即與錢，即與朱即圖旋。又遇耿於彭澤，一宿即別。入寧國，會羅近溪，官知寧國者。時元被已故嚴相毒，即同今日密拿毒，幸羅、幸錢，得免其所毒者。且錢以同遊而又同被嚴毒，是同在井，誰救井中人也？不然‧錢欲同避嚴，又同遊、同學、同朝夕矣。錢乃不得已復官，而以夫馬送元往耿衙。而耿又以舍人送元旋湖廣孝感，同程二蒲名學博官重慶者入重慶，相朝夕講學三年矣。……〔註135〕

錢同文，字懷蘇，福建興化人，時官刑部郎，同何心隱關係親密。據耿定向記載，「比部主政錢同文者日與遊，最昵。錢故不飲，一夕與語有契，歡傾一巨鹵（卣），至謂父母可無，斯人不可無雲。」〔註136〕嘉靖四十一年壬戌

〔註134〕耿定向《里中三異傳》，見《天台集》卷十六，第496頁。
〔註135〕《上祁門姚大尹書》見《何心隱集》卷四，第77頁。
〔註136〕耿定向《里中三異傳》，《耿天台先生文集》卷十六，第495頁。

（1562）何心隱隨錢同文自京師南下，朝夕相處、同遊同講學兩三年時間。一方面何心隱由於錢同文的保護，得免遭毒手；一方面錢同文由於與何心隱偕遊而遭到朝中官員的非議以及嚴黨的仇視。在彭澤遇耿定向時，耿也曾責備錢同文拋棄官職而與何心隱遊方外。但錢一方面顧慮何心隱安危，一方面與何講學相契，並沒有聽從。直到嘉靖四十三年甲子（1564）〔註137〕，錢同文才回京復官，同時派人送何心隱往耿衙（耿定向在南京任督學）。

耿定向的敘述中，對錢同文與何心隱頗多責備與惋惜之詞：

> 壬戌冬，予赴南畿督學，遇之潯陽江中。予責錢奉命慮囚，出不報命，而為狂所誘遊方外，大不恪，趣令絕之北上。錢時唯唯謾予，而仍與偕遊，逾年始至北都，書來託予為護狂。予乃為《轉心文》招之，意其格而易行也。狂一夕潛入余署，予謂之曰：「惜哉，子懷此志，而行若此，死矣。夫他日予第繞而墳而三號，哀子志也。」居頃之，狂見吾門徒諸不悅，一夕復遁去。〔註138〕

南京歷來為為學術重地，耿定向擔任督學，以「崇正學、迪正道」為己任，為何心隱作《轉心文》，希望將其「納入正道」。但何心隱依舊我行我素。耿定向作為在朝官僚，深知何心隱的行為會觸及統治者利益，難免會招來禍患，故有「他日哭汝墳」之說。何心隱與耿定向的弟子論學不契合，故很快就離開了，耿定向派人將其送往湖北孝感，依程學博。

隆慶初年，程學博就任重慶知府，何心隱隨之前往，並幫助他剿滅當地白蓮教起義。〔註139〕

隆慶六年壬申（1572）秋，何心隱和程學博到黃安會耿定向，在黃安住了將近一年時間。耿定向《觀生紀》記載：

> 隆慶壬申，程學博氏挈之來，我仲子詰之曰：「予毀家忘軀，意欲如何？」曰：「姚江始闡良知指，眼開矣，而未有身也；泰州闡立本旨，知尊身矣，而未有家也。茲欲聚友以成孔氏家云。」仲子曰：「成家後如何？」狂云云。仲曰：「嘻！道二，仁與不仁而已，孔氏求仁，子不仁，以若所為，求若所欲，豈直緣木求魚哉，後災

〔註137〕何心隱《上南安陳太府書》說：「自壬戌（嘉靖四十一年）迄於甲子（嘉靖四十三年），二三年間，交遊於八閩。」見《何心隱集》卷四，第95頁。
〔註138〕耿定向《里中三異傳》，《耿天台先生文集》卷十六，第496頁。
〔註139〕何心隱《上祁門姚大尹書》見《何心隱集》卷四，第78頁。

且不免矣。」〔註140〕

「欲聚友以成孔氏家」點明了何心隱講學的志向所在。在家鄉時，他就創辦「聚和堂」；在北京，開設「復孔堂」，招來四方之士；後來到湖北講學，則創辦「求仁會館」。〔註141〕何心隱注重朋友和講會，將「友」視爲比夫婦、父子、君臣更重要的「天地之交」並認爲道與學都盡於此，〔註142〕這與當時聚友講學的風氣有關。但與其他鬆散的講學會不同，何心隱「欲聚友以成孔氏家」，是要創辦像大家庭那樣有緊密聯繫的「會」，他說：「夫會，則取象於家，以藏乎其身；而相與以主會者，則取象於身，以顯乎其家者也。」〔註143〕而何心隱本人，是一個有熱情、有才能、有感召力，又善於組織的人，聚集在他周圍的，不僅有程學顏、錢同文這樣的士大夫，還有道士、俠士、方技雜流等各色人等。

耿定理問「成家後如何？」何心隱更大的志向是什麼？爲什麼耿定理會認爲這是「不仁」，並斷言「後災且不免」，耿定向似有意隱諱，大概是不便說而讓讀者意會之，這可能與何心隱等人捲入當時的政治鬥爭有關。據《萬曆野獲編》「壬戌歲，嚴氏敗，亦由術士藍道行扶乩傳仙語，稱嵩奸而階忠，上元不誅而待上誅。時皆云徐華亭（徐階）實使之。」〔註144〕像何心隱這樣有一定才能、又有不凡志向的人，很容易被人利用，捲入政治鬥爭，或成爲政治鬥爭的工具或犧牲品。

雖然耿氏兄弟稱何心隱不仁，但他們的交情還是不錯的，黃安期間也談到了張居正。何心隱被捕後回憶說：

> 又往黃安會耿，相朝夕以講學幾一年矣。而耿即笑言：「張公（居正）果顯官於首相矣。庚申所言，果有驗矣。而所言所隱毒者，亮不有也？」元即復其所笑：「逐日乃驗，逐日乃有。」今日不得耿來對言一笑，果驗於昔日者，又果有驗於今日也。〔註145〕

萬曆元年癸酉（1573），他離開黃安後，大約都在孝感講學。

萬曆四年丙子（公元1567）七月，何心隱再次遭到緝捕，幸得程學博親

〔註140〕耿定向《里中三異傳》，《耿天台先生文集》卷十六，第496頁。

〔註141〕見鄒元標《梁夫山傳》，《何心隱集》附錄，第121頁。

〔註142〕何心隱《論友》，見《何心隱集》卷二，第28頁。

〔註143〕何心隱《語會》，見《何心隱集》卷二，第28頁。

〔註144〕（明）沈德符《萬曆野獲編》卷八《計陷》，中華書局1959年，第210頁。

〔註145〕何心隱《上祁門姚大尹書》，見《何心隱集》卷四，第78頁。

弟提前報信，他及時逃脫，避往泰州。〔註146〕

　　此次被捕後，耿定向曾寫信給湖廣巡撫陳瑞，爲何心隱辯誣。何心隱逃脫後，自認爲並未犯任何罪，於是回家鄉歸葬父母，「以圖拼身自辯於朝」，後萬曆五年丁丑（1568）十月再次被緝捕，再次逃脫。萬曆七年己卯（1570）三月初二日，在祁門縣（今屬安徽省）被捕。後經南安、贛州等地，被輾轉押解到武昌，歷經三個多月，一路上何心隱有多封上當道書，爲自己申辯（見《何心隱集》卷四），但最終在武昌被杖殺，時任湖廣巡撫爲王之垣。

　　關於何心隱被捕、被殺的原因，歷來眾說紛紜，難有定論。其實，這個問題從一開始，就很糾纏不清，連當事人也不明朗。

　　例如，何心隱被捕的罪名是什麼？何心隱說：「自丙子（按，萬曆四年）七月至丁丑十月，前任撫院陳臺下則緝何心隱以盜犯也。三月祁門小票，則緝何心隱以逆犯、妖犯也。押解牌，則解何心隱以奸犯也。竟莫知以何心隱所犯者果何犯也？」〔註147〕所以他一路上辯解自己並非盜犯、逆犯、妖犯、奸犯，並相信自己是因爲講學而被毒，並認爲跟首輔張居正禁講學的政策有關，所以他一路上也都在申言自己的《原學原講》（見《何心隱集》卷一）。

　　何心隱聚徒講學，爲何會被誣以盜犯、逆犯、妖犯、奸犯而被緝捕，最終被殺害呢？《萬曆野獲編》記載道：

> 今上丁丑、戊寅間（案即萬曆五年、六年），有妖人曾光者，不知所從來，能爲大言惑眾，慣遊湖廣、貴州土司中，教以兵法，圖大事，撰造《大乾啓運》等妖書，糾合倡亂。彼中大吏協謀圖之，爲宣慰使彭龜年所賺，並其黨縛之。二省上其功於朝。黔撫何起鳴等，楚撫陳瑞等，及龜年，並俱優詔厚賞。而曾光竟遁去。上命悉誅妖黨，嚴緝曾光，以靖亂本。

> 時有江西永豐人梁汝元者，以講學自名，鳩聚徒眾，譏切時政。時江陵公奪情事起，彗出互天。汝元因指切之，謂時相蔑倫擅權，實召天變，與其鄰邑吉水人羅巽者同聲倡和，云且入都持正議，逐

〔註146〕何心隱在《上鎮北道項太公胡書》中說道：「丙子七月，汝元在湖廣德安府孝感縣樂聚友朋，以講汝元所學。方翕然時，突爾程二蒲親弟乘舟而來，亟報汝元，本省已差雲夢高典史帶兵將至矣，遽逼汝元登渠所乘舟，即放長往。出湖廣境，乃泣語汝元，典史高帶兵，爲緝大盜犯也。蓋大盜犯，不別有所指所緝也。語畢，而程親弟乃歸省應試，惟以其表兄焦茗送汝元竟抵泰州。尋二蒲爲汝元致書辨於湖廣兩院、各道。」見《何心隱集》卷四，第91頁。

〔註147〕何心隱《上湖廣郭按院書》，見《何心隱集》卷四，第113頁。

江陵去位，一新時局。江陵恚怒，示其意地方官物色之。諸官方居
爲奇貨。適曾光事起，遂竄入二人姓名（梁汝元、羅巽），謂且從光
反。汝元先逮至，拷死。羅巽亦斃於獄。光既久弗獲，已張大其事，
不能中罷。楚中撫臣乃詭云已得獲曾光，並羅、梁二人，串成讞詞
上之朝。江陵亦佯若不覺，下刑部定罪，俱從輕配遣，姑取粗飾耳
目耳。〔註148〕

　　曾光事在萬曆五、六年間，而實際上，湖廣巡撫陳瑞首次緝捕何心隱是
在萬曆四年，而當時逮捕的原因，也是由於張居正痛恨吉安人之故。《明儒學
案·泰州學案序》說：

江陵（張居正）當國，御史傅應禎、劉臺連疏攻之，皆吉安人
也。江陵因仇吉安人。而心隱故嘗以術去宰相，江陵不能無心動。

心隱方在孝感，聚徒講學，遂令楚撫陳瑞捕之。〔註149〕

　　萬曆三年（1575），張居正上《請申舊章飭學政以振興人才疏》，開始整
頓學校教育。疏中有言：「不許別創書院，群聚徒黨，及號召他方遊食無行之
徒，空談廢業，因而啓奔竟之門，開請託之路。」〔註150〕萬曆四年受到吉安
人傅應禎、劉臺的攻擊，張居正因而對吉安主張講學之人懷恨在心〔註151〕。
而「心隱每大言欲去江陵不難，其徒皆信之，以此媒禍。」〔註152〕

　　後來耿定力則點出，殺死何心隱的主要兇手爲時任湖廣巡撫王之垣：

迨歲己卯心隱蒙難，釁由王夷陵，非江陵意也。夷陵南操江時，
孝感程二蒲以維揚兵備，直言相忤。夷陵啣之，二蒲嘗父事心隱，
遂借心隱以中二蒲，而朝野輿論咸謂出江陵意，立斃杖下，競踐心
隱當國殺我之言。夷陵實江陵罪人矣。李氏《焚書》謂由李應城意，

〔註148〕沈德符《萬曆野獲編》卷十八《大俠遁免》，中華書局 1959 年，第 480 頁。

〔註149〕黃宗羲《明儒學案》卷三十二，第 705 頁。

〔註150〕《請申舊章飭學政以振興人才疏》，《張太岳先生文集》卷三十九。

〔註151〕關於張居正因禁講學而與吉安人結怨，還有一件證據，耿定向《明河南按察
　　　　司僉事鄒伯子墓誌銘》記載曰：「時方嚴學禁，而伯子（按：鄒德涵，鄒善長
　　　　子，鄒守益之孫）顧任道益力、求友益殷。會同邑劉、傅二臺史先後疏上迕
　　　　相國，而劉疏詆相國益甚。讒者謂疏出伯子手，相國深銜之。」（《天台集》
　　　　卷十二，第 375～376 頁）對張居正持讚賞態度的李贄也說：「偶攻江陵者，
　　　　首吉安人，江陵遂怨吉安，日與吉安縉紳爲仇」，並批評說「江陵此事甚錯，
　　　　其原起於憾吉安人，而必欲殺吉安人爲尤錯。」（《答鄧明府》，《焚書》卷一，
　　　　第 14～15 頁）

〔註152〕沈德符《萬曆野獲編》卷八《邵芳》，第 219 頁。

則傳者之誤也。〔註153〕

　　何心隱蒙難的原因頗多，有其個人原因，有張居正禁講學的背景、官場的政治鬥爭等，諸多因素加起來，令他沒有翻身之地。〔註154〕對此，永豐縣志的記載，比較簡明而公允，不妨錄於此：「（梁汝元）卒爲湖廣巡撫王之垣誣以奸逆，杖死，人皆謂其承宰相張居正意。蓋居正本媢嫉汝元，又同郡傅應禎、劉臺、觀政進士鄒元標皆糾劾居正，居正率疑爲汝元黨，而之垣又與學博有隙，欲借汝元以中之也。」〔註155〕

　　其實，何心隱究竟犯何罪，並不重要，欲加之罪何患無辭。重要的是，其不凡的志向、張揚的事行、巨大的號召力必然引起當道者嫉恨，令當權者視其爲危險人物，必除之而後快。

二、耿定向對何心隱的態度

　　由於何心隱之獄與張居正有關，故何心隱死後，陳屍道旁，只有兩名弟子，〔註156〕敢犯時相之威，收其遺骸，爲其掩葬。萬曆十一年癸未（1583），張居正死後一年多，耿定向與何心隱生前友人程學博等，才按照其生前願望，將其遺骸歸葬於孝感，與友人程學顏合葬。

　　歸葬時，耿定向曾作哀辭，爲之招魂。招魂辭有兩個版本，一爲今《何心隱集》附錄所收《梁子招魂辭》〔註157〕，落款爲「萬曆癸未（按，即萬曆十一年）仲冬福建巡撫黃安友人耿定向書」；一爲今《耿天台先生文集》卷十二所收《招梁子詞》〔註158〕，無落款。兩個版本內容稍有不同，前者偏褒揚

〔註153〕耿定力《胡時中義田記》，《何心隱集》附錄，第142頁。
〔註154〕關於何心隱之獄，任文利《何心隱之死考論》（《泉州師範學院學報》2010年第5期，頁89～94）有詳細考證，可以參考。
〔註155〕《何心隱集》附錄《縣志本傳》，第125頁。
〔註156〕疑其一爲呂光午，「心隱之門人有呂光午者，浙之大俠也……心隱嘗以金數千畀光午，使走四方，陰求天下奇士。……心隱死，陳屍道旁，有二人犯相國之怒，仰天大哭，收其遺骸，爲之掩葬，者，其一乃光午也。」（見《何心隱集》附錄陳士業《答張謫宿（宿）書》第138～139頁。張宿於天啓乙丑（1625）刻《何心隱叢桐集》，其友人陳士業看到文集後給他寫信，提到心隱門人呂光午，比較可信。）其一爲周復：「（周）復走抱屍，大哭，守卒呵撻不能止。會張出，儀衛甚嚴，復犯前驅，聲汝元冤。」（見《何心隱集》附錄《周復傳》，第139頁。）
〔註157〕《何心隱集》附錄，第140～141頁。
〔註158〕《耿天台先生文集》卷十二，儒藏本，第389～390頁。

而後者偏批評，而耿定向大約作於萬曆十四年丙戌（1586）的《里中三異傳》，何心隱傳文後所附「招魂辭」則與《招梁子詞》基本相同，故懷疑該文於萬曆十四年左右經過作者修改。〔註159〕這兩篇招魂辭雖短，卻集中反映了耿定向與何心隱的關係，以及耿定向對何心隱的情感與態度的變化，值得研究者重視。

　　下文通過對《招梁子詞》（爲了方便，簡稱丙戌版）全文逐段分析，並與《梁子招魂辭》（簡稱癸未版）不同之處進行對比，來探討耿定向與何心隱之獄的關係，以及對何心隱的態度變化。

　　　　（一）梁子，其意學孔，其行類俠，不理於世，斃於楚獄。余
　　傷其無歸，且懼其爲厲爲水旱災也，因令其徒收骸爲殯，而文以招
　　之。詞曰：

　　此乃招魂辭之引言。「其意學孔，其行類俠」，癸未版爲「學問宗孔，言行類孟」，「俠」與「孟」一字之差，所含褒貶已迥異。孟子以其「浩然之氣」說，「大丈夫」說，「舍生取義」說，言語之間鋒芒畢現，卓爾不群。雖然宋儒批評孟子「中間有些英氣，才有英氣，便有圭角。並說「英氣甚害事。如顏子便渾厚不同。」〔註160〕但孟子畢竟是儒家聖賢，而「俠」就不同了。

　　「俠」起源於戰國時期的士階層的分化：「文者謂之『儒』，武者謂之『俠』。儒重名譽，俠重意氣。」〔註161〕《韓非子‧五蠹》云：「儒以文亂法，俠以武犯禁，而人主兼禮之，此所以亂也。」《史記‧遊俠列傳》云：「今遊俠，其行雖不軌於正義，然其言必信，其行必果，已諾必誠，不愛其軀，赴士之厄困，既已存亡死生矣，而不矜其能，羞伐其德，蓋亦有足多者焉。」司馬遷雖然對「遊俠」表示了一定的讚賞，但同樣點出其「不軌於正義」的特點，和韓非子「俠以武犯禁」說的都是同一事實，即「俠」有不受既有秩序規範的特點。由於「俠」代表一種游離於正統社會之外的力量，往往靠其義氣或意氣行事，對社會秩序是一種破壞性力量，所以傳統儒家士大夫對「俠士」行爲並不認同。

〔註159〕也有另外一種可能，即《耿天台先生文集》中的「招梁子詞」爲最初版本，而《何心隱集》所附，爲後人刻文集時，出於於對何心隱之仰慕，將耿定向批評貶抑之詞有所刪改的結果。

〔註160〕《河南程序遺書》卷十八。

〔註161〕顧頡剛《武士與文士之蛻化》，顧頡剛《史林雜識》，初編（香港：中華書局，1963年），頁88～89。

　　由於何心隱的傳奇經歷，在當時的確被視為落入意氣的俠義之士。對此，何心隱辯解說，戰國俠士與孔門聖賢的區別，不在是否落入意氣，而在意氣之大小：「意與氣，人孰無之，顧所落有大小耳。戰國諸公之與之落意氣，固也。而孔門師弟之與，曷常非意氣之落耶？戰國諸公之意之氣，相與以成俠者也，其所落也小。孔門師弟之意之氣，相與以成道者也，其所落也大。」〔註162〕何心隱認為，人都是有意氣的，但戰國諸公「誠其一己之俠之意」「養其一己之俠之氣」，是意氣之小者；而孔門聖賢「誠其明明德於天下，而意與道凝矣」，「養其塞乎天地之間，而氣與道配矣」，這才是意氣之大者。他便是要追隨孔門聖賢，以積極的熱情（意氣）相與成道，明明德於天下。耿定向癸未年「學問宗孔，言行類孟」的評價，如果何心隱在天有靈，當會同意的。

　　　　（二）魂兮歸來，木消枝必歸根些！汝今何存？吾試與爾具陳些。決命捐生汝何營，模孔陳跡失孔真些。孔門宗指曰求仁些，蹈仁而死未前聞些。仁與不仁幾微分，吾昔與子曾極論些。

　　此乃招魂辭之開篇。此處，耿定向為何心隱「決命捐生」感到惋惜，批評他只是模擬孔門交遊講學的陳跡，卻失去「求仁」的真諦。「蹈仁而死」出自《論語‧衛靈公》：「子曰：民之於仁也，甚於水火。水火，吾見其蹈而死者矣，未見蹈仁而死者也。」〔註163〕耿定向的意思是，仁乃生道，求仁、踐行仁道不當引來殺身之禍。仁與不仁的界限在幾微間，而何心隱類俠的言行，很容易滑向不仁之道。隆慶六年在黃安時，耿定向、定理兄弟曾指出何心隱「不仁」，警告其「且有後災。」〔註164〕

〔註162〕《答戰國諸公孔門師弟之與之別在落意氣與不落意氣》，《何心隱集》卷三，第54頁。

〔註163〕朱子《四書章句集注》注曰：「水火或有時而殺人，仁則未嘗殺人，亦何憚而不為哉？李氏曰：『此夫子勉人為仁之語』。」

〔註164〕參見耿定向《里中三異傳》以及《觀生紀》隆慶六年條。容肇祖先生認為，這也許是耿定向事後不大滿於心隱，而故神其仲弟的先見，並借其弟之口批評何心隱。據李贄《耿楚倥先生傳》，耿定理自述所得云：「吾始事方湛一，湛一本不知學而好虛名，故去之。最後得一切平實之旨於太湖（鄧豁渠），復能收視返聽。得黑漆無入無門之旨於心隱，乃始充然自足，深信而不復疑也。唯世人莫可告語者，故遂終身不談，唯與吾兄天台先生講論於家庭之間而已。」（《焚書》卷四）可見定理原是深有得於心隱之學的。「據耿定向後來所作的《觀生紀》，在何心隱的死後，時仲弟亦已死，故遂出之以虛偽的敘述了。」（見容肇祖《何心隱及其思想》）

癸未版，末幾句爲「決命捐生，子何營些！孔門宗旨，日求仁些。求仁得仁又何怨，千載之下有公評些！」認爲其「決命捐生」的原因是「求仁」，結果是「得仁」，這明顯是對何心隱的讚賞之詞。（但通讀此句，語氣似有不順處，更像是在丙戌版基礎上修改而得。「求仁得仁」是一個很高的評價，不大可能出自耿定向之口。）

（三）大僕程子楚之英，四明錢子何忱怐，兩人視汝猶弟昆些。

盱江羅子汝同門，居常目汝爲天人些。余亦知汝故不群，況復千里

來相因些。金陵之邸，天窩之廬，與子鐫勉何諄諄些。子既去余，

余又移汝《轉心文》些。汝心匪石，何弗悛些。

自「大僕程子」至「何諄諄些」，兩個版本相同，這幾句讚揚何心隱不同凡響，以及眾友人情誼深厚。惟癸未版無「子既去余」至「何弗悛些」。《轉心文》今不見，從題名看當爲規勸之意。耿定向曾多次規勸何心隱，放棄俠行，回歸「正道」，但何心隱並未聽勸。

（四）塵埃識相汝何明，明珠照乘不照身些。傾萬金之產了不

惜，犯三公之怒以爲欣些。庸言庸行，孔訓靡遵，捨南容，效禰衡，

鶯斯之黨又頻頻些。眾惡歸爾，復何云些。

本段點出何心隱遭難的原因，兩個版本的招魂辭差別很大。癸未本只有一句：「塵埃識相，子何明些！月且一評，禍之根些！」只說何心隱之禍根源於對江陵「此人必當國，當國必殺我」一句評語。而丙戌版，對何心隱遇害的原因進行了比較全面的闡述。

首先，對於何心隱爲了實現理想而不顧個人利益、自身安危的英雄氣概有一定讚賞，但又不無批評，因爲這違反了孔子「庸言庸行」的教導。孔子弟子南容謹言愼行，所以「邦有道，不廢；邦無道，免於刑戮。」（《論語·公冶長》）而東漢末年的禰衡〔註165〕才華卓著，卻因個性狂傲，惹怒上司而被殺，終年26歲。「鶯斯之黨」比喻朝中小人，「眾惡歸爾」指何心隱被誣「交通妖人曾光」等罪名，並以盜犯、逆犯、妖犯、奸犯而被緝捕、殺害。

（五）罟網四張，世路遭迍些。胡不息影，逐日奔些。三木囊

〔註165〕禰衡（173～198），字正平，平原郡（今山東臨邑）人。東漢末年名士，文學家。少有才辯，性格剛毅傲慢，好侮慢權貴。因拒絕曹操召見，操懷忿，因其有才名，不欲殺之，罰作鼓史，禰衡則當眾裸身擊鼓，反辱曹操。曹操怒，欲借人手殺之，因遣送與荊州牧劉表。仍不合，又被劉表轉送與江夏太守黃祖。後因冒犯黃祖，終被殺。

頭，吃苦辛些。孟博豈無霍諝親些。余數寓書，爲汝伸些。有言不信，何處叩閽些。

本段寫何心隱被捕後的狀況，癸未版「有言不信，何處叩閽些」之後還有「神駒泛駕，隕折輪些。長鯨曳尾，厄迷津些。余不能救子於死，負冥冥些！」表達了耿定向的悲痛之情。「三木囊頭」指脖子、手、足皆被木枷，頭部被物蒙蓋，受盡苦楚。孟博，即范滂（137～169）字孟博，汝南征羌（今河南漯河市召陵區）人。少厲清節，慨然有澄清天下之志。桓帝延熹九年，以黨事下獄，尚書霍諝理之，范滂得以免罪釋歸。〔註166〕耿定向也曾寫信爲何心隱辯誣，但朝中情勢，非耿定向所能左右，最終何不幸被殺。對此，《里中三異傳》詳述當時情景：

> 撫臺長樂陳公初聞人言狂（何心隱），有將檄下捕逮其徒，檢所嘗與士紳往復書，捨之，且寓書於余曰：「初不知爲志學人也。」予報書悉其素如是，而中辨其學術，蓋所謂差毫釐而繆千里者，如人所言有它，則重誣也。時有媢嫉予者中於政府曰：「陳公捕治某，已得某，乃以情囑而庇之。」故又以書恐陳公曰：「政府訐公徇人，舉義不終也。」陳公大懾，恐亟，更檄捕，令益峻，乃執之新安，械繫入楚，安陸人乘而文致其辜。會新城王公繼陳公來撫楚，初不詳其始末也，走書閩中詢予。予即錄前報陳公書報之，且寓書李司空，詫爲解。司空報曰：「政府左右且籍此中公也，公茲從井救人耶？」狂以是竟斃楚獄，無敢收者。〔註167〕

按耿定向的敘述，何心隱之獄，與「有媢嫉予者中於政府」以及「安陸人乘而文致其辜」有關（「安陸人」不知爲誰）。主殺何心隱之人，既能中傷耿定向於「政府」，又能假借「政府」之言恐嚇陳瑞，則必爲與「政府」關係密切者，實即李幼滋報耿書中所云「政府左右」之人。「政府」在明代指的是內閣。從耿定向的敘述看，時任內閣首相張居正對何心隱之獄至少是知情的，甚至是默許的。

黃宗羲曾批評耿定向對何心隱見死不救，說「何心隱之獄，唯先生與江陵厚善，且主殺心隱之李義河，又先生之講學友也，斯時救之固不難，先生

〔註166〕《後漢書》卷六十七《黨錮列傳第五十七》：初，滂等繫獄，尚書霍諝理之。及得免，到京師，往候諝而不爲謝。或有讓滂者。對曰：「昔叔向嬰罪，祁奚救之，未聞羊舌有謝恩之辭、祁老有自伐之色。」

〔註167〕耿定向《里中三異傳》，《耿天台先生文集》卷十六，第496～497頁。

不敢沾手，恐以此犯江陵不說學之忌。」這是不符合事實的。首先，據耿定向、耿定力的記述，李義河與此事無關；其次，耿定向曾寫信給李義河爲何心隱，在李看來，耿定向的行爲反而是「從井救人」。

> （六）憶昔與子久要言，子若死兮哭汝墳些。愁雲慘月城之堙，旅骨累累誰與鄰些。念子無歸，傷我神些。惟子雄心，雖九死其不泯些。爾憶余言，尚自新些。魂兮歸來！異學喧豗，世惛惛些。余今思汝，驅前塵些。汝豈漠漠依莽蓁，尚餘炯炯住乾坤些。汝寧爲璧爲祥雲，毋爲厲爲妖氛些。

本段表達了對何心隱的同情、傷懷之情。招魂辭至此結束，接下來有一段「亂曰」，大約是墳前招魂和哀哭的歌詞，與本文宗旨無關，故從略。癸未版無「惟子雄心，雖九死其不泯些。爾憶余言，尚自新些」一句，此句表達了對何心隱的期望。

耿定向早就看出，何心隱的狂俠行爲會爲自己招來殺身之禍。據《里中三異傳》，在南京時，他就對何心隱說：「惜哉，子懷此志，而行若此，死矣。夫他日予第繞而墳而三號，哀子志也。」〔註168〕在傳文後，耿定向表達了自己的對何心隱的總態度：

> 天台病叟曰：泰州立本説，繄豈非孔氏指哉？惟孔氏立天下之大本者，無所倚而肫肫仁也，是故淵淵浩浩若斯已。狂以意識承之，不免於刑戮，有以也。然則狂可殺與？曰：高皇有彝訓在，惜時不執此正其罪，以明學也。噫，志學孔者，幾微之差且至於此，況志異學者乎？余懼學者不辨之，早至自殺，且殺天下，故爲之傳。

泰州立本說，即王艮提出的「修身立本」，「出必爲帝者師，處必爲天下萬世師」：

> 知修身是天下國家之本，則以天地萬物依於己，不以己依於天地萬物。〔註169〕

> 故必修身爲本，然後師道立而善人多矣。如身在一家，必修身立本，以爲一家之法，是爲一家之師矣；身在一國，必修身立本，以爲一國之法，是爲一國之師矣；身在天下，必修身立本，以爲天

〔註168〕耿定向《里中三異傳》，《耿天台先生文集》卷十六，第496頁。
〔註169〕《明儒王心齋先生遺集》卷一《語錄》，見《王心齋全集》，江蘇教育出版社2001年版，第6頁。

下之法，是爲天下師矣。〔註170〕

泰州立本說，是一種主體意識的覺醒，主張人無論在哪裏都要承擔其自己的責任，發揮自己的作用。王艮認爲孔子與堯舜文王「位份雖有上下之殊，然其爲天地立心，爲生民立命，則一也」，並且「身與道原是一體，至尊者此道，至尊者此身」，給人一種強烈的自尊意識，給普通民眾，尤其是不甘平凡的布衣之人，提供了一種實現自己人生價值的途徑。所以何心隱聽了之後「悅之，遂亢然思自樹」。然而，耿定向認爲，何心隱未得到泰州立本說的心髓，只是「以意識承之」，所以「不免於刑戮，有以也」。並且認爲「高皇有彝訓在，惜時不執此正其罪，以明學也。」關於「高皇彝訓」，耿定向在一封有關鄧豁渠的信中也提到了：

> 欽惟高皇教民榜：「今後天下教官人等，有不依聖賢格言，妄生異議，以惑後生，乖其良心者，誅其本身，全家遷發化外。欽此。」
>
> 惟弟所職，教也，尚其念哉！〔註171〕

耿定向認爲何心隱的言論屬於「不依聖賢格言，妄生異議，以惑後生」，所以其被殺也是自食其果，只是後悔自己當初沒有早點拿「高皇彝訓」來糾正何心隱之罪過。在《里中三異傳》，耿定向還不無悲憫、遺憾地說：「噫嘻！狠佩縲絏子卒成上賢，得所託爾。藉令三子幸取裁於尼父，寧至是乎？念及此，怛然內疚矣。」〔註172〕可見耿定向此時思想已趨向保守，認爲唯有孔子之學爲正學，並以「崇正辟異」爲己任。

三、李贄論何心隱

萬曆十六年左右，李贄作《何心隱論》〔註173〕，概括時人對何心隱的評價，「高之者有三，其不滿之者亦有三」。讚賞何心隱者，一曰「世之人靡不自厚其生，公獨不肯治生。公家世饒財者也，公獨棄置不事，而直欲與一世

〔註170〕《明儒王心齋先生遺集》卷一《答問補遺》，見《王心齋全集》，江蘇教育出版社 2001 年版，第 39 頁。

〔註171〕耿定向《與子健》（四），見《天台集》卷六，第 209～210 頁。由信末稱「惟弟所職，教也」推測，此信約寫於萬曆十六年，該年三月耿定力由成都知府升任福建提學副使（《明神宗實錄》卷一九六）。此前，耿定力看到耿定向的《里中三異傳》之後，認爲其對鄧豁渠的傳記和批評「若失厚道」，耿定向回信解釋。

〔註172〕耿定向《里中三異傳》，見《天台集》卷十六，第 494 頁。

〔註173〕李贄《何心隱論》，見《焚書》卷三，第 82～84 頁。

賢聖共生於天地之間。是公之所以厚其生者與世異也。人莫不畏死，公獨不畏，而直欲博一死以成名。」即不治生，惟求聖賢；不畏死，以死成名。二曰「孔子之道，其難在以天下為家而不有其家，以群賢為命而不以田宅為命。……公既獨為其難者，則其首出於人者以是，其首見怒於人者亦以是矣。公烏得免死哉！」即不畏艱險，效法孔子之難者。三曰「公獨來獨往，自我無前者也。……然而賢者疑之，不賢者害之，同志終鮮，而公亦竟不幸為道以死也。」即勇於任道、為道而死。批評何心隱者，一曰「人倫有五，公捨其四」；二曰「危言危行，自貽厥咎」；三曰「夫道本人性，學貴平易」，而心隱的主張難從難行，故必然失敗。李贄認為，讚賞何心隱的，是「能與匹夫同其真」的賢人君子；而批評何心隱的，多是「衣食是耽，身口是急，全不知道為何物、學為何事」的「庸夫俗子」。

對於何心隱之獄，他說「彼其含怒稱冤者，皆其未嘗識面之夫，其坐視公之死，反從而下石者，則盡其聚徒講學之人。」從而認為「匹夫無假，故不能掩其本心；談道無真，故必欲劃其出類」。

與耿定向對何心隱的略帶憐憫的批判不同，李贄則稱「何心老英雄莫比」，表達了對其追慕之情。〔註174〕並且認為「何公死，不關江陵事」，何心隱和張居正都是傑出之人：

> 公佈衣之傑也，故有殺身之禍，江陵宰相之傑也，故有身後之
> 辱。不論其敗而論其成，不追其跡而原其心，不責其過而賞其功，
> 則二老者皆吾師也。非與世之局瑣取容，埋頭顧影，竊取聖人之名
> 以自蓋其貪位固寵之私者比也。〔註175〕

李贄對何心隱的態度，出於他一貫崇尚豪傑、鄙夷假道學的立場。正如他自己所述，「天幸生我大膽，凡昔人之所忻豔以為賢者，余多以為假，多以為迂腐不才而不切於用；其所鄙者、棄者、唾且罵者，余皆的以為可託國託家而託身也。其是非大戾昔人如此，非大膽而何？」〔註176〕

李贄認為，假道學迂腐無才，與國無用，反不如豪俠，甚至林道乾這樣的大盜也是有其過人之處的：

> 稱王稱霸，眾願歸之，不肯背離。其才識過人，膽氣壓乎群類，

〔註174〕李贄《與焦漪園太史》，見《續焚書》卷一，第26～27頁。
〔註175〕李贄《答鄧明府》，見《焚書》卷一，第14～15頁。
〔註176〕李贄《讀書樂引》，見《李贄文集》第一卷《焚書》卷六，第213頁。

不言可知也。設使以林道乾當郡守二千石之任，則雖海上再出一林道乾，亦決不敢肆。

　　嗟乎！平居無事，只解打恭作揖，終日匡坐，同於泥塑，以爲雜念不起，便是眞實大聖大賢人矣。其稍學奸詐者，又攙入良知講席，以陰博高官，一旦有警，則面面相覷，絕無人色，甚至互相推委，以爲能明哲。蓋因國家專用此等輩，故臨時無人可用。又棄置此等輩有才有膽有識之者而不錄，又從而彌縫禁錮之，以爲必亂天下，則雖欲不作賊，其勢自不可爾。設國家能用之爲郡守令尹，又何止足當勝兵三十萬人已邪！又設用之爲虎臣武將，則閫外之事可得專之，朝廷自然無四顧之憂矣。唯舉世顚倒，故使豪傑抱不平之恨，英雄懷憫措之戚，直驅之使爲盜也。〔註177〕

　　李贄認爲，俠者、盜者都是「有才有膽有識」，如果善於利用，則「朝廷自然無四顧之憂」。可惜的是，目前在高位的，大都是軟弱無能的人。正因爲政治黑暗，「舉世顚倒」，才迫使英雄豪傑不能見容於世，不能爲國效力。

四、泰州學派的狂俠精神及其意義

　　泰州學派創始人王艮本一介布衣，卻懷有強烈的聖人情結和擔當意識。早在正德六年，二十九歲時，「一夕夢天墜壓身，萬人奔號求救。先生獨奮臂托天而起，見日月列宿失序，又手自整布如故，萬人歡舞拜謝。」〔註178〕。後來他又將這潛意識中的聖人情結發展成有意識的追求，「大丈夫存不忍人之心，而以天地萬物依於己，故出則必爲帝師，處則必爲天下萬世師。出不爲帝者師，失其本矣，處不爲天下萬世師，遺其末矣。進不失本，退不遺末，止至善之道也。」〔註179〕

　　有人將王艮比作商代的伊尹、傅說，王艮回應說：「伊、傅之事我不能，伊、傅之學我不由」，「伊、傅得君，可謂奇遇；如其不遇，終身獨善而已。孔子則不然也。」〔註180〕這表明，王艮放棄傳統士人「得君行道」和「獨善其身」兩條路，而以孔子周遊列國、救世教民的實際行爲爲楷模。他認爲孔

〔註177〕李贄《因記往事》，見《焚書》卷四，146～147頁。
〔註178〕《明儒王心齋先生遺集》卷三《年譜》，見《王心齋全集》第68頁。
〔註179〕《明儒王心齋先生遺集》卷一《語錄》，見《王心齋全集》第13頁。
〔註180〕《明儒王心齋先生遺集》卷一《語錄》，見《王心齋全集》第6頁。

子與堯舜、文王「其位份雖有上下之殊，然其爲天地立心，爲生民立命，則一也。」〔註181〕認爲孔子雖不遇於春秋，但退而不遺末，以其學不厭、教不倦的講學「便做了堯舜事業」。

在王艮的感召下，一大批平民出身的學者登上了歷史舞臺，其中最引人注目的，也是歷來爭議最大的，便是以顏山農、何心隱爲代表的所謂「狂俠派」。

黃宗羲說：「陽明先生之學，有泰州、龍溪而風行天下，亦因泰州、龍溪而漸失其傳。泰州、龍溪時時不滿其師說，益啓瞿曇之秘而歸之師，蓋躋陽明而爲禪矣。然龍溪之後，力量無過於龍溪者，又得江右爲之救正，故不至十分決裂。泰州之後，其人多能以赤手搏龍蛇，傳至顏山農、何心隱一派，遂復非名教之所能羈絡矣。」〔註182〕

「非名教之所能羈絡」如何理解？下文我們從「狂」和「俠」兩個方面來分析一下。

（一）泰州學派之「狂」

「狂」的第一個表現是具有強烈的聖人情懷和救世熱情。泰州後學多布衣，他們甘居素位，卻又有積極救世、勇於承擔的「出位之思」，這是泰州學派爲最突出的特徵。

王艮身爲平民，卻要「出必爲帝者師，處必爲天下萬世師」，這與傳統知識分子的「士民之分」的傳統觀念有強烈反差，所以他與王陽明初次見面即對此發生爭辯：「夫子曰：『君子思不出其位。』師曰：『某草莽匹夫，而堯舜其君民之心，未能一日而忘。』夫子曰：『舜耕歷山，忻然樂而忘天下。』師曰：『當時有堯在上。』」（《王心齋先生遺集》卷四《譜餘》）

這段對話雖短，內涵卻豐，起碼包含有兩句重要潛臺詞：一是當今皇上已非堯舜之君，靠朝廷已無法將天下治理得盡善盡美，必須由在下君子做出位之思。二是身處非堯舜盛世之時，入仕以經理天下已非明智之舉。心齋非但自身終生不仕，且不令其四位兒子參加科舉，的確說明其內心已充滿對朝廷的失望。〔註183〕

顏鈞（1504～1596），字子和，號山農，又號耕樵；後避萬曆皇帝翊鈞

〔註181〕《明儒王心齋先生遺集》卷一《勉仁方》，見《王心齋全集》第31頁。
〔註182〕黃宗羲《明儒學案》卷三十二《泰州學案序》，《中華書局》2008年，第703頁。
〔註183〕左東嶺《李贄與晚明文學思想》，人民文學出版社，2010年，第33頁。

諱，改名鐸，江西吉安府永新縣人。他 25 歲聽仲兄顏鑰講王陽明「致良知」之學，頗有領會，乃居帶湖觀，閉門默坐澄思，經七晝夜豁然頓悟，「將適達乎四書六經之閫奧，若不啻乎視掌之清明。或提筆爲文，如江河水流之沛快。」〔註184〕他在家鄉創辦「萃和會」，召集自家親屬、家族以及鄉親 700人，聽他「講耕讀正好作人，講作人先要孝悌，講起俗急修誘善，急回良心，如童時繫念父母，常得歡心……」。顏鈞的講學受到了歡迎，鄉村風氣爲之一變，「眾皆通悟，浩歌散睡，直猶唐虞，瑟僴喧赫震村谷，閭里爲仁風也」。顏鈞自認爲「此段人和三月，即尼父相魯，三月大治，可即風化天下之大本也」。〔註185〕

　　萃和會因顏鈞母親去世而告終，之後顏鈞離家遊學，先從王艮的學生徐樾（？～1551，字子直，號波石，江西貴溪人）學，後又因徐樾而得以從王艮學。面對同樣有些狂妄的布衣，王艮並沒有像陽明對自己那樣加以裁抑，而是給予很多指點與鼓勵：

> 　　鐸歷歷呈叩，心師申申振鐸曰：「孔子學止從心所欲不逾矩也，矩範《大學》《中庸》作心印，時運六龍變化，爲覆載持幬以遁世。子既有志有爲，急宜鑽研此個心印，爲時運遁世之造，會通夫子大成之道，善自生長收藏，不次宜家風鄉邦及國而天下也。亦視掌復如子之初筮萃和會三月矣。」〔註186〕

　　告別王艮後，顏鈞開始積極講學。嘉靖十九年（1540），他在南昌貼出《急救心火榜文》，鼓動到南昌參加秋試的士子聽他宣講。在這篇榜文裏，他說：「無乃世降風移，王者跡息，聖學蓁蕪，人心汨沒，致流覆轍，莫逾今日。遊夫目擊心感，肌若切割，欲遍移易……容農假館，救人心火，以除靡爛，翊贊王化，倡明聖學……願望多士以道爲志，以寰區爲家，興所會以聯洽乎同志之士，興所學以提挈未聞之人，俾世人咸歸夫中正，正端心學，是農之急救心火。」〔註187〕據顏鈞《自傳》，來聽他講學的有一千五百人之多。他的最爲得意的門生羅汝芳，就是在這次會講時受到感動而入他門下的。

　　之後，顏鈞還有《告天下同志書》、《急救溺世方》等文章，表達了復聖

〔註184〕顏鈞《履歷》，見黃宣民點校《顏鈞集》，中國社會科學出版社 1996 年，第33 頁。

〔註185〕顏鈞《自傳》，黃宣民點校《顏鈞集》第 24 頁。

〔註186〕顏鈞《自傳》，黃宣民點校《顏鈞集》第 25 頁。

〔註187〕顏鈞《急救心火榜文》，黃宣民點校《顏鈞集》第 1～3 頁。

學志、濟民生之情，反映著他強烈的救世情懷。

而何心隱也曾經多次表達過濟世之志，而他的救世方式也是聚友講學。他說：「某靜夜爲公細搜，天下無一空處可補，以報朝廷。惟仲尼之道，海內寥寥莫聞，誠爲一大空爾。此空一補，豈小補哉？補之何如？亦不過聚英才以育之，將使英才布滿於下以待上用，即周子所謂善人多而朝廷正，天下治矣。」〔註188〕

然而泰州布衣學者之「狂」，更重要的表現在於其張皇自大，多驚世駭俗之舉，超出了傳統儒家士人的行爲範式。

王艮原是鹽場一灶丁，家貧不能竟學，隨父從商於山東，自學《孝經》、《論語》、《大學》諸書，參究證悟。因在二十九歲時忽夢天墜，他將天一臂托起，將失次之日月星辰重新整頓好，從此有了聖人情懷。三十七歲時開始傳道，製五常冠、深衣、笏板，行則規圓矩方，坐則焚香默識。書其門曰：「此道貫伏犧、神農、黃帝、堯、舜、禹、湯、文、武、周公、孔子，不以老幼貴賤賢愚，有志願學者傳之。」〔註189〕拜王陽明爲師後，自製小蒲輪，題其上曰「天下一個，萬物一體」，招搖過市，入京講學。他的聳動視聽的異常行爲，遭到在京的陽明學生歐陽德等人的批評，勸其速回。陽明見其意氣太高、行事太奇，痛加裁抑，王艮才漸漸收斂。

顏鈞、何心隱也是自己讀書、實踐體悟，他們的學問和言行，與當時代表儒家正統的江右王門有很多乖離之處。顏鈞自稱「吉郡凡及明翁門者，莫不遍證所傳之次，而皆不識男子所詣，且恣疑歎：『士之狂簡，恐不類此。』」〔註190〕可見當時顏鈞對學問之體悟，並不被正統學者承認。而何心隱「從永新顏鈞遊，與聞泰州王心齋立本指，悅之，遂亢然思自樹。時吉州三四大老方以學顯於時，狂倚知見，咸狎侮之」，則是對正統學者的蔑視。

而顏鈞、何心隱的行事就更加與眾不同了。據賀貽孫《顏山農先生傳》稱：「先生機辨響疾，雙目炯炯，問難四起，出片語立解。往往於眉睫間得人，玄悟稍遲鈍即詬詈，眾相顧錯愕，先生自若也。嘗與諸大儒論天命之性，眾方聚訟，先生但舞蹈而出。」〔註191〕

〔註188〕何心隱《又與艾冷溪書》，見《何心隱集》卷三，第66頁。
〔註189〕《明儒王心齋先生遺集》卷三《年譜》，見《王心齋全集》第69頁。
〔註190〕顏鈞《明美八卦引》，見《顏鈞集》第12頁。
〔註191〕賀貽孫《顏山農先生傳》，見《顏鈞集》第83頁。

顏鈞說，自己被捕入獄，與自己活動被人視為「危言危行」有關：「流講南北東西，啓迪智愚，皇皇如饑渴，畫疊忝翊揚天下，信與大半鼓躍。豈期睽類蜂生疑憎，或忌妬己，潛滋妒害男子，罔罔危言危行，過滿天下，杯蛇成窩，合併及門。」〔註192〕其弟子羅汝芳也證實：「間有聞其名而未親見者，或駭以為狂悖不經，遂致罹居枉獄。」〔註193〕

而何心隱率族眾抗賦役，與方士合謀除嚴嵩，漫遊講學而隨意議論朝政，儘管其動機或許並無什麼不妥，而其行為在當政者眼中，則已是嚴重的「出類」的禍患，耿定向兄弟早就預言他「有後災」。

陳來先生認為，黃宗羲所說「非名教之所能羈絡矣」的「名教」二字，並不能像通常理解的、當時通行的道德原則和價值體系，而應理解為士大夫儒學的思想、行為方式。黃宗羲的話代表正統儒家士大夫對於世俗民間儒者的排斥。「一般而言儒家士大夫不僅不會排斥民間儒者，還會鼓勵，表彰他們的教化活動，但當世俗的民間儒者的活動獲得巨大影響時，士大夫儒學就難免產生憂慮，惟恐世人將世俗化的、怪異的、鼓動性強的民間儒學當成儒學的正統，在這裡便體現出精英儒學與世俗的民間儒者在價值取向上的一些差異。」〔註194〕本文基本同意陳來先生以上分析，但顏鈞、何心隱的行為，的確也有衝破當時通行的道德原則和價值體系的內容，這便是他們被稱為「俠」的原因之一。

（二）狂俠派之「俠」

關於「俠」，司馬遷說：「其行雖不軌於正義，然其言必信，其行必果，已諾必誠，不愛其軀，赴士之厄困，既已存亡死生矣，而不矜其能，羞伐其德。」（《史記，遊俠列傳》）荀悅說：「立氣齊，作威福，結私交，以立強於世，謂之遊俠。」（《遊俠列傳》集解）「遊俠之本，生於武毅不撓，久要不忘平生之言，見危授命，以救時難而濟同類，以正行之者謂之武毅，其失之甚者互為盜賊也。」（《漢紀》）。

綜合來說，「俠」的主要特點是有勇力、尚意氣，好急人之難，不軌於正義而有多於私德。正因為「俠」往往多意氣而少理性，多任性而少自律，所

〔註192〕顏鈞《明羑八卦引》，見《顏鈞集》第12頁。

〔註193〕顏鈞《箸回何敢死事》所附羅汝芳《揭詞》，《顏鈞集》，第44頁。

〔註194〕陳來《明代的民間儒學與民間宗教——顏山農思想的特色》，載《中國近世思想史研究》，北京：生活・讀書・新知三聯書店，2010年。

以有淪爲盜賊的可能。

顏山農、何心隱在他們的時代，就已經被視爲「俠」了。對這種「俠行」，有讚賞的，如李贄。袁宗道記錄與李贄的對話：

> 余客歲見宏甫，問曰：『王心齋之學何如？』先生曰：『此公是一俠客，所以相傳一派，爲波石、山農、心隱，負萬死不回之氣。波石爲左轄時，事不甚相干，挺然而出，爲象蹴死，骨肉糜爛。山農緣坐船事，爲人痛恨，非羅近溪救之，危矣。心隱直言忤人，竟捶死武昌。蓋由心齋骨剛氣雄，奮不顧身，故其兒孫如此。〔註195〕

在讚賞者眼裏，他們是敢作敢爲、以身殉道的英雄人物，但在另外一些人看來，他們則是「竊講學而爲豪俠之具，復借豪俠而恣貪橫之私」，「幾令人有黃巾、五斗之憂」。〔註196〕顏鈞爲什麼會被目爲盜犯而被捕？何心隱爲什麼會以盜犯、逆犯、妖犯、奸犯而被緝捕，最終被殺害，便與他們的「俠行」有關。

當時著名文、史學家王世貞《弇州史料・後集》卷三十五「嘉隆江湖大俠」一條，記載了顏山農、何心隱、呂光、邵樗朽四個人的事蹟。文章中，關於顏鈞、何心隱的種種「俠行」，我們不妨來看一下：

> 顏山農者，其別號也，楚人，讀經書不能句讀，亦不多識字，而好意見，穿鑿文義，爲奇邪之談。……每言：「人之好貪財色，皆自性生，其一時之所爲實天機之發，不可壅閼之。第過而不留，勿成固我而已。」與故相趙爲患難交，以計取其財不遂，而棄去之。……最後至南京，挾詐人財，事發，捕之官。笞臀五十，不哀祈，亦不轉側。坐罪至戍，困圄圄且死。汝芳聞而輒救之。

> 何心隱者，其才高於山農而狠幻尤勝之。少嘗師事山農，山農有例，師事之者，必先毆三拳而後受拜。心隱既事山農，察其所行，意甚悔。一日，值山農之淫於村婦也，匿隱處，俟其出而扼之，亦毆三拳，使拜，出弟子籍。因縱遊江湖。

根據這些記載，顏鈞挾詐人財、強姦婦女，何心隱殺人越貨、圖謀不軌，簡直是惡行昭著的江洋大盜。關於這些不法行爲的記載，後世學者多持懷疑態度，如黃宗羲說：「今之言諸公者，大概本弇州（王世貞）之《國朝叢記》，

〔註195〕袁宗道《白蘇齋類集》卷二十二《雜說》，上海古籍出版社1989年，第308頁。
〔註196〕王世貞《嘉隆江湖大俠》，見《何心隱集》附錄，第143頁。

弇州蓋因當時爰書節略之，豈可爲信？」（見《明儒學案》卷三十二《泰州學案序》）。既是官方法律判決文書，則其中具體情節必多一面之詞，未可輕信。例如置何心隱於法的湖巡撫王之垣，是清初著名詩人王士禛的曾祖父。王士禛曾將家傳王之垣自纂的《歷仕錄》摘抄在《池北偶談》（卷五《司徒公歷仕錄》）中，與「嘉隆江湖大俠」一文基本上一致。裏面說「本犯在監患病身故」，將何心隱之死與自己撇開關係，明顯與其他人的記述不合。的確，以明代政治的黑暗，士大夫對於官方文件，尤其是當事官員的記述多有不信任之處，也很正常。

好在，顏鈞等人張揚的事行，不論正面或負面，都難以在歷史中隱沒，還有其他的史料爲後人留下了一些蛛絲馬蹟。黃宗羲說「山農遊俠，好急人之難。趙大洲赴貶所，山農偕之行，大洲感之次骨。波石戰沒沅江府，山農尋其骸骨歸葬。」〔註197〕嘉靖三十一年徐樾〔註198〕死於廣西，顏鈞不辭辛勞爲之收葬，此時他曾多次提及；以顏鈞張揚且有些自我標榜的性格，黃宗羲提到顏鈞隨趙貞吉赴廣西貶所，「大洲感之次骨」，可是爲何顏鈞本人卻從未提起過呢？

嘉靖二十九年，趙貞吉因與嚴嵩發生衝突，由春坊諭德貶爲廣西荔波典史，顏鈞的確曾與之偕行。且看當時一位知情者徐學謨的記述：

> 江西人顏某者，號山農，以布衣遊京師講學，即宰執與之爲敵禮。一日，余與楊幼殷、白伯倫詣萬福庵，楊顧餘兩人曰：「此庵有一代眞儒在，曷往候之？」蓋楊與顏故交也。既見，顏第端坐，不出一語。余因索觀其所作，顏出文字數篇，讀之，皆以「心帝」立說，此旨不甚了了，遂別去。既上馬，楊顧餘兩人曰：「山農何如人？」予不應，伯倫大叫曰：「此人吾觀其眸子，一江洋大盜也，何謂眞儒？」幼殷默然。
>
> 幼殷尋宅艱歸，三年服闋，赴部一見余，潸然曰：「向年君等識顏生，何以即知其爲盜也？吾今得之趙大洲矣。大洲庚戌赴貶所，顏伴之行，大洲感之刺骨。一日，途語大洲曰：『公聞京師貴人有欲殺公者手？』大洲曰：『豈分宜（指嚴嵩）耶？不則陸都督

〔註197〕《明儒學案》卷三十二《泰州學案序》。

〔註198〕徐樾（？～1552）明哲學家。字子直，號波石。貴溪（今屬江西）人。嘉靖進士，歷官部郎，官至雲南左布政使。

炳也。』顏曰：『今欲殺公者非小人也，乃世所稱君子也。』大洲
再三質之，顏始以華亭公（指徐階）對：『須出橐中裝千金，與吾
入京師游說，公或可免耳。』大洲曰：『吾巳顛沛極矣，何所得金？
既殺之，命也。』又行千里至湖南，顏曰：『公且止，吾往軍門得
一檄來取公贊畫，可無赴任矣。』顏遂別大洲詣軍門，果得檄召
大洲，大洲益喜出望外。又行至某縣，大洲以病杜門謝客，而顏
色在外主一寡婦家，與之講學，盡攫寡婦金，寡婦之子訟之令，
令以大洲客，不欲捃摭之，乃扣大洲門，語之故。大洲悟曰：『向
者所爲皆欲攫吾金而去，已，不得吾金，乃狼藉於寡婦家，眞小
人之尤也。』遂與之絕交。大洲與余言如此，非江洋大盜而何？」
余因掩口笑曰：「幼殷所交遊如顏生者不少矣，特形跡有露不露
耳。」幼殷大以余言爲然。〔註199〕

「心帝」之說，見於顏鈞《辨性情神莫互麗之義》一文中，可知徐氏所言不
謬。楊幼殷與趙貞吉、徐學謨都是關係密切的摯友，因而徐學謨的記述未必
便是矯誣。更何況徐氏記述的本意乃在標榜自己的先見之明，沒有切身的利
害衝突，因此作僞的可能性不大。對比徐學謨的記述，則王世貞說顏鈞「與
故相趙爲患難交，以計取其財不遂，而棄去之」的確是事實。而顏鈞絲毫不
提陪趙去廣西一事，大概是因爲心中有鬼。

　　另外可給我們提示的是顏鈞與何心隱的關係。據耿定向《里中三異傳》
記載，何心隱在家鄉「從永新顏鈞遊，與聞泰州王心齋立本指，悅之，遂亢
然思自樹」。〔註200〕可見顏鈞對何心隱啓發很大，可以說對他的思想與人生都
起到了決定作用。然而，今存《何心隱集》卻隻字未提顏鈞，而顏鈞則把何
心隱稱爲「舊徒」，可見二人後來關係破裂了。關於二人反目的原因，耿定向、
黃宗羲等人都未明言，只有王世貞的記載：

　　　　（何心隱）少嘗師事山農，山農有例，師事之者，必先毆三拳
而後受拜。心隱既事山農，察其所行，意甚悔。一日，值山農之淫
於村婦也，匿隱處，俟其出而扼之，亦毆三拳，使拜，出弟子籍。

〔註199〕徐學謨《徐氏海隅集・文集》卷十四《冰廳札記》。徐學謨（1522～1593）明
　　　　嘉定（今屬上海市）人，初名學詩，字叔明・子言，號太室山人。嘉靖進士。
　　　　任兵部主事，歷湖廣布政使，官至禮部尚書。有《歸有園稿》、《徐氏海隅集》、
　　　　《萬曆湖廣總志》等。
〔註200〕《耿天台先生文集》卷十六，第494頁。

因縱遊江湖。〔註201〕

　　據此，何心隱發現他姦淫村婦的惡行之後，不再承認他是自己老師的。大概是二人行爲難登大雅，所以正統學者皆不錄。其實，顏鈞雖然胸懷救世之志，也有急人之難的品格，但個人行爲卻多任性、缺乏檢點。黃宗羲說「平時只是率性所行，純任自然，便謂之道。及時有放逸，然後戒愼恐懼以修之。凡儒先見聞，道理格式，皆足以障道。此大旨也。」其弟子羅汝芳說：「山農與相處，餘三十年。其心髓精微，決難詐飾。」〔註202〕

　　正是因爲顏鈞率性所行，純任自然，決難詐飾，所以其救世心切，其張皇自大，其詐人錢財，其淫人婦女，雄心不掩飾，俠行不掩飾，醜行也不掩飾，這便是眞實存在顏山農。正是因爲其醜穢之處與周急救難的俠義精神互相抵消，再加上顏鈞性格之狂妄，講學中無論何人，「（元）〔玄〕悟稍遲鈍則詬詈」〔註203〕，令人難以忍受。所以顏鈞經常遇到眾叛親離、徒眾星散的情況。如嘉靖三十五年（1556），他在南京講學六個月，最初來學者據說「多知省發」，但是當他放棹出城之日，「若交情不變，獨有安福歐三溪，名榆；知音賞心者，惟有程松溪（文德）一人耳」。〔註204〕像羅汝芳那樣終身信從侍奉的人眞是極少。〔註205〕

　　由於時代的原因，近代研究者對顏鈞、何心隱評價都很高。而對於他們「狂俠」精神對社會的負面影響較少關注，所以本文希望研究者能正視記錄他們行爲的負面材料，多方對比，瞭解歷史的眞實，更爲客觀地評價泰州後學。

　　耿定向也指出：「（泰州）立本之說，厥亦微也。俠人啜其糟，猖狂而悖亂矣。」〔註206〕

　　本文認爲，狂俠派的產生，與陽明心學的發展，明代士人主體意識的覺醒有關。尤其是泰州「立本」說，爲不甘平淡的布衣豪傑，指出了與精英學

〔註201〕王世貞《嘉隆江湖大俠》，見《何心隱集》附錄，第 144 頁。
〔註202〕《明儒學案》卷三十二《泰州學案序》。
〔註203〕《同治永新縣志人物志列傳》，《顏鈞集》卷九，附錄一。
〔註204〕顏鈞《自傳》，《顏鈞集》卷三。
〔註205〕羅汝芳性格寬和仁厚，常人不及。嚴嵩任首輔時，耿定向曾向其推薦羅汝芳，稱其「有厚德，異日不相負者。」後來嚴嵩失勢，之前趨炎附勢之人皆散去，惟有「惟德（羅汝芳）獨憐而朝夕存省之。」見耿定向《觀生紀》嘉靖四十年條。
〔註206〕耿定向《策問（第三問）》，《耿天台先生文集》卷十七。

者不同的成聖之路，提供了一條科舉之外實現個人價值的途徑。

由於這些布衣學者往往讀書不多，對於聖賢之學的理解未免簡單偏頗，僅靠一己雄心壯志和天啓的靈感，而對社會、歷史缺乏深刻的理解，讓他們的主張難以成功。例如顏鈞提出的「急救溺世方」只是一個浪漫理想，卻缺乏現實可操作性。

而這些狂俠派學者游離於傳統社會之外，脫離宗族社會，遊走四方，聚徒講學，極易成爲社會的不安定因素。所以他們遭到當權者的打擊，也就是難免的結果了。

另外，俠者多勇力而缺乏理性思考，往往過於自大、逞意氣而蔑視既有的社會道德和法律，所以傳統儒家士大夫都對「俠」持批評態度。明末泰州狂俠派的出現，是儒學和俠文化的結合，也呼應了當時意氣相激的時代思潮。學者對他們偶發的不法行爲的寬容，反映了當時社會綱常名教的衰落、價值觀的多元化。

李贄讚賞他們的勇於擔當、無所畏懼、重情重義的俠義精神；而耿定向對何心隱等「異人」的態度，則經歷了由欣賞、庇護到同情、批判的轉變。

結　論

　　本文第一章介紹和耿定向和李贄的生平與學履。

　　耿定向是一個傳統的、保守型的儒家士大夫。他篤於人倫，強調「子臣弟友」的本分，做官盡職盡責，在力所能及的範圍內保全善類。他溫和妥協的性格，使他與嚴嵩、徐階、張居正、申時行等首輔都保持了較好的關係，在政治鬥爭激烈的明代官場得到優待和善終。耿定向與張居正的關係、以及其在「江陵奪情」和「禁講學」事件中的表現值得注意，他一方面讚賞張居正「富國強兵」的努力，一方面又擔心張居正對於講學者的強硬態度造成「玉石俱焚」的後果，所以在其中多方周旋，一片苦心。然而，在儒家崇尚氣節、提倡「以直抗位」、「以道抗勢」的傳統中，難免受到時人和後人的批評。

　　在學術方面，耿定向學無常師，其思想主要得自朋友間的講論和讀書所得。耿定向受仲弟耿定理影響很大，自稱「僕於陽明之學，初間不惟不信，反加訾議，所以興起信心，全在楚倥舍弟。」〔註 1〕而耿定理由於少年體弱，不事科舉，惟以學問為事，與耿定向後來所批判的「三異人」皆有淵源。〔註 2〕在兩京為官期間，耿定向與泰州學者羅汝芳（號近溪）、念庵門人胡直（號廬山）、東廓之子鄒善（字繼甫，號穎泉）等交往密切，多方取益。例如在《祭羅近溪》文中說「廬山之學，毫不放過，孔矩孟縠，率由罔

〔註 1〕見《王畿集》卷四《東遊會語》，鳳凰出版社 2007 年版，第 84 頁。
〔註 2〕耿定理自稱「吾始事方湛一。湛一本不知學，而好虛名，故去之。最後得一切平實之旨於太湖，復能收視返聽，得黑漆無入無門之旨於心隱，乃始充然自足，深信而不復疑也。唯世人莫可告語者，故遂終身不談，唯與吾兄天台先生講論於家庭之間而已，故亦遂以天台為師。」見李贄《耿楚倥先生傳》，《焚書》卷四，第 132～134 頁。

墮。近溪之學，一切放下，忘垢忘淨，致廣以大。……兩公之學，各就其質，惟余顓侗，僉受其益。」〔註3〕南京督學之後，對王學左派有所警覺，對龍溪「無善無惡」「破除毀譽」說表示不滿，對當時「高者耽虛歸寂，至於遺物離倫；卑者任性恣情，至謂一切皆是」〔註4〕的弊端深感憂慮，所以對鄒守益「戒慎恐懼」「不踰矩」之學越發服膺，並正學術正人心、挽救世風、維護世教爲己任。耿定向爲學不尚玄遠，提出「不容已」宗旨，而其主要內容便是盡「子臣弟友」之分。〔註5〕

　　李贄出生於文化比較多元的福建泉州。幼年喪母的遭遇，造成他內向、孤僻的性格，以及「倔強難化，不信學，不信道，不信仙、釋」任性、孤高的性情，以及不愛屬人管、不善與人相處的缺點，這讓他內心長期處在一種孤獨與痛苦中。

　　李贄中舉後兩次參加會試皆不第，因家境貧寒而直接選官進入仕途。長期下層官員的經歷和繁重的家族義務，以及接連遭受親人去世的打擊，讓他深感人生的艱辛和痛苦，也讓他求道之心日益迫切。在北京「五載春官，潛心道妙」，在南京「唯知有性命之學而已」，在雲南因「大衰欲死」而研讀佛經。對性命之道的饑渴，讓李贄沒有門戶之見，他認爲儒釋道等學術資源都是平等的，就好像稻粱黍稷等各種糧食，人皆可各取所需，能飽腹即可。萬曆八年（1580）四品姚安知府任滿後，毅然辭官，不回家鄉，而是到黃安投靠耿定理，讀書求道。〔註6〕他說：「凡爲學者，皆爲窮究自己生死根因，探討自家性命下落。是故有棄官不顧者，有棄家不顧者，又有視其身若無有，至一麻一麥，雀巢其頂而不知者。無他故焉，愛性命至極也。」〔註7〕

〔註3〕耿定向《祭羅近溪》，見《耿天台先生文集》卷十二，第387～388頁。
〔註4〕耿定向《遇轟贅言》，《耿天台先生文集》卷八。
〔註5〕「子臣弟友」一詞，耿定向文集中出現多達 15 處，如：「余所謂不容已者，即子臣弟友根心處，識取有生常道耳。」（卷四《與李卓吾》（四））「惟是從不容已之眞機，一自循省子臣弟友，便有多少不盡分處。」（卷四《與李卓吾（五）》）「惟性根於心而原於天者也，……本諸身而視聽言動，征諸人而子臣弟友，厝諸事而家國天下。」（卷八《病間窹言》）
〔註6〕李贄在棄官棄家之前，他已經按照儒家的倫理原則完成了對家庭應盡的一切義務，所以對「棄人倫」的指責他並不接受。他在《復鄧石陽》中說：「既幸雙親歸土，弟妹七人婚嫁各畢。各幸而不缺衣食，各生兒孫。獨余連生四男三女，惟留一女在耳。而年逼耳順，體素羸弱，以爲弟任已滿目，可以無歉矣，遂自安慰焉。……惟此一件人生大事未能明瞭，心下時時煩憫，故遂棄官入楚，事善知識以求少得。」（《焚書》卷一，第9頁。）
〔註7〕李贄《答馬歷山》，見《續焚書》卷一，第 1 頁。《李贄文集》第一卷，社會

　　第二章，對耿李論爭做一番歷時性的考察，將耿定向和李贄論爭的相關書信、文章（八十多篇，內容超過十萬字）進行梳理，（設計）結合前人的考證成果，儘量還原二人論爭的全過程，將耿李論爭的來龍去脈再現於世人面前。如李贄《焚書》卷一《答耿司寇》長達六千多字，是《焚書》中最長的信，言辭犀利且篇幅宏大，是研究李贄與耿定向論爭最重要的文獻之一。過去研究者多將《答耿司寇》做爲一封書信來閱讀，在這種情況之下，不管將這封信的撰寫時間定於何年，都掩蓋了它所包含的李贄與耿定向多次書信往復的事實和二人持續論辯的過程，都無法完整反映耿李論爭的事實眞相。所以，本文在鄔國平先生的研究基礎上，根據該書信的起止語、討論的話題，以及耿定向的回信，將該信拆分爲八封書信，按照《焚書》中的順序用（一）至（八）來標明，並與耿定向的書信對照，將二人論辯書信按照時間順序重新排列，從而讓讀者二人在萬曆十四年至十六年三年中論爭的情況有更清晰的瞭解。以往學者對二人論爭的研究，多站在李贄的立場，所以對耿定向多有誤解，本文儘量讓讀者平等、客觀地看待這場論爭。

　　耿定向性格溫和、保守，其爲學宗旨在於維護儒家倫理綱常，安頓社會人心；而李贄性格直率、激進，其爲學宗旨在於「窮究自己生死根因，探討自家性命下落」，即追求自我心靈的安頓與解脫。正如二人好友周柳塘所說：「天台重名教，卓吾識眞機」。二人論爭，始於互相規勸與各自辯解，但由於各持己見，皆不願讓步，也都不能說服對方，漸漸地互相不滿，論爭升級爲比較尖銳的批評，甚至人身攻擊。二人論爭書信、文章在友人、弟子間傳播，矛盾日益公開化，最後《焚書》刊刻導致二人關係破裂。本文認爲，耿李論爭雖有一些意氣之爭的成分，但二人皆是眞誠的學者，論爭的原因是他們面對明代中後期出現的學術和社會問題，各自有不同的思考。耿李論爭涉及到的問題有名教與眞機、道德與情慾、出世與入世、正統與異端等，皆是中國哲學內部值得爭論的問題。正是因爲二人都太過認眞，甚至執著，才會有曠日持久的爭論。最後，二人能夠和解，是因爲他們放下了偏執，正如李贄所說，「乃知學問之道，兩相捨則兩相從，兩相守則兩相病，勢固然也。兩捨則兩忘，兩忘則渾然一體，無復事矣。」〔註8〕

　　第三章，對耿李論爭涉及到的相關問題展開分析。

　　科學文獻出版社 2000 年版。
〔註8〕李贄《耿楚倥先生傳》，見《焚書》卷四，133 頁。

　　本文認為，耿李論爭的本質是道德之學與性命之學的矛盾，而這個矛盾的出現，是與明代特殊的政治、思想、文化現實相關的。道德之學目的是個人德性的提升和社會的秩序與和諧，性命之學的目的是探尋人的本質、生命的意義和價值，求得精神的充實和心靈的安頓。中國傳統儒家道德之學與性命之學原本是合一的，但是明代政治的黑暗、倫理綱常的崩壞、士人不安的處境、陽明心學的發展，卻導致了二者的分離。所以第一節，從道德之學和性命之學的關係角度，對王陽明、王龍溪和鄧豁渠的學問進行考察，王陽明致力於二者的統一，但王龍溪對良知學的發展，卻使得性命之學超越了道德之學。鄧豁渠一心追求脫離世情的性命之學，其結果是對道德之學的背離，為人留下「滅棄人倫」和「恣情縱慾」的口實。

　　然而我們看到，雖然鄧豁渠拋棄家族，行為怪異，受到一些學者的譴責，但是他幾十年所到之處，卻得到了更多人的供養、幫助和支持，如趙大洲、李中溪、羅念庵、王東涯、月泉法聚、耿楚倥等人，他們也可說是廣泛意義上的陽明學派人物。而豁渠本人，雖用陽明學來套他，但他對性命之學的思考，可說是由陽明學引發的，故才稱陽明為振古之豪傑。異人鄧豁渠之出現，其對性命之學的執著追求，可以說是「良知」說之發展，在明末混迷思想背景中湧現出的一個怪變現象。

　　本章第二節，圍繞耿定向與李贄關於情慾問題的爭論，探討了「真」與「善」之間的矛盾與張力。李贄李贄重視人的感性、物質需求，認為道德倫理不能脫離「穿衣吃飯」等日常生活，認為好貨、好色是「真邇言」，要人於此百姓日用之邇言「反而求之，頓得此心，頓見一切賢聖佛祖大機大用，識得本來面目，」情慾是人之性命本有之事，學問如果背離人的真實情性，容易流為假道學，於世無用。與泰州學派很多學者對自然情慾的承認不同，耿定向更強調天命之性對自然人情的規範作用。

　　論爭中，李贄多次指責耿定向「多欲」、「說謊」，他認為「多欲」本身沒有什麼錯的，但道學家對私欲的遮掩（「迴護」）和否認（說謊）讓他非常反感。李贄將「真」看作最高的德行，他認為那些否認自己私欲的所謂孔孟之徒，「反不如市井小夫」表裡如一，樸實有德。而對於耿定向以及其他道學家而言，這些「私欲」都是「能做不能說」的。即使是一般的世俗常情，他們也很難毫不隱晦地承認其事，因為他們肩負著道德教化的使命，展示給人的一面必須符合孔孟所倡導的仁義道德。李贄語言犀利，且對耿定向其人其事

看得透徹，此類指責言語，關乎耿定向名譽、隱私，作為私人通信直接交流本無不可，然而李贄將之公之於眾，卻足以損害耿定向社會聲譽，令素以「扶世立教」、「繼往開來」自任的耿定向顏面盡失。他這種直率無忌的性格也會給他人造成傷害，同時給自己帶來麻煩。其後來多次被攻擊、驅逐，最終被逮詔獄，並自刎獄中，便與此有關。這是「真」與「善」之矛盾的另一方面。

　　本章第三節，著重分析了何心隱之獄與耿李論爭的關係，兼對泰州學派的狂俠精神極其意義進行分析。本文認為，黃宗羲認為李贄對耿定向不滿是因為其對何心隱見死不救，這種觀點是沒有根據的。耿定向與何心隱交情深厚，在何心隱蒙難時進行了申救，只是無力迴天而已。耿氏三兄弟與何心隱交情二十多年，隨著閱歷的增長，耿定向對何心隱的態度，經歷了從欣賞、庇護到質疑、同情，再到批判的轉變，這與耿定向學術宗旨的轉變是一致的。

　　泰州狂俠派的產生，與陽明心學的發展，明代士人主體意識的覺醒有關。尤其是心齋「立本」說，為不甘平淡的布衣豪傑，指出了與精英學者不同的成聖之路，提供了一條科舉之外實現個人價值的途徑。由於時代的原因，近代研究者對顏鈞、何心隱評價都很高。而對於他們「狂俠」精神對社會的負面影響較少關注，所以本文分析了記載顏鈞挾詐人財、強姦婦女，何心隱殺人越貨、圖謀不軌的「負面材料」，希望研究者能多方對比，瞭解歷史的真實，更為客觀地評價泰州後學。本文認為末泰州狂俠派的出現，是儒學和俠文化的結合，也呼應了當時意氣相激的時代思潮。學者對他們偶發的不法行為的寬容，反映了當時社會綱常名教的衰落、價值觀的多元化。然而這些狂俠派學者游離於傳統社會之外，脫離宗族社會，遊走四方，聚徒講學，極易成為社會的不安定因素。所以他們遭到當權者的打擊，也就是難免的結果了。

餘　論

　　對於社會道德秩序還是個人自由價值的關注，是耿定向和李贄之間的分水嶺。李贄終其一生都在「探討自家性命下落」，他的學問以「我」為中心，追求人生命的意義。而「世界心重」的耿定向一直放不下對社會問題的關懷和憂慮，他認為，為學不僅要於性命之旨有更深的體悟，還要影響社會道德，不僅要立己，還要達人。

　　耿定向代表了傳統儒家士大夫為糾正學弊、維護倫理綱常所做的努力，而李贄則代表了那個時代求道自適、追求自我的思想動向。李贄和耿定向的

論爭，反映了明代中後期士人的分化。面對政治腐敗、綱紀鬆弛、物欲橫流的社會現實，在社會倫理規範和個人性命的緊張關係中，一部分人走向重整學術、挽救世風的道路，另一部分則選擇離開仕途，關注自我生命的順適與身心的安頓。

附錄：耿定向與李贄生平、著述簡表

參考資料

1. 耿定向《觀生紀》。
2. 李贄《焚書》卷三《卓吾論略》。
3. 林海權《李贄年譜考略》，福建人民出版社，2005年。
4. 張建業《李贄年譜簡編》，收入其著《李贄論》附錄一（張建業著：《李贄論》，社會科學文獻出版社，2010年）

紀　年	耿定向	李　贄	時事背景
嘉靖三年甲申（1524）	十月初十，耿定向出生。		
嘉靖六年丁亥（1527）	4歲。	十月二十六，生於泉州府晉江縣。	周思久（1527～1592，子子徵，號柳塘，湖廣麻城人）生。
嘉靖九年庚寅（1530）	7歲。父親手書《大學》授之，跟隨二伯父學習句讀。		
十一年壬辰（1532）	9歲。	6歲。母親徐氏本年或明年去世。	周思敬（1532～1597，字子禮，號友山，湖廣麻城人）生。
十二年癸巳（1533）	10歲。	7歲。隨父白齋公讀書。	
十三年甲午（1534）	11歲。		耿定理（1534～1584，字子庸，號楚倥）生。
十七年戊戌（1538）	15歲。	12歲。試作《老農老圃論》。	

十九年 庚子（1540）	17歲。赴舊邑童子試，錄居優等。赴郡試，亦取。	14歲。由《易》、《禮》改治《尚書》（後以《尚書》中舉）。	王艮（1483～1541，字汝止，號心齋）卒。羅汝芳（號近溪）就學於顏鈞（號山農）。
二十年 辛丑（1541）	18歲	15歲。	耿定力（1541～1607，字子健，號叔臺）生。焦竑（1541～1620）生。
二十一年 壬寅（1542）	19歲。從諸父服勞役。立志搏取功名，為家族免除勞役之苦。	16歲。入府學約始於本年。	梅國楨（1542～1605，字克生，號衡湘，湖北麻城人）生。
二十二年 癸卯（1543）	20歲。補邑庠弟子員。	17歲。二妹生。	
二十三年 甲辰（1544）	21歲。仲冬，娶彭氏為妻。		羅汝芳（號近溪）舉會試，不廷試而歸。
二十五年 丙午（1546）	23歲。	20歲。開始出外謀生。「余自弱冠糊口四方，靡日不逐時事奔走。」（《續焚書》卷一《與焦弱侯》）	
二十六年 丁未（1547）	24歲。作「慎獨樓」。	21歲。娶黃氏為妻。	楊起元（號復所）、周汝登（號海門）、方沆（號訒庵）生。
二十七年 戊申（1548）	25歲。九月，胤子汝愚生。	22歲。糊口四方。	
二十九年 庚戌（1550）	27歲。本年始志學。與彭公甫同肄業於慎獨樓。認為「道在明倫盡倫」，著《五倫圖說》。本年開始撰寫家譜草稿。	24歲。糊口四方。	
三十年 辛亥（1551）	28歲。秋，率族人服徭役，被人欺凌。謂公甫曰：「丈夫志康濟天下，一弱族且不能庇，非夫矣。」自此發憤於舉業，廢寢忘食。既卒歲，著經藝（八股文）六百餘首。	25歲。糊口四方。	
三十一年 壬子（1552）	29歲。鄉試中舉。好友彭公甫病逝。	26歲。鄉試中舉。	
三十二年 癸丑（1553）	30歲。春，會試不第。	27歲。春，會試不第。	羅汝芳（號近溪）、周思久（號柳塘）中進士。羅汝芳選太湖令。

三十三年 甲寅（1554）	31 歲。春，遊南雍（南京國子監），叔子耿定力相從。卒業南雍。	28 歲。七月，長女生。	陶望齡（1554～1608，字周望，號石簣，浙江會稽人）生。
三十四年 乙卯（1555）	32 歲。	29 歲。長子死。	
三十五年 丙辰（1556）	33 歲。春，中進士，觀政吏部。十月，授行人司行人。	30 歲。會試不第。就任河南輝縣（屬衛輝府）教諭。始自號溫陵居士、百泉居士。	羅汝芳擢刑部主事。是歲，耿定理鬱悶多年後開悟。（《觀生紀》）
三十六年 丁巳（1557）	34 歲。春，初次參加陽明學講會，未契，仍主張為學當「盡倫實踐」。四月，奉命宣詔於楚，得便過里，與耿定理論學，有深省。謂「自是學以存為主。」本年著《盲喻》（《天台集》卷十九）和《四箴》，開始心向王學。	31 歲。輝縣教諭任上。自稱「丐食於衛」。	倭泊泉州浯嶼，分掠同安、惠安、南安諸縣。（乾隆《泉州府志》卷七二《紀兵》）
三十七年 戊午（1558）	35 歲。春，攜弟歸京。在京，與羅近溪、念庵門人胡直（字正甫，號廬山）、東廓之子鄒善（字繼甫，號穎泉）等，相與論學。一日與仲子飯，忽契文成良知說。冬，以汝府喪禮，奉命使衛，事竣歸里。	32 歲。輝縣教諭任上。	四月，倭寇分犯浙江、福建，寇泉州，登岸焚劫。（《明世宗實錄》卷四五八）「至郡城石筍橋，巡按樊獻科率屬固守二十餘日。」（乾隆《泉州府志》卷七三《紀兵》）
三十八年 己未（1559）	36 歲。夏，習靜於五雲山。秋，入京，九月升雲南道試御史。	33 歲。輝縣教諭任上。	倭寇復犯泉州，李贄祖居被焚，族人避入城內。
三十九年 庚申（1560）	37 歲。三月，實授雲南道監察御史。上疏彈劾吏部尚書吳鵬，得罪首輔嚴嵩。本年，泰州學派梁汝元（後改名何心隱）隨程學顏入京，認識耿定向兄弟，並經耿介紹，與時任國子監司業的張居正會見，但二人不合。	34 歲。升任南京國子監博士。數月後，丁父憂，守制東歸。	倭寇流劫福建沿海各地。「是歲，福建之倭流劫各州縣，加以奸民乘間迭起，遂有大埔之窖賊，南灣之水賊，龍溪之山賊，龍岩之礦賊，南靖、永定等處之流賊，無不蜂起，而窖賊張璉等最強。」（《明通鑒》卷六二）袁宗道（1560～1600，字伯修，號石浦）生。

四十年 辛酉（1561）	38 歲。夏初，奉命巡按甘肅。 秋，偕耿定理遇胡直於漢江之滸，相與訂學宗旨。時耿定向篤信陽明良知之學，以「常知」為宗，而耿定理提出「不容已」說。 冬，著《巡夏約法》三章。	35 歲。在泉州服父喪。適倭寇圍攻泉州，李贄率弟侄參加守城。「城下矢石交，米斗斛十千無糴處。居士家口零三十，幾無以自活。」（《卓吾論略》）	「正月，倭歷劫晉江嶼頭、沙塘、陳坑、石菌等處。分巡僉事萬民英募永春蓬壺呂尚四等兵至石菌，與賊戰，官兵敗，死者五百餘人。倭尋至吳店市、新橋南頭焚掠。」（乾隆《泉州府志》卷七三《紀兵》）
四十一年 壬戌（1562）	39 歲。夏，改命南京督學。 秋，偕仲弟及里中友遊天台山。力主建置黃安縣。	36 歲。服滿，攜家眷入京。「三年服闋，盡室入京，蓋庶幾欲以免難云。」（《卓吾論略》）	春，徐用檢（號魯源）、李材（號見羅）中進士。 五月，首輔嚴嵩罷。（《明史》卷一八《世宗本紀二》） 十一月，鄒守益（1491～1562，字謙之，號東廓）卒。
四十二年 癸亥（1563）	40 歲。南京督學任上。夏，作《出世經世說》（《天台集》卷七）；冬，校士吳門，與諸生研習《中庸》，有《吳門寱語》（《天台集》卷八）。	37 歲。在京候缺，假館授徒以自給。「居京邸十閱月，不得缺，囊垂盡，乃假館授徒。」（《卓吾論略》）	三月辛卯（十三日），詔設湖廣黃安縣，割麻城、黃岡、黃陂三縣地益之，隸黃州府。（《明世宗實錄》卷五一九）
四十三年 甲子（1564）	41 歲。南京督學任上。春，與王畿（龍溪）會於宜興，聯榻晤語再宿，言及羅念庵和胡清虛。冬，與羅近溪講學於南京明道書院。 春，護送兩親歸里，舟行至安慶遇風險，心怔不寧，乃悟孟子「不動心」之旨，有《不動心解》（《天台集》卷七）。	38 歲。六月，任北京國子監博士。不久，祖父竹軒先生訃至。次男又在京病死。奔喪南歸，取道河南，將妻女留在輝縣，買田供其耕作，隻身回泉州，將曾祖、祖父、父親三世合葬。本年河南因旱災而饑荒，妻女得友人鄧林材（號石陽）撥俸救濟。二女、三女饑病夭死。	鄧林材（號石陽）任衛輝府推官。（《河南通志》卷三十二《職官三》） 鄧豁渠到黃安訪耿定理，集其言論為《南詢錄》。
四十四年 乙丑（1565）	42 歲。春，與王畿論學，談及本體與工夫等問題。（《王畿集》卷四《留都會紀》、《答楚侗耿子問》） 巡校揚州時，建吳陵書院，專祀王艮（心齋）。 十月，編輯《碩輔寶鑒》	39 歲。在泉州服祖父喪。	春，王畿到南京，大會同志於新泉之為仁堂。（《王畿集》卷四《留都會紀》）

	四卷（《天台集》卷十一有《碩輔寶鑒序》）。本年，聞浙江淳安縣令海瑞風節，為著傳薦之。（參見《天台集》卷十六，《海中介公傳》）		
四十五年丙寅（1566）	43歲。春，耿定理遊山東，謁闕里，登泰山，若有所啓。耿定向受仲弟時時規切，有省益，自稱「余往猶未免耽無溺妙、以己合彼見在，至是乃豁然一徹也。」（《觀生紀》）夏中，鄒善（號穎泉）之子鄒德涵（字汝海，號聚所）至留都，向耿定向、耿定理等人問學。六月，崇正書院建成，選十四郡名士讀書其中，令焦竑主其教。邀請尹洞山、瞿昆湖至書院講學，有《清涼對答》（《天台集》卷八）。著《大人說》、《立本說》、《窮理說》（皆見《天台集》卷七）。	40歲。春，服滿，離泉州到輝縣見妻女在輝縣逗留期間，與友人衛輝府推官鄧林材（石陽）遊白雲山等地，有詩相唱和。秋，攜家到北京，補禮部司務職。為避帝諱，改名李贄。	戶部雲南司主事海瑞上疏批評世宗迷信巫術，因而激怒世宗，命下詔獄論死，後為徐階等調護，得以保全。十二月，世宗崩，子朱載垕即位。
隆慶元年丁卯（1567）	44歲。輯《數學商求》，並梓行。六月，上疏請以王守仁從祀孔廟。七月，升大理寺右寺丞。十一月，升大理寺左寺丞。	41歲。禮部司務任上。	四月，張居正晉禮部尚書、武英殿大學士，預機務。（《明史》卷一一○，宰輔年表）
隆慶二年戊辰（1568）	45歲。三月，北上，次汝寧府，與知府史桂芳（字景實，號惺堂）相會。上疏請告，與耿定理以及學生潘絲、官思恕居大中書院月餘。歸里，與官思恕、周思久（柳塘）寓黃安天窩。冬，光山（今屬河南）蔡先（默齋）率其三子敬中、一元、毅中來，拜師受學；焦竑率其徒田既霑、李能之同來問學。	42歲。	李逢陽（字維明，號翰峰）、方沆（號訒庵）、周思敬（字子禮，號友山）、劉東星、吳自新等人考中進士。袁宏道（～1610，字中郎，號石公，又號六休）生。

隆慶三年 己巳（1569）	46 歲。春，與焦竑等弟子十幾人登天台山，有詩集《天台別訂》。		
隆慶四年 庚午（1570）	47 歲。在家。	44 歲。禮部司務任上。與刑部主事李材（號見羅）、同僚李逢陽等人共研王學。「五載春官，潛心道妙。」因思念父親白齋公，又號思齋居士。（《卓吾論略》） 「厭京師浮繁，乞就留都。」（沈鈇《李卓吾傳》）改任南京刑部員外郎。	
隆慶五年 辛未（1571）	48 歲 在家。引疾乞休。	45 歲。在南京聚友講學，以每月十六日為固定會期。 與焦竑朝夕相處，成為契交。	耿定力、劉偕（號宏源，麻城人）、李登（字士龍，又字如真）、管志道（字登之，號東溟）中進士。
隆慶六年 壬申（1572）	49 歲。以御史馬明謨等奏薦，起升浙江衢州府推官。未任。 與叔子耿定力、周思久（字子徵，號柳塘）遊天台山。 秋，何心隱到黃安，寄食耿家近一年，與耿氏兄弟論學。	46 歲。 耿定理隨李逢陽（字維明，號翰峰）、徐用檢（號魯源），到金陵，與李贄、焦竑等人相聚論學。	五月，穆宗駕崩。六月，神宗朱翊鈞即位，高拱被黜，張居正出任內閣首輔。
萬曆元年 癸酉（1573）	50 歲。二月，升工部屯田司主事。未任。九月，升尚寶司司丞。冬抵任。本年，著《尋常說》、《致曲說》、《用中說》、《執射執御說》（皆見《天台集》卷七）。	47 歲。本年得見王畿、羅汝芳。「我於南都，得見王先生者再，羅先生者一。」「自後無歲不讀二先生之書，無口不談二先生之腹。」（《焚書》卷三《羅近溪先生告文》）	
萬曆二年 甲戌（1574）	51 歲。春，奉命冊封魯府。過沛（在河南），著《知命解》。還過維揚，焦竑偕王襞迎於真州，商討學問，逾數宿而別。潘士藻（字去華，號雪松）拜師受學。	48 歲。潘士藻、祝世祿（字世功）向李贄問學。祝世祿在：「往予以南宮之役，偕潘去華過留都，於時先生居比部。先生自託無為人也，唯知有性命之學而已。」（《藏書》祝序）	

		刻行蘇轍《老子解》，寫《子由解老序》(《焚書》卷三)。	
萬曆三年乙亥 (1575)	52 歲。三月，升太僕寺少卿，尋升都察院右僉都御史，協理院事。 五月，聞母秦淑人訃，奔喪歸里。	49 歲。南京刑部任上。約在本年或明年升任郎中。	五月，張居正上《請申舊章飭學政以振興人才疏》，開始整頓學校教育
萬曆四年丙子 (1576)	53 歲。 丁憂在里。	50 歲。 南京刑部任上。	
萬曆五年丁丑 (1577) 子「無獨必有對」語。	54 歲。 春初，劉元卿等人來訪，居天窩月餘，耿定向與之語「學有三關」「有四證」。 春末，鄒德溥 (字汝光，號四山，鄒善之子，鄒守益之孫) 自京來訪。	51 歲。出任雲南姚安知府，途徑黃安，會見耿定向、定理兄弟，並將女兒女婿留在耿家，約定三年任滿後來此歸隱終生。(李贄《耿楚倥先生傳》) 在貴州境內的龍里再見羅汝芳。	楊起元 (號復所)、周汝登考取進士。
萬曆六年戊寅 (1578)	55 歲。 服闋，以原職起復，提督軍務，巡撫福建地方。	52 歲。姚安知府任上。 治理姚安，政令清簡，以德化人。對待少數民族，主張寬和相處，共享太平。因政見不同，與巡撫王凝、守道駱問禮有矛盾。然與駱私交甚好。刻《太上感應篇》以化民，駱爲之作序。	開始丈量全國土地。《明史》卷七十七《食貨志一·田制》：「萬曆六年，帝用大學士張居正議，天下田畝通行清丈，限三年竣事。」
萬曆七年己卯 (1579)	56 歲。 巡撫福建，清丈土地，推行「一條鞭法」。整飭保甲制度，推行鄉約。 公事之餘，編輯《小學經傳》並《衍義》、《閨訓禮纂》。	53 歲。姚安知府任上。 公餘從事講學，或與名僧共參玄論道。「爲守，法令清簡，不言而治。每至伽藍，判了公事，坐堂皇上，或置名僧其間，簿書有隙，即與參論虛玄。人皆怪之，公亦不顧。」(袁中道《珂雪齋集》卷一七《李溫陵傳》) 結識新任雲南僉都御史分巡洱海道顧養謙 (字益卿，號沖庵)，交往密切。	正月，詔毀天下書院，改各省書院爲公廨。先後毀應天等府書院六十四處。(《明通鑒》卷六七) 三月，何心隱在祁門被捕，輾轉押解到武昌。九月，被湖廣巡撫王之垣杖殺。

萬曆八年 庚辰（1580）	57歲。 春，有書信與王龍溪論學。（見《耿天台先生文集》卷四） 四月，聞父嘉議公訃；八月奔喪回家。	54歲。姚安知府任上，作《論政篇》，根據道家思想，提出「君子之治」，認為從政之道要「因乎人」，「因其政而不異其俗，順其性而不拂其能」。 三月，請求辭官；五月，入雞足山聽經；七月初，獲准離任。「巡按劉雄及藩臬兩司彙集當時士紳名人贈言為《高尚冊》，以彰其志。僉事都御史顧養謙亦撰序以贈。」（民國《姚安縣志》卷二九《李贄傳》）	春，張懋修（張居正子）中狀元。李登（字士龍）顧憲成考中進士。 十月，李元陽卒，年八十四。
萬曆九年 辛巳（1581）	58歲。宅憂在里。 九月，鄒德涵（字汝海，號聚所，安福人，鄒守益之孫）卒，年五十六。耿定向作《河南按察司僉事鄒伯子墓誌銘》（《天台集》卷十二）。	55歲。初夏到黃安，住耿家天窩書院。與麻城僧人深有（法名無念）相識。 多，作《老子解》。焦竑來訪，十日而別。	本年，張居正在全國推行一條鞭法，把賦稅、徭役及各種攤派併入田賦，同時改「計畝徵糧」為改收銀兩。（《明史》卷七八《食貨志二·賦役》）
萬曆十年 壬午（1582）	59歲。 在里。作《奉賀元輔存齋先生八十壽序》（《天台集》卷十一）。	56歲。多，作《莊子解》。約在本年，與耿定理、周思久（柳塘）在麻城龍湖論學，柳塘曰「天台重名教，卓吾識真機」。	六月，張居正卒，年五十八。
萬曆十一年 癸未（1583）	60歲。在里。叔子耿定力補成都守。 閏二月，徐階病逝，作《祭徐存翁》（《天台集》卷十二）。 十一月，與胡時和、程學博等人收何心隱遺骸，葬於湖北孝感，與程學顏同塋。作《招梁子詞》（《天台集》卷十二）。	57歲。 開春，曾遊赤壁磯。（《答駱副使》，《續焚書》卷一） 多，又到龍潭。聞王畿卒，設位祭奠，並作《王龍溪先生告文》。（《焚書》卷二）	梅國楨、梅國樓（號瓊宇，國楨二弟）、潘士藻（字去華）、湯顯祖考取進士。劉守有（號思雲，麻城人）考取武進士。
萬曆十二年 甲申（1584）	61歲。 三月，起都察院左僉都御史，七月抵任，八月升左副都御史。多，疏請崇祀文成公（王陽明）。	58歲。作《哭耿子庸》四首（《焚書》卷六）。《答耿中丞》（《焚書》卷一）、《復耿中丞》（《焚書》增補一）	四月，籍張居正家。八月，「榜張居正罪於天下」。（《明史》卷二〇《神宗本紀一》） 十一月，詔以陳獻章、

	七月二十三日，仲子耿定理卒於家。	十月，曾一到麻城，以無館住宿，不數日又回。	胡居仁、王守仁從祀孔廟。（《明神宗實錄》卷一五五）
萬曆十三年乙酉（1585）	62 歲。 四月，升刑部左侍郎。 約六月後，著《漢瀰訂宗》（《天台集》卷八），提出「不容已」之宗旨。	59 歲。三月，離黃安，徙居麻城，住周思久女婿曾中野家。	五月二十九，胡直（子正甫，號廬山）卒，年六十九。
萬曆十四年丙戌（1586）	63 歲。 正月，妻彭淑人卒於京，三月以其櫬還。 本年，著《譯異編》、《里中三異傳》。	60 歲。正月十五，搬入周思敬所建維摩庵。 春，欲與周思久、定林、無念等同登江舟，準備到江西建昌會羅汝芳，而後到南京，後因病未果。 四月，鄧林材（號石陽）、鄧應祈父子到麻城，帶來了鄧豁渠的遺著《南詢錄》。	正月，江西參政周思敬調任陝西。（《明神宗實錄》卷一七○） 三月，袁宗道、鄧應祈、何喬遠考取進士。 本年，翰林院編修楊起元拜羅汝芳為師。
萬曆十五年丁亥（1587）	64 歲。 十一月，升南京都察院右副都御史。 著《擇術解》，輯《耿子庸言》。 回鄉，認識王世本（本時業儒，從吳少虞學，之前曾從鄧豁渠弟子李壽庵學佛），後令其從李贄學佛。（《天台集》卷十六《孝節傳》）	61 歲。 夏，作《南詢錄敘》，讚賞鄧豁渠求道之志。 秋初，到黃陂訪祝世祿。 秋，遣送家眷回泉州。遣眷後，「時時出遊，恣意所適」，「到處從眾攜手聽歌」，「遊戲玩耍」，引起道學家側目。	七月，陝西參議周思敬升為四川副使。（《明神宗實錄》卷一八八） 十一月戊子（初三），鄖陽兵變。時以僉都御史撫治鄖陽的李材好講學，他讓部卒供生徒役使，引起部卒的怨恨。又依從諸生之請，改參將公署為學宮，因而激起兵亂。（《明通鑒》卷六十八，《明神宗實錄》卷一九二，《明史》卷二二七《李材傳》。）
萬曆十六年戊子（1588）	65 歲 趁便還里，葬仲弟耿定理及妻彭淑人。五月之任。 春，叔子耿定力晉福建督學，七月之任。 為若無寫《顏子為舜解》，令其從李贄學佛。	62 歲。 夏，在維摩庵落髮。 與縣令鄧應祈論「好察邇言」，論何心隱。 閏六月，妻黃氏卒於泉州。時任福建提學按察司副使的耿定力作《誥封宜人黃氏墓表》。訃聞，李贄作《哭黃宜人》六首。（《焚書》卷六）	正月，升成都知府耿定力為福建提學副使。（《明神宗實錄》卷一九六）

		秋，搬入龍湖芝佛院。 九月，羅汝芳卒。門人私諡明德。十一月訃至，李贄作《羅近溪先生告文》（《焚書》卷四）	
萬曆十七年 己丑（1589）	66歲。 四月，輯《先進遺風》成。 六月，御史王藩臣參劾應天巡撫周繼，疏發逾月不以白定向。定向怒，守故事力爭，自劾求罷，且詆藩臣論劾失當。藩臣坐停俸二月。於是給事中許弘綱、觀政進士薛敷教、南京御史黃仁榮及麟趾連章劾定向。定向連上八疏乞休，最終得以總督倉場戶部尚書致仕。 本年，湖廣大旱。麻城大饑疫。（耿定向《憫時謠》）	63歲。寓居麻城龍湖芝佛院。春，作《與莊純夫》，悼念其妻黃氏。	三月，焦竑以殿試第一考取狀元，授翰林院修撰。同榜進士有陶望齡、馬經綸、祝世祿、董其昌等。（《明史》卷二八八《焦竑傳》） 八月，升山東按察使劉東星（字子明，號晉川，山西沁水人，隆慶二年進士）為湖廣右布政使。（《明神宗實錄》卷二一四）
萬曆十八年 庚寅（1590）	67歲。 春三月抵里。 六月，看到《焚書》，稱「聞謗」，作《求儆書》，其徒蔡弘甫梓之，並作《焚書辨》，直接攻擊李贄。	64歲。 春，《說書》、《焚書》和《藏書》的部分論著相繼在麻城刊行。 李贄到衡州，訪晤州同知沈鈇（號介庵，福建詔安人）。》 冬，重回龍湖。學生楊定見和僧常中、常通等著手為李贄修建塔屋，以為藏骨之室。	本年，周思久（號柳塘）、吳存甫卒。
萬曆十九年 辛卯（1591）	68歲 暮春，李士龍（耿弟子）自白下來。秋初，劉元卿、蔡弘甫來。著《論醫說》《瞽言解》《大事譯》，講心性之學。 是歲春，叔子晉河南藩參，歸，夏之任。	65歲。 春，袁宏道到麻城拜訪李贄，留住三月，「大相契合」。 五月，在武昌與袁宏道同遊黃鶴樓，被誣為「左道惑眾」，遭驅逐。乃偕袁宏道到武昌城外洪山寺住下。湖廣左布政使劉東星往訪，對李贄甚為崇敬，把他迎回武昌會城，加以保護。	閏三月，因白蓮教活動甚劇，「禮部題：『異端之害惟佛為甚。緣此輩有白蓮、明宗、白雲諸教，易以惑世生亂，故禁宜嚴。』……上命嚴逐重治之。」（《明神宗實錄》卷二三四）

萬曆二十年 壬辰（1592）	69 歲。 春，應鄒守益之孫鄒德溥（鄒汝光）之請，作《鄒文莊公年譜序》（見《天台集》卷十一），極贊「聖門志學，是志不踰矩之學」。 夏，著《病喻》（即《天台集》卷六《與王相公》），表達對時政的看法。 冬，《儒宗傳》完成。今存《耿天台先生文集》卷十三、十四，有七篇宋、明思想家的傳文，分別是《陸楊二先生學案》、《薛文清公傳》、《白沙陳先生傳》、《新建侯文成王先生世家》、《王心齋先生傳（樵朱陶韓二子附）》、《東廓鄒先生傳》、《念庵羅先生傳》，詳述諸儒生平與學問思想，並於末尾加以自己評論。	66 歲。寓漢陽、武昌。 在漢陽與奉差南來的焦竑相會。四月，劉東星升都察院右僉都御史，巡撫保定。夏，赴任。劉東星走後，李贄甚為感念，有「不知當歸何所」之歎。 五月，袁中道到武昌相訪。七月，因病回公安。袁去後，李亦病痢，沙彌常聞、懷林守侍，兩個月後始愈。在武昌，批點雜劇《西廂記》、《琵琶記》、《拜月亭》、小說《水滸》、《金瓶梅》及《坡仙集》等，並作《忠義水滸傳序》。 秋，有感於寧夏兵變，李贄接連寫了《西征奏議後語》、《二十分識》和《因記往事》，對國事和國家用人問題表明自己的看法。	三月，寧夏致仕副總兵官哱拜據城反叛，並與韃靼相勾結，騷擾西北邊防。東海又有倭寇侵犯。四月，神宗任命原宣府總兵李如松為提督陝西討逆軍務總兵，以侍御史梅國楨為監軍，率兵討叛。九月，破寧夏，殺哱拜，平定叛亂。（《明史》卷二三八《李如松傳》） 五月，日本豐臣秀吉發動侵朝戰爭，陷王京。朝鮮國王遣使嚮明廷求援。七月，明政府派副總兵祖承訓率師援助。十月，李如松提督薊遼軍務，救朝鮮。（《明神宗實錄》卷二四八、《明史》卷二〇《神宗本紀一》） 九月，河南右參政耿定力升任太常寺少卿。（《明神宗實錄》卷二五二）
萬曆二十一年 癸巳（1593）	70 歲。 夏，作《傳家牒》。因沈鈇問學，著《遇喦贅言》（《天台集》卷八），發文成學旨，稍後為其《浮湘集》作序。 秋，與之會於灄口。	67 歲。 春夏間，自武昌回到麻城龍湖。梅國楨兒女善因、澹然以及自信、明因等女人向李贄請教佛法。 五月間，袁宗道偕其弟宏道、中道及王以明、龔散木等人到龍湖向李贄問學。袁中道作《柞林紀譚》，詳細記述與李贄論學的內容。李贄稱道三袁的才華，三袁受李贄影響很深。 九月，在衡州同知沈鈇調解下，李贄到黃安，與耿定向重敘舊情。	九月，劉東星升都察院左副都御史，入理院事。（《明神宗實錄》卷二六四） 本年，張緒（1520～，號甑山）、吳自新、劉魯橋卒。

| 萬曆二十二年甲午（1594） | 71歲。
仲夏，病危。（《天台集》卷十九《別詹潘兩生言》曰：「乃甲午夏仲，偶感危病，手足口語倏失故吾，惟此些子幸烱然如常。」）
因郭青螺來信，「慨異學之喧豗，傷吾道之晦蝕，哀餘生之無幾，念有道之難逢」，病中決性命，不顧「手委不能搦管，口㱡不能出語，目眊不能辨畫」，「懣而悟者數四」的苦狀，著《學彖》一篇，近萬言，闡述儒家心性之學，批評佛道二教。
著《馮道論》，強調禮義廉恥，批判佛教「恃性空之見以自解脫，稔其貪生戀榮之念耳。」 | 68歲。
寓居麻城龍湖芝佛院。著書談道，聽講者日眾。因接受一些女信眾問學受業，李贄大遭攻擊。麻城一些人勾結地方官，揚言要拆毀芝佛院。
本年汪本鈳（字鼎甫，安徽新安人）到龍湖從學。汪本鈳後來成爲李贄的得以門生和眞摯朋友，在其死後爲其收集整理遺稿，刻行《續焚書》。 | 三月癸卯（廿五日），詔修國史。甲辰（廿六日）命李廷機、鄒德溥、焦竑、郭正域、董其昌等爲纂修官。（《明神宗本紀一》，《明神宗實錄》卷二七一）
十二月，史旌賢任湖廣僉事，分巡湖北道。 |
| 萬曆二十三年乙未（1595） | 72歲。
秋，在黃安東郭建庵，供奉觀音大士像，請明清做居守僧。此前，明清聽說耿定向病足痹，以其所聞槐針術，來爲耿治療。《天台集》卷十六《無爲僧傳》
冬，李贄自麻城來，雙方再次和解。 | 69歲。
寓居麻城龍湖芝佛院。年初，新任湖廣按察司僉事兼湖北分巡道史旌賢（耿定向門生）到黃安探望耿定向、耿定力，經麻城，揚言李贄「大壞風化」，「當以法治之」。
耿克念一再來信邀請李贄赴黃安。劉東星邀請李贄到山西沁水。李贄回信表示不畏當局「當以法治之」的威脅，不告饒，也不離麻城，「恭奉朝廷法律」。
冬，到黃安，與耿定向握手言和。作《耿楚倥先生傳》，感念耿定理，並自述與耿定向衝突與和解的始末。 | |

萬曆二十四年 丙申（1596）	73歲。 寫《讀李卓吾與王僧若無書》（《天台集》卷十九），讚賞李贄「持學已歸宗本心」。 之後，又寫《孝節傳》表彰張氏的孝節行為。 六月廿一日，卒於家。	70歲。 正月，在黃安。僧人若無想離開龍湖遠遊，其母張氏來信勸阻，語言真切感人。看了若無母親書信後，非常感動，寫《讀若無母寄書》，「念佛者必修行，孝則百行之先」。 二月初，從黃安回麻城龍湖。寫長詩《讀書樂》。 在龍湖，因「老病日侵」，寫《豫約》。將與澹然等女弟子論佛書信結集，取名《觀音問》。 秋，吏部右侍郎劉東星丁父憂在家，閏八月，李贄受邀到上黨沁水，住離城百餘里的坪上村劉家，讀書講學。	七月，遣中官為礦監到畿內開礦；十月，又派中官為稅使到通州徵稅。自此，各地礦監稅使相繼出現。（《明神宗本紀一》、《明神宗實錄》卷二九七）
萬曆二十五年 丁酉（1597）		71歲。 春，劉東星之子將與李贄之間的問學記錄輯為《道古錄》，並刻行。（《道古錄》收入《李贄文集》卷七） 五月，大同巡撫梅國楨之邀，到大同做客。在大同，著《孫子參同》，修訂《藏書》。 秋九月九日到北京，寓西山極樂寺，與潘士藻「時時對榻」，編《淨土訣》三卷。	二月，議覆抗倭援朝。（《明神宗實錄》卷三〇七） 九月，戶部左侍郎周思敬卒。（《明神宗實錄》卷三一四） 十一月翰林院修撰、皇長子講讀官焦竑任順天鄉試副主考，因事被劾，謫福寧州同知。（《明史》卷二八八《焦竑傳》） 本年，袁宏道辭去吳縣縣令。（民國《吳縣志》卷二《職官表》）
萬曆二十六年 戊戌（1598）		72歲。 正月初一，外出拜年，與董其昌相見。 春間，與被貶官的焦竑聯舟南下，同回南京焦竑老家。舟中，彙集零星著作，名為《老人行》。（《續焚書》卷二有《老人行敘》）	

		五月，寓永慶寺。南京吏部右侍郎楊起元（號復所）建議學生佘永寧（字常吉）和吳世徵（字得常）向李贄求教。佘永寧將向李贄問學的經過和李贄的言行輯成《永慶答問》。	
萬曆二十七年己亥（1599）		73歲。 寓居南京，繼續講學著述。秋，在焦竑主持下，《藏書》在南京刻印。焦竑、劉東星、梅國楨、祝世祿、耿定力都爲之寫序。 在南京期間，會見意大利天主教傳教士利瑪竇（1553～1610）。 自十月起，每夜與焦竑論《易》，並編撰《易因》 冬，河漕總督劉東星及其子劉用相函邀李贄赴山東濟寧。李贄覆信說天冷不便出門，並邀劉用相來南京聽《易》。（《續焚書》卷一《復劉肖川》）	八月，楊起元卒。
萬曆二十八年庚子（1600）		74歲。 春，河漕總督劉東星以漕務到南京，並接李贄到濟寧，寓居濟寧漕署。時李贄正在編錄《陽明先生道學鈔》和《陽明先生年譜》，到濟寧後編成並付刻。 在濟寧，繼續修改《易因》，還批點姚廣孝的《道餘錄》。 馬經綸（字主一，又字誠所，順天通州人。萬曆十七年進士）來濟寧與李贄相會。	

		李贄送別馬經綸後，因年老多病，想到麻城已建塔屋，乃改變回南京的計劃，從潞河回湖北麻城。	
		回麻城不久，又遭非難，有人危言聳聽，企圖將李贄驅逐回泉州，並威脅要拆毀芝佛院。湖廣按察司僉事馮應京（字可大，安徽盱眙人）到任，採取極端措施，「毀龍湖寺，置諸從遊者法」（沈鐵《李卓吾傳》）	
		李贄避入河南商城黃檗山中。十月，馬經綸自北通州冒雪趕到黃檗山，隨侍李贄，習《周易》。	
萬曆二十九年 辛丑（1601）		75 歲。春正月，寓商城黃檗山中。繼續修改《易因》，編錄佛家語錄，並作《釋子須知序》，回顧致仕後二十年來的生活。 二月，與馬經綸北上。四月間，到達北通州，寓馬經綸別業。	三月，武昌民變，殺稅監陳奉參隨六人，焚巡撫公署。（《明史》卷二《神宗本紀二》）六月，蘇州民變，殺織造中官孫隆參隨數人。（《神宗本紀》二）
萬曆三十年 壬寅（1602）		76 歲。 寓通州馬經綸別業。《易因》修改定稿，名爲《九正易因》。 《九五易因》撰成後，健康狀況惡化，病情日重。二月五日，作《遺言》付隨從僧徒。馬經綸依此遺言，即爲李贄營葬地。葬地選定後，李贄又作《書遺言後》，補充交代後事。 閏二月乙卯（廿二日），禮科給事中張問達上疏	

| | | 劾奏李贄。疏上，神宗朱翊鈞批：「李贄敢倡亂道，惑世誣民，便令廠衛五城嚴拿治罪。其書籍已刊未刊者，令所在官司盡搜燒毀，不許存留。如有黨徒曲庇私藏，該科及各有司訪參奏來，並治罪。」（《明神宗實錄》卷三六九） | |
| | | 李贄被捕，下鎮撫司獄。在馬經綸多次上書申辯的情況下，案情遲遲沒有處理。後在獄中風聞將遣送回原籍。三月十五日，呼侍者剃髮，遂持剃刀自割其喉，延至十六日夜，氣始絕。 | |

參考文獻

（按作者姓氏拼音排序）

一、古籍類

1. 程顥、程頤：《二程集》，北京：中華書局，1981 年。
2. 戴震：《孟子字義疏證》，北京：中華書局，1982 年。
3. 鄧豁渠著，鄧紅校注：《南詢錄》，武漢：武漢理工大學出版社，2008 年。
4. 段玉裁：《說文解字注》，上海：上海古籍出版社，1988 年。
5. （清）高奣映著；芮增瑞校注《雞足山志》，昆明市：雲南人民出版社，2003 年。
6. 耿定向：《耿天台先生文集》，《四庫全書存目叢書》集部第 131 冊，濟南：齊魯書社，1997 年。
7. 耿定向：《耿天台先生文集》，《儒藏》精華編第二六二冊，北京大學出版社，2010 年。
8. 耿定向：《先進遺風》，《明代傳記叢刊》本。
9. 顧憲成：《顧端文公遺書》，清光緒三年刻本。
10. 顧炎武著，黃汝成輯《日知錄集釋》，上海古籍出版社，1985。
11. 顧允成：《小辨齋偶存》，四庫全書本。
12. 顧炎武著，黃汝成集釋：《日知錄集釋》，上海：上海古籍出版社，2006 年。
13. （清）顧炎武：《天下郡國利病書》（四部叢刊三編史部）上海市：上海書店出版社，1935。
14. 谷應泰：《明史紀事本末》，北京：中華書局，1977 年。
15. 何喬遠：《名山藏》，揚州：江蘇廣陵古籍刻印社，1993 年。

16. 何心隱：《何心隱集》，北京：中華書局1960年

17. 胡宏：《胡宏集》，北京：中華書局，1987年。

18. 胡居仁：《胡敬齋集》，北京：中華書局，1985年。

19. 胡直：《衡廬精舍藏稿》，臺北：商務印書館，1969年。

20. 胡直：《胡子衡齊》，《四庫全書存目叢書》子部第 11 冊，濟南：齊魯書社，1997年。

21. 黃景昉著；陳士楷，熊德基點校《國史唯疑》，上海市：上海古籍出版社，2002.

22. 黃綰：《明道編》卷四，北京：中華書局，1959年。

23. 黃彰健等：《明實錄校勘記》，臺北：中研院史語所，1967年。

24. 黃宗羲：《宋元學案》，北京：中華書局，1985年。

25. 黃宗羲：《明儒學案》，北京：中華書局，2008年。

26. 季本：《季彭山先生文集》，《北京圖書館古籍珍本叢刊》106冊，集部，北京：北京文獻出版社，1991年。

27. 焦竑：《澹園集》，北京：中華書局，1995年。

28. 焦竑：《焦氏筆乘》，上海：上海古籍出版社，1986年。

29. 焦竑：《國朝獻徵錄》，《明代傳記叢刊》本。

30. 焦竑：《玉堂叢語》，顧思點校，中華書局，1981。

31. 錢謙益：《列朝詩集小傳》，上海古籍出版社，1983。

32. 劉元卿：《劉聘君全集》，《四庫全書存目叢書》集部第 154 冊，濟南：齊魯書社，1997年。

33. 李贄：《李贄文集》，北京：社會科學文獻出版社，2000年。

34. 李贄：《焚書》、《續焚書》，北京：中華書局，1975年。

35. 李贄：《陽明先生道學鈔》，《續修四庫全書937子部·儒家類》，上海古籍出版社1996年。

36. 陸九淵：《陸九淵集》，北京：中華書局，1980年。

37. 羅洪先撰，徐儒宗編校：《羅洪先集》，南京：鳳凰出版社，2007年。

38. 羅欽順：《困知記》，北京：中華書局，1990年。

39. 羅欽順：《整庵存稿》，臺北：臺灣商務印書館，1983年。

40. 羅汝芳撰，方祖猷等編校：《羅汝芳集》，南京：鳳凰出版社，2007年。

41. 駱問禮《萬一樓集》，中國基本古籍庫，清嘉慶活字本。

42. 呂柟：《涇野先生文集》，《四庫全書存目叢書》集部第60、61冊，濟南：齊魯書社，1997年。

43. 聶豹撰，吳可爲編校：《聶豹集》，南京：鳳凰出版社，2007年。

44. 歐陽德撰，陳永革編校：《歐陽德集》，南京：鳳凰出版社，2007 年。

45. （清）彭紹升：《居士傳》，江蘇廣陵古籍刻印社，1991 年。

46. 阮元校刻：《十三經注疏》，北京：中華書局，1980 年。

47. 申時行等修：《明會典》，北京：中華書局，1989 年。

48. 宋儀望：《華陽館文集》，《四庫全書存目叢書》集部第 116 冊，濟南：齊魯書社，1997 年。

49. 孫奇逢：《理學宗傳》，濟南：山東友誼書社，1989 年。

50. 孫希旦：《禮記集解》，北京：中華書局，1989 年。

51. 談遷：《國榷》，北京：中華書局，2005 年。

52. （元）脫脫等撰：《宋史》，北京市：中華書局，1977 年。

53. 王棟：《一庵王先生遺集》，《四庫全書存目叢書》子部第 10 冊，濟南：齊魯書社，1995 年。

54. 王夫之：《宋論》，北京：中華書局，1964 年。

55. 王艮：《王心齋全集》，南京：江蘇教育出版社，2001 年。

56. 王鴻緒：《明史稿》，臺北：文海出版社，1962 年。

57. 王畿撰，吳震編校：《王畿集》，南京：鳳凰出版社，2007 年。

58. 王懋竑撰，何忠禮點校：《朱熹年譜》，北京：中華書局，1998 年。

59. 王念孫：《讀書雜志》，南京：江蘇古籍出版社，2000 年。

60. 王時槐：《塘南王先生友慶堂合稿》，《四庫全書存目叢書》集部第 114 冊，濟南：齊魯書社，1997 年。

61. 王世貞：《弇州山人四部稿》，臺北：偉文圖書出版社，1976 年。

62. 王世貞：《弇山堂別集》，北京：中華書局，1985 年。

63. 王守仁著，吳光、錢明、董平、姚延福編校：《王陽明全集》，上海：上海古籍出版社，1997 年。

64. 王先謙：《詩三家義集疏》，北京：中華書局，1987 年。

65. 王先謙：《荀子集解》，北京：中華書局，1988 年。

66. 吳與弼：《康齋集》，臺北：臺灣商務印書館，1969 年。

67. 夏燮：《明通鑒》，上海：上海古籍出版社，1990 年。

68. 徐學謨：《世廟識餘錄》，明徐兆餐活字本。

69. 徐學謨：《徐氏海隅集》，明萬曆四十年徐元嘏重修本。

70. 徐學謨：《世廟識餘錄》，北京：書目文獻出版社，1996 年。

71. 徐愛、錢德洪、董沄撰，錢明編校：《徐愛　錢德洪　董沄集》，南京：鳳凰出版社，2007 年。

72. 徐階：《世經堂集》，《四庫全書存目叢書》集部第 79、80 冊，濟南：齊魯書社，1997 年。

73. 許孚遠：《敬和堂集》，原本八卷，今《四庫存目叢書》僅餘四卷。明萬曆刻本。

74. 薛瑄：《薛瑄全集》，太原：山西人民出版社，1990 年。

75. 顏鈞：《顏鈞集》，黃宣民校點，北京，中國社會科學出版社，1996。

76. 楊起元：《太史楊復所先生證學編》，上海市：上海古籍出版社，1996 年。

77. 袁宗道：《白蘇齋類集》，上海：上海古籍出版社，1989 年。

78. 袁宏道：《袁宏道集箋校》，上海：上海古籍出版社，1989 年。

79. 袁中道：《珂雪齋集》，上海：上海古籍出版社，1989 年。

80. 查繼佐：《罪惟錄》，北京：北京圖書館出版社，2006 年。

81. 湛若水：《湛甘泉先生文集》，《四庫全書存目叢書》集部第 56、57 冊，濟南：齊魯書社，1997 年。

82. 張居正著：張舜徽主編《張居正集》，武漢：荊楚書社，1987 年。

83. 張居正：《張太岳先生文集》四十七卷，明萬曆四十年唐國達刻本。

84. 張廷玉等：《明史》，北京：中華書局，1997 年。

85. 張元忭：《張陽和先生不二齋文選》，《四庫全書存目叢書》集部第 154 冊，濟南：齊魯書社，1997。

86. 張燮：《東西洋考》，北京：商務印書館，1937 年

87. 張萱：《西園聞見錄》，臺北：文海出版社，1988 年。

88. 張載：《張載集》，北京：中華書局，1978 年。

89. 周敦頤：《周敦頤集》，北京：中華書局，1990 年。

90. 周汝登：《聖學宗傳》，濟南：山東友誼書社，1989 年。

91. 朱熹撰，朱傑人等編：《朱子全書》，上海古籍出版社，安徽教育出版社，2002 年。

92. 朱熹：《晦庵集》，《四部叢刊》影印明嘉靖本。

93. 鄒德涵：《鄒聚所先生文集》，《四庫全書存目叢書》集部第 156 冊，濟南：齊魯書社，1997 年。

94. 鄒德涵：《鄒聚所先生外集》，《四庫全書存目叢書》集部第 157 冊，濟南：齊魯書社，1997 年。

95. 鄒德溥：《鄒太史文集》八卷，北京：全國圖書館文獻縮微中心，明刊本。

96. 鄒守益撰，董平編校：《鄒守益集》，南京：鳳凰出版社，2007 年。

97. 鄒元標：《南皋鄒先生會語合編》、《南皋鄒先生講義合編》，《四庫全書存目叢書》子部第 14 冊，濟南：齊魯書社，1995 年。

98. 鄒元標：《願學集》，上海：上海古籍出版社，1993 年。

二、資料彙編類

1. 陳來、于浩選輯：《宋明理學家年譜續編（5）》，北京圖書館出版社 2006
年。

2. 臺灣國立中央圖書館編輯：《明人傳記資料索引》，國立中央圖書館，1965
年。

3. 臺灣中央研究院歷史語言研究所編：《明實錄》。

4. 廈門大學歷史系編：《李贄研究參考資料》，福建人民出版社 1975 年版。

5. 張建業主編：《李贄全集注《第 26 冊》附錄》，北京市：社會科學文獻出
版社，2010 年。

三、論著類

1. 蔡明倫：《明代言官群體研究》，北京：中國社會科學出版社，2009 年。

2. 蔡仁厚：《王陽明哲學》，臺北：三民書局，1974 年。

3. 蔡仁厚：《宋明理學》，臺北：臺灣學生書局，1995 年。

4. 蔡仁厚：《王學流衍——江右王門思想研究》，北京：人民出版社，2006
年。

5. 陳來：《宋明理學》，瀋陽：遼寧教育出版社，1991 年。

6. 陳來：《有無之境——王陽明哲學的精神》，北京：人民出版社，1991 年。

7. 陳來：《朱子哲學研究》，上海：華東師範大學出版社，2000 年。

8. 陳來：《中國近世思想史研究》，北京：生活・讀書・新知三聯書店，2010
年。

9. 陳榮捷：《朱學論集》，臺北：臺灣學生書局，1982 年。

10. 陳榮捷：《王陽明與禪》，臺北：臺灣學生書局，1984 年。

11. 陳榮捷：《近思錄詳注集評》，臺北：臺灣學生書局，1992 年。

12. 陳榮捷：《王陽明傳習錄詳注集評》，臺北：臺灣學生書局，1992 年。

13. 陳時龍：《明代中晚期講學運動 1522～1626》上海：復旦大學出版社，
2007 年。

14. 鄧艾民：《傳習錄注疏》，臺北：法嚴出版社，2000 年。

15. 鄧志峰：《王學與晚明的師道復興運動》，北京：社會科學文獻出版社，
2004。

16. 東方朔：《劉蕺山哲學研究》，上海：上海人民出版社，1997 年。

17. 東方朔：《劉宗周評傳》，南京：南京大學出版社，1998 年。

18. 杜乃濟：《明代內閣制度》，臺北：商務印書館，1967 年。

19. 方祖猷：《王畿評傳》，南京：南京大學出版社，2001 年。

20. 龔鵬程：《晚明思潮》，臺北：里仁書局，1994 年。

21. 侯外廬：《中國思想通史》第四卷，北京：人民出版社，1960 年。

22. 侯外廬、邱漢生、張豈之：《宋明理學史》，北京：人民出版社，1984 年。

23. 嵇文甫：《嵇文甫文集》，河南人民出版社，1985 年。

24. 嵇文甫：《晚明思想史論》，上海：東方出版社，1996 年。

25. 勞思光：《中國哲學史》（第三卷下冊），桂林：廣西師範大學出版社，2005 年。

26. 李才棟：《江西古代書院研究》，南昌：江西教育出版社，1993 年。

27. 李書增等著《中國明代哲學》，鄭州市：河南人民出版社，2002 年。

28. 林海權：《李贄年譜考略》，福州：福建人民出版社，1992 年第一版，2005 年第二版。

29. 林繼平：《明學探微》，臺北：臺灣商務印書館，1984 年。

30. 林月惠：《良知學的轉折——聶雙江與羅念庵思想之研究》，臺北：臺灣大學出版中心，2005 年。

31. 林子秋：《王艮與泰州學派》，成都：四川辭書出版社，1999 年。

32. 劉聰：《陽明學與佛道關係研究》，成都市：巴蜀書社，2009 年

33. 劉述先：《朱子哲學思想的發展與完成》，臺北：臺灣學生書局，1984 年。

34. 劉述先：《黃宗羲心學的定位》，臺北：允晨文化公司，1986 年。

35. 呂妙芬：《陽明學士人社群——歷史、思想與實踐》，北京：新星出版社，2006 年。

36. 呂思勉：《理學綱要》，上海：商務印書館，1949 年。

37. 馬曉英：《出位之思：明儒顏鈞的民間化思想與實踐》，銀川市：寧夏人民出版社，2007 年。

38. 麥仲貴：《王門諸子致良知之發展》，香港：中文大學出版社，1973 年。

39. 麥仲貴：《明清儒學家著述生卒年表》，臺北：臺灣學生書局，1980 年。

40. 孟森：《明史講義》，北京：中華書局，2006 年。

41. 孟森：《明清史論著集刊》，北京：中華書局，2006 年。

42. 牟宗三：《心體與性體》，上海：上海古籍出版社，1999 年。

43. 牟宗三：《從陸象山到劉蕺山》，上海：上海古籍出版社，2001 年。

44. 潘星輝：《明代文官銓選制度研究》，北京：北京大學出版社，2005 年。

45. 彭國翔：《良知學的展開──王龍溪與中晚明的陽明學》，北京：三聯書店，2005 年。

46. 錢明：《陽明學的形成與發展》，南京：江蘇古籍出版社，2002 年。

47. 錢穆：《陽明學述要》，臺北：正中書局，1955 年。

48. 錢穆：《宋明理學概述》，臺北：臺灣學生書局，1977 年。

49. 錢穆：《朱子新學案》，臺北：三民書局，1982 年。

50. 錢穆：《中國學術思想史論叢（七）》，臺北：東大圖書公司，1979 年。

51. 錢穆：《宋代理學三書隨箚》，北京：三聯書店，2002 年。

52. 錢穆：《朱子學提綱》，北京：三聯書店，2002 年。

53. 秦家懿：《王陽明》，臺北：東大圖書公司，1987 年。

54. 容肇祖：《李卓吾評傳》，北京市：商務印書館，1937 年。

55. 容肇祖：《明代思想史》，上海：商務印書館，1937 年。

56. 容肇祖：《容肇祖集》，濟南：齊魯書社，1989 年。

57. 容肇祖：《李贄年譜》，北京：生活・讀書・新知三聯書店，1957 年。

58. 唐君毅：《中國哲學原論・導論篇》，北京：中國社會科學出版社，2005 年。

59. 唐君毅：《中國哲學原論・原性篇》，北京：中國社會科學出版社，2005 年。

60. 唐君毅：《中國哲學原論・原教篇》，北京：中國社會科學出版社，2006 年。

61. 唐文基：《明代賦役制度史》，北京：中國社會科學出版社，1991 年。

62. 屠承先：《本體工夫論》，杭州：杭州大學出版社，1997 年。

63. 王泛森：《中國近代思想與學術的系譜》，臺北：聯經出版公司，2003 年。

64. 王泛森：《晚明清初思想十論》，上海：上海復旦大學出版社，2004 年。

65. 王天有：《明代國家機構研究》，北京：北京大學出版社，1992 年。

66. 吳晗：《讀史札記》，北京：三聯書店，1956 年。

67. 吳廷燮：《明督撫年表》，北京：中華書局，1982 年。

68. 吳宣德：《江右王門與明中後期江西教育發展》，南昌：江西教育出版社，1996 年。

69. 吳澤《歷史人物再批判之二　儒教判徒李卓吾》，華夏書店，1949 年。

70. 吳震：《聶豹羅洪先評傳》，南京：南京大學出版社，2001 年。

71. 吳震：《陽明後學綜述》，《國學研究》第九卷，北京：北京大學出版社，2002 年。

72. 吳震：《陽明後學研究》，上海：上海人民出版社，2003 年。

73. 吳震：《明代知識界講學活動繫年》，上海：學林出版社，2003 年。

74. 吳震：《泰州學派研究》，北京市：中國人民大學出版社，2009 年。

75. 吳智和：《明代的儒學教官》，臺北：學生書局，1991 年。

76. 謝國楨：《增訂晚明史籍考》，上海：上海古籍出版社，1981 年。

77. 謝國楨：《明清之際黨社運動考》，北京：中華書局，1982 年。

78. 謝无量：《陽明學派》，上海：中華書局，1930 年。

79. 熊召政：《張居正》，石家莊市：花山文藝出版社，2009 年。

80. 許建平《李卓吾傳》，北京市：東方出版社，2004 年。

81. 許建平《李贄思想演變史》，北京市：人民出版社，2005 年。

82. 許蘇民《李贄評傳》，南京市：南京大學出版社，2011 年。

83. 許蘇民《李贄的眞與奇》，南京市：南京出版社，1998 年。

84. 徐揚傑：《宋明家族制度史論》，北京：中華書局，1995 年。

85. 楊國榮：《王學通論——從王陽明到熊十力》，上海：三聯書店，1990 年。

86. 楊國榮：《心學之思——王陽明哲學的闡釋》，北京：三聯書店，1996 年。

87. 楊天石：《泰州學派》，北京：中華書局，1980 年。

88. 楊祖漢：《儒家與康德的道德哲學》，臺北：文津出版社，1987 年。

89. 楊祖漢：《儒家的心學傳統》，臺北：文津出版社，1992 年。

90. 余英時：《士與中國文化》，上海市：上海人民出版社，2003 年。

91. 余英時：《朱熹的歷史世界》，北京：三聯書店，2004 年。

92. 俞樟華：《王學編年》，長春市：吉林大學出版社，2010 年。

93. 張建業：《李贄全集注》，北京：社會科學文獻出版社，2010 年。

94. 張建業：《李贄評傳》，福州：福建人民出版社，1981。

95. 張立文：《宋明理學研究》，北京：中國人民大學出版社，1985 年。

96. 張學智：《明代哲學史》，北京：北京大學出版社，2000 年。

97. 張學智：《心學論集》，北京：中國社會科學出版社，2006 年。

98. 趙園：《明清之際士大夫研究》，北京：北京大學出版社，1999 年。

99. 鍾彩鈞：《王陽明思想之進展》，臺北：文史哲出版社，1983 年。

100. 鍾彩鈞主編：《劉蕺山學術思想論集》，臺北：中央研究院中國文哲研究所籌備處，1998 年。

101. 袁爾鉅：《蕺山學派哲學思想》，濟南：山東教育出版社，1993 年。

102. 朱維之：《李卓吾論》，協和大學書店，1935 年。

103. 朱希祖：《明季史料題跋》，北京：中華書局，1961 年。

104. 左東嶺：《王學與中晚明士人心態》，北京：人民文學出版社，2000 年。

105. 左東嶺：《李贄與晚明文學思想》，天津：天津人民出版社，1997 年。

106. （日）島田虔次著；蔣國保譯：《朱子學與陽明學》，西安：陝西師範大學出版社，1986 年。

107. （日）岡田武彥著；吳光等譯：《王陽明與明末儒學》，上海：上海古籍出版社，2000 年。

108. （日）溝口雄三著，陳耀文譯：《中國前近代思想之曲折與展開》，上海：上海人民出版社，1997 年。

109. （日）今關壽麿編撰《宋元明清儒學年表》，北京：北京圖書館出版社，2002 年。

110. （日）牧田諦亮著，索文林譯：《中國近世佛教史研究》，臺北：華宇出版社，1984 年。

四、論文集

1. 淡江大學中文系主編：《俠與中國文化》，台北：臺灣學生書局，1993。

2. 凌禮潮，李敏主編：《李贄與龍湖》，武漢：湖北音像藝術出版社，2002。

3. 唐凱麟主編：《中華民族道德生活史研究》，北京：金城出版社，2008。

4. 張建業、凌禮潮主編：《李贄與麻城》，北京：中國廣播電視出版社，2003。

5. 中國社會科學院歷史研究所明史研究室編：《明史研究論叢第 7 輯》，北京：紫禁城出版社，2007。

五、學位論文與期刊論文

1. 池勝昌：《耿定向與泰州學派》，臺灣師範大學歷史研究所 1990 年碩士論文。

2. 王崇峻：《明代書院講學的研究》，臺灣師範大學歷史研究所碩士論文，1993 年。

3. 張衛紅：《羅念庵思想研究》，中山大學哲學系博士論文，2006 年。

4. 安樂哲著、彭國翔譯：《終極性的轉化：古典道家的死亡觀》，《中國哲學史》，2004 年第 3 期，頁 33～40。

5. 白秀芳：《近百年李贄研究綜述》，《首都師範大學學報（社會科學版）》，1994 年第 6 期，頁 115～120。

6. 陳寶良：《明代知識人群體與俠盜關係考論：兼論儒、俠、盜之辨及其互動》，《西南大學學報（社會科學版）》，2011 年第 2 期。

7. 高壽仙:《明代制藝風格的嬗變》,《明清論叢》第二輯,2001 年 3 月,頁 427～439。

8. 何建明:《論耿定向對陽明心學的「拯救」》,《中州學刊》1992 年第 1 期,頁 61～66。

9. 何宗美:《李贄與「俠」略論》《西南大學學報(人文社會科學版)》,2007 年第 1 期。

10. 何宗美、張嫻:《明代泰州學派與「俠」略論》,《西南大學學報(社會科學版)》2011 年第 5 期。

11. 林海權:《李贄的世系及先世改姓探原》,《福建師範大學學報(哲學社會科學版)》1980 年第 4 期。

12. 彭國翔:《良知異見——中晚明陽明學良知觀的分化與演變》,《哲學門》第二卷第二冊,2001 年,頁 1～11。

13. 彭國翔:《當代中國的陽明學研究:1930～2003 年》,《哲學門》第五卷第一冊,2004 年,頁 200～220。

14. 錢明:《陽明學派分化的思想基礎》,《浙江學刊》,1986 年第 4 期,頁 102～108。

15. 錢明:《王學流派的演變及其異同》,《孔子研究》1987 年第 4 期,頁 62～70。

16. 任文利:《何心隱之死考論》,《泉州師範學院學報》,2010 年第 5 期,頁 89～94。

17. 王崇峻:《明代中晚期江右王門學者的鄉村運動——以江西吉安府爲中心》,《國立編譯館館刊》第 28 卷第 1 期,1999 年,頁 181～209。

18. 鄔國平:《也談〈焚書〉原本的問題》《清華大學學報(哲學社會科學版)》,2004 年第 2 期。

19. 鄔國平:《李贄〈答耿司寇〉是一封「集束型」書信》,《中華文史論叢》,2006 年第 2 期。

20. 鄔國平:《〈復焦弱侯〉異文與李贄、焦竑、耿定向關係》,《中華文史論叢》,2010 年第 4 期。

21. 吳震:《現成良知——簡述陽明學及其後學的思想展開》,《中國學術》,2000 年第 4 期,頁 54～83。

22. 吳震:《泰州學案的重新釐定》,《哲學門》第五卷第一冊,2004 年,頁 129～152。

23. 楊立華:《氣本與神化:張載本體論建構的再考察》,《哲學門》第六卷第二冊,2005 年,頁 199～224。

24. 葉國慶:《李贄先世考》,《歷史研究》,1958 年第 2 期,頁 79～84。

25. 袁光儀：《偽道學或真聖賢——明儒耿定向的人格學術之再評價》，《興大中文學報》第 22 期（2007 年），頁 205～229。

26. 袁光儀：《名教與真機——耿定向、李卓吾學術論爭之本質及其意義》《中國學術年刊》第 31 期（2009 年），頁 89～114。

27. 曾召南：《佛、道兼融的王畿理學》，《宗教學研究》，1999 年第 1 期。

28. 左東嶺：《耿、李之爭與李贄晚年的人格心態巨變》，《北方論叢》，1994 年第 5 期（總第 127 期），頁 76～82。

致　謝

　　回顧在北大的六年時光，我的心中充滿感恩。

　　感恩命運，讓我有幸進入北京大學。在這個思想自由、兼容並包的園子裏，我可以接近各個領域頂尖的大師、學者，吸收各個領域的學術營養；在這裡，可以和來自全國乃至全世界的優秀學子共學適道；在這裡，全國最大的高校圖書館爲我們提供了豐富又方便實用的圖書資源。相對於其他學校的學子，北大學子眞是太幸福了！

　　感恩北大哲學系，這裡深厚的哲學積澱、嚴謹的學風讓我心存敬畏，這裡學問淵博的老師讓我仰慕不已。

　　感謝我導師張學智老師，您的爲學爲人都讓我從心裏敬佩；您在學術和生活上都給我很多關懷與幫助，我一直感激在心。

　　感謝王博老師、陳來老師、楊立華老師、胡軍老師等哲學系的諸位老師，是你們的課程將我帶入學術之門，讓我學會如何讀書、如何思考、如何做學問。

　　感謝謝紅梅、于曉鳳、楊宏博等系裏負責教務、學生事務的老師，你們的辛勤勞動，你們和藹的笑容，讓我感到哲學系處處都洋溢著溫暖。

　　感謝我的家人，是你們爲我提供了衣食無憂的生活和極大的精神支持，是我讀書、寫作的堅強後盾。感謝婆母照顧我和小孩的飲食起居，讓我有更多的精力投入到讀書、寫作中；感謝我的丈夫周一環的鞭策與督促，讓我在家工作不至於懈怠；感謝兒子周弘毅，讓我對生活、對儒家倫理思想有了更深刻的理解。

　　感謝鍾治國、周廣友、李春穎、朱衛平、谷繼明等同門的幫助和夾持。師妹徐千懿在我論文答辯前後付出了辛勤勞動，在此特別致以感謝。